伊勢白山道事典

第1巻

自分で出来る感謝の先祖供養 編

伊勢白山道

観世音

伊勢白山道事典

第1巻

自分で出来る感謝の先祖供養 編

まえがき

この本は、「伊勢白山道《いせはくさんどう》」を名乗る著者のブログから、誰もが自分で実践できる「幸せへの道」の実践方法を集大成したものです。

著者が二〇〇七年に開設したブログ「伊勢—白山　道」(https://blog.goo.ne.jp/isehakusandou) は、人生哲学や健康の話、宇宙の話から地震のメカニズムまで、あらゆるジャンルの記事をほぼ毎日更新しています。またブログ読者からの相談に、著者は無償で返答しています。

アクセス数は一日三十万件を超え、精神世界のブログランキングの二つの部門において、常に第一位の圧倒的な支持を得ています。

こうした反響を受けて出版された伊勢白山道氏の著書は、数十冊にのぼります。

ブログ開設から十六年を経て、伊勢白山道ブログは常に進化し、開示される内容はさらに深化し続けています。

著者が伝え続けてきたメッセージの基本から応用までの最新情報の総まとめを、新旧の読者のために新たに『伊勢白山道事典　全3巻』として出版することとなりました。

本書、『伊勢白山道事典　第1巻　自分で出来る感謝の先祖供養 編』には、願掛けや占いに頼ることの危険性と、あの世へ届く先祖供養の方法についてまとめてあります。

著者の考えに共感して、「感謝の先祖供養」を実践されているかたも増えているのではないでしょうか？　ここで、「伊勢白山道式」の先祖供養について、著者から読者へのコメントを紹介したいと思います。

§§§

読者より

お線香の煙を眺めながら、「この煙は、あの世でどんな物に変化するのだろう?」と、ふと思いました。ある少女には、美しいかんざしかもしれない。ある人には、炊きたてのおにぎりかもしれない。そう思うと、どうか安らかにと願わずにはいられません。

伊勢白山道氏からのコメント

とても良く供養の意味を理解されて、実践されています。

私たちが先祖霊へ感謝の気持ちを持って捧げた線香の煙は、縁ある先祖の霊の元へ届き、その先祖が一番欲しいものに変化します。

先祖霊は子孫からの線香により、現世で思い残したことを霊界で少しずつ叶《かな》えていきます。執着を解くにしたがって霊体が軽くなり、霊界の高みへと進んで成仏することができます。

子孫は先祖から肉体の遺伝子を受け継いでいるだけでなく、霊線という霊的なパイプで先祖とつながっています。ですから、他人に頼むのではなく、子孫からの感謝の供養こそが先祖に良く届き、先祖を助けることができるのです。

これが、霊界の法則です。

§§§

なお、第2巻、第3巻は以下の表題で出版の予定です。

『伊勢白山道事典　第2巻　自分で出来る霊的対処法 編』
癒《いや》しをもたらす真のヒーラーとは？　作務に集中する中での「動の瞑想」
結婚と妊娠。注連縄《しめなわ》の由来。太陽と月の秘密と宇宙人

『伊勢白山道事典　第3巻　自分で出来る神祭りと感謝の神社参拝 編』
神道とは自然への感謝と共生への道。伊勢神宮と白山の秘密
すべての人類に宿る釈尊とキリストの心の因子。ミクロの世と最後の審判

世界は疫病や異常気象と国際紛争により、かつてないほどの困難な状況となっています。このような中で、明るく穏《おだ》やかな心で過ごしたいという願いは、今まで以上に切実なものと言えましょう。
伊勢白山道氏の言葉を、皆さまの人生の指針としていただければ幸いです。

本書を手に取ってくださった方々と、本書の出版を応援しサポートしてくださった方々へ、感謝を申し上げます。
そして伊勢白山道氏へ、読者の一人として心から御礼を申し上げます。

編集代表　ノリコ

伊勢白山道事典

第1巻

自分で出来る感謝の先祖供養 編

もくじ

まえがき　3

第一章　「伊勢白山道」とは何か？・これからの時代に大切なこと　29

今までのアタリマエがなくなる時代　30

■大きな変化の時代に　30　■では、どうすれば良いのか？　31　■これからの人類と免疫力　33

人の生死を決定するものは何か？　34

■ある救命救急センターの医師の話から　34
■生き方と思い方で変わる旅立ちの時期　35
■先祖供養とは遺伝子へのケア（養生）　37

伊勢白山道とは何か？　40

■一人ひとりが自分で歩む道　40　■「内在神《ないざいしん》」を育てる意識が大切　41
■「感謝」をキーワードに歩む道　43　■「伊勢白山道」という名前の由来　44

第二章　外のパワーに頼っても幸せにはなれません　47

今までの開運法はすべて「逆」になります　48

■神社ではお願いではなく感謝を捧げましょう　49
■あなたにも「神さま」がついています　50
■誰もが大いなる冒険者です　51

占いについて　54

■占いが当たるカラクリ　54
■良く当たる占い師ほど危険。運命は白紙です　57
■占いの背後と高島嘉右衛門《たかしまかえもん》　59
■占いの呪縛を解く方法　61
■姓名判断や生年月日の数字占い　62
■星座占いについて　64
■おみくじについて　65
■風水《ふうすい》や方位は当たらなくなります　68
■鬼門《きもん》は掃除が大事　68
■厄年《やくどし》とは「役」に目覚める年　71
■厄年を良い分岐点にするには　72

仏像や開運グッズについて　75

■開運グッズは不運の元　75
■パワーストーンに頼ると不運に　76
■開運グッズを手放す方法　79
■仏像は一般の人は持たないほうが良い　79

霊能力者について　82

■専業霊能者は魔道《まどう》の人です　82
■過去生を語る占いは、ただの商売　82
■霊能者によるお祓《はら》い、祈祷《きとう》について　83
■霊的ヒーリングによる改善には、交換条件がある　85
■ハンドパワーについて　86
■霊能を商売にする者からは正神が離れます　87
■収入のためにリピーターを作ります　88
■人間の霊的エネルギーを食べる存在について　89

■原因不明の病は、霊能者の霊的背後が起こしていた　90
■家族を死にいたらせた霊的施術　93
■霊能力があるのは、高い魂だからではない　96
■霊能力者やヒーラーは早死にする？　97
■悪徳な霊能者やヒーラーの死後は？　98
■霊能者の背後は、先祖霊の守護を妨害する　100
■背中の霊穴《れいけつ》　103
■幻覚や神秘体験は不要です　107

祈願信仰、願掛けは不運の元　109

■パワースポットの真実　109
■どこにいても精一杯生きれば大丈夫です　110
■ある神社で観た恋愛祈願の女性　111
■合格祈願の神頼みも逆に作用します　113
■祈願や願掛けには危険な交換条件がある　114
■神社での「祈願」は「決意表明と感謝」が本質　117
■太古には神霊と共に苦楽を体験していた　118
■七夕《たなばた》で星に願いを書くのは？　119
■七夕の由来は先祖への祭り　120

「引き寄せの法則」より「行動優先の美学」　122

■「引き寄せの法則」で本当に幸せになれるのか？　122
■幸運の神さまに好かれる六つの方法　123
■夢の実現には、現状への感謝をすることから　125
■強く願うより「行動優先」の美学　126
■「引き寄せの法則」「強く願えば叶《かな》う」は月の時代の原理　129
■幽界の消滅と太陽神界の幕開け　130
■内在神の発露を目指しましょう　131

この章のまとめ▼人生の主役はあなた自身です　134

第二章 あの世へ届く感謝の先祖供養 137

先祖への感謝が大切な理由 138

■先祖供養は自分で出来ます 140
■先祖と子孫は一対一 142
■先祖と子孫をつなぐ「霊線《れいせん》」とは 143
■霊線をつまらせるもの 144
■先祖供養は、思いやりが試される行為 147

供養を始める前に、大切な心構え 150

一、感謝の気持ちだけを捧げること 150
■お願いは先祖霊を悲しませます 150
■あの世では生きている人からの感謝が高評価 152
■感謝の念が、迷える霊に与える効果 152

二、故人を特定せず全体へ捧げること 154
■限定供養はモレが出ます 154
■亡くなった人は、あの世では助けが必要な赤ん坊 154
■縁ある霊全体への感謝が大事 155

三、効果を期待しないこと 157
■不安は効果を期待する気持ちの裏返し 157
■素直に先祖供養が出来る人は、幸いなる人 158

伊勢白山道式　先祖供養の方法　160
❖準備と実際の方法　161
●準備するもの　161
●先祖供養の方法　161
先祖供養の方法　解説　166
一、依《よ》り代《しろ》の短冊や位牌について　166
●依り代の短冊について　166
●短冊立ては自然素材で安定が大事　168
❖「霊位」の依り代が大事な理由　169
●短冊は霊の依り代となります　169
●短冊の強度が大事な理由　170
●短冊は供養者の身代わりとなります　171
●短冊の変色、汚れについて　171
❖位牌《いはい》について　173
●先祖全体への位牌が必要　173
●新しく位牌を作るとき　174
●短冊から新規に位牌に変更する時　175
●個人の位牌は不要です　176
●過去帳について　177
❖短冊や位牌に書く文字について　178

●文字は太くはっきりと 178
●名乗る名字(苗字)が大事 179
●夫婦で依り代は一つが良い理由 180
●夫婦別姓についての霊的な考察 181
●名字がなかった時代の先祖霊は? 182
●恋愛中や同棲している場合 183
●離婚後の名字と依り代の姓 184
●夫婦で妻の実家に住んでいる場合 185

❖海外在住や外国籍のかたの場合 186
●「位」の意味の言葉を入れること 186
●夫の名字の短冊一つで供養 187
●短冊を自作する場合 187
●十字型にする場合 188
●外国籍の場合の、床供養の短冊の書き方 189
●帰化して姓が変わった場合 192
●供養の言葉は自分の国の言語で良い 193
●伊勢白山道式先祖供養は、民族・宗教の違いを超えます 194

二、供養台と供養の場所について 195

❖依り代をのせる供養台について 195
●安定感が大事 195
●供養台の高さと意味 196

❖供養する場所について 198
●方位より大事なのは供養をすること 198
●ベランダや屋外は厳禁。窓についての注意 199
●近くに置かないほうが良いもの 199
●周囲の片付けと掃除は、供養者に反映します 200
●神棚と供養台の位置　神棚下方手前は理想 201

三、線香と線香器（香炉）について　204
❖線香器（香炉）と灰について　204
●線香器（香炉）について　204
●灰について　204
●供養直後の灰は、磁気を帯びている　206
●ロウソクは禁止です　207
❖線香について　207
●線香の選び方　207
●線香は折らない、寝かせない、触《さわ》らないこと　208
●線香の煙は次元の壁を通過する　209
●煙もいずれは「消えて行く」という学び　210
●悪い磁気を祓う作用　211
●線香の火は炎となり、あの世を照らします　212
❖三本の線香の意味　214
●最初の二本は男性先祖霊と女性先祖霊へ　214
●先祖霊へ線香二本を先にする意味　216
●最初の二本はイザナギ神とイザナミ神　216
●三本目の線香について　217
●家系の水子を意識すること　218
●迷える霊とマイナス磁気を昇華する　219
●他家では線香は一本で良い　221
四、線香以外のお供え　食べ物や飲み物、花について　222
●捧げた気持ちの分だけ届きます　222
●供える容器は先祖供養専用に　223
❖食べ物について　224
●食べ物は長時間置いたままにしないこと　224
❖「おはぎ」について　225

❖飲み物について 226
●供えた飲み物は捨てましょう 226
●供えた水は減ることがあります 227
❖供える花について 228
●お花を供える時も気持ちが大事 228
●造花、トゲのある植物、真っ赤な花は避ける 229
五、供養の時間と回数　同居する家族について 230
❖供養の回数と時間帯 230
●線香供養は一日一回が良い 230
●供養時間の理想は午前中 231
❖旅行や出張、単身赴任の場合 231
●旅行や出張中の場合 231
●単身赴任の場合 232
❖家族と同居している場合 233
●家族で先祖供養をする場合 233
●家族が反対をする場合 234
●湯気供養　線香が使えない場合の供養方法 234
六、供養の仕組み　供養が霊に「届く」と、霊が供養に「寄る」の意味 237
●供養が霊に「届く」とは？　霊界の安心した霊について 237
●供養に霊が「寄る」とは？　迷える霊について 239
●霊は場所と時間を超えて寄ります 240
●供養の場所に寄れない霊 241

●供養に「寄れない」多くの霊にも供養は「届き」ます　242

七、個人霊ではなく全体へ　243

●供養時には名字も個人名も言いません　243
●個別の指定は親族までが良い　244
●供養中に思い浮かぶ故人は、供養が必要な人です　245
●未成仏霊を助けているのは安心した先祖霊です　246
●生きている人への線香は厳禁です　247
●供養者は、あの世の霊には貴重な観音様　248

八、先祖供養の継続により起きる変化　250

●生まれ変わりと家系の先祖とのつながり　250

先祖供養とは遺伝子へのケア　252

■霊線について　252
■霊線内部のデコボコの影響　253
■名字が変わると霊線も変わる　254
■産まれる魂は霊線を通って来る　255
■先祖供養は霊線と霊的遺伝子のケア　256

先祖霊が安心すると起きる変化　257

■供養で問題が解決するわけではない　257
■供養者の心の安定感が増します　258
■安心した先祖霊による子孫へのサポート　259
■神さまは個人をエコヒイキしません　260
■親と先祖霊を助けた人は、先祖に助けられます　261

■守護霊とは先祖霊全体です　261　■素直な心と才能の開花　262

供養についての質問　264

■供養が先祖に届いているかが気になる　264
■供養時に過去のトラブルの相手を思い出す時　265
■継続しているが、何の不思議も変化も感じられない　266
■死後に自分を供養してくれる人がいない場合　268
■間違った方法でしてきた供養はムダだった？　269
■伊勢白山道式供養のめざすところ　270

この章のまとめ▼感謝の先祖供養をする人は観音様　272

第四章　死後の世界について

275

臨終と四十九日間の「バルドォ」　276

■「先祖のお迎え」について　276　■お迎えを認識できないと、この世に留まることになる　278
■バルドォ期間に起きていること　279　■この世に留まると地縛霊になる　280
■死後の行き先を決めるのは自分自身です　280　■あの世へ帰れない魂　282
■供養が届いて「成仏する」とは？　282

あの世の様子　284

■あの世は、似たもの同士が集まる世界　284
■地獄とは　285
■天国とは　286
■「三途《さんず》の川」と「彼岸《ひがん》」について　287
■「賽ノ河原《さいのかわら》」について　289
■あの世の太陽について　289
■死ぬ時の心の状態は重要　290
■あの世では固定される　292
■死後に良い世界に行くには？　293
■過去の悪行には謝罪と善行で上書きを　293
■今の行動が、死後の行先と来生を創造中　294

葬儀と法事について　296

■故人に喜ばれる葬儀とは　296
■遺体について　297
■写真について　298
■数珠について　299
■お経について　300
■法事について　301
■故人が思いを伝えやすい特別の「記念日」　302
■個人名の位牌について　304

お墓について　305

■釈尊の時代、お墓はなく自然葬だった　305
■自宅の依り代がお墓よりも大事　306
■遺骨を自宅に保管は厳禁　308
■自宅で正しい供養をしていない場合　308
■お墓参りの方法　線香は三束が良い　309
■お彼岸について　310

お盆について　312

■地獄の釜のフタが開くというのは本当です　312
■お盆期間の良い過ごし方　313

■迎え火と送り火について　315
■アトランティス大陸について　321
■ムー大陸とお盆の因縁　319
故人の善行を天に報告する　322
■人は誰もが死ねば仏様《ほとけさま》　322
■故人の良い思い出を語ることは、最高のプレゼント　323
思いやりはすべてを育てます　325
■供養されるとあの世の故人は若返る　325
■幼くして亡くなった霊体は成長する　328
■思いやりは「魂を育てる」　329
大事な心得　先祖供養は無心ですることが大事　330
この章のまとめ▼この世とあの世の密接なつながり　332

第五章　自殺の霊的真実　335

近年の自殺の原因について　336
■ネットの影響、人生に「リセット」はありません　336
■自殺は「真似《まね》ごと」だけでも、してはいけない　337

自殺をすると苦しい状態に固定されます　340

■過去に自殺があった部屋に転居した人の話　340
■あの世で周囲の人の恩に気づき、自殺者は深く後悔します　342
■自分の心は死ねない　343
■死ぬ時の肉体の痛みが持続する　344
■固定化した自殺時の動作を繰り返す　345
■あの世には厳しい世界が実体化している　346

自殺をすると、損をするのは自分と家族　347

■今の学校での「いじめ」は「犯罪」です　347
■自殺をすると、苦しむのは残された家族　348
■自殺とは、自ら決めた挑戦を放棄する大罪　349
■自殺は子孫にも悪影響が及ぶ　350

自殺した霊を救うには？　351

■死者に対して「なぜ？」「どうして？」と問わないこと　351
■三本線香の灯《あか》りは救いのオアシスです　354
■「感謝の思い」が故人を癒す　356
■縁者以外の自殺者に対して　356
■拒絶でも同情でもなく感謝で向き合うこと　357

自殺に関する質問　358

悩み、苦しんでいるかたへ　362

■生死の観点から悩みを考えてみましょう　362
■生きていることは奇跡です　364
■悩みの原因は他人と比較する心　366

■もうダメだと思った時は、変化をするチャンス 368

この章のまとめ▼とにかく最後まで、生き切ること 370

■自殺をすると、その時の苦痛が持続する 370
■とにかく最後まで頑張って生きれば大丈夫です 370
■自殺した霊を救うのは縁者からの感謝の供養 371

第六章 「床供養《ゆかくよう》」と動物への供養について 373

この世の変化と土地の影響 374

■この世の変化が始まっています 374
■撮影された霊体の様子 375
■住む土地の影響で家庭崩壊した話 378
■現実の努力と、見えない存在への配慮が大事 379

床供養（家と土地の供養）について 380

■先祖供養歴一年以上が必須条件です 380
■床供養の対象となる霊 382
■床供養の方法 384
■床供養の道具について 386
■場所は数日〜七日ごとに移動する 396
■場所について 390
■先祖供養とは別の時間が良い 398
■時間帯について 398
■三本目による遠地への供養について 399
■床供養が出来ない場合 400
■車での床供養について 402
■会社供養について 403

床供養の実践で起きる変化　406
■ラップ音が消える　406
■住人に起きる変化　407
■霊は昇華する時に水を残すことがある　408
■床供養の近くに出来た床の傷　409
■助けられた霊のお礼　411
■短冊は天国への階段になる　412
■床供養に終わりはありません　413
動物への供養は床供養が基本で最善　414
■動物への供養は床供養が基本です　414
■動物へは先祖供養とは別の線香器が良い　415
■先祖供養の三本目で感謝は理想ではない　416
■事故や農作業での生き物の死について　417
ペットについて　418
■ペットの病気治療は、無理をせず自然のままが良い　418
■ペットの寿命が人間より短いのはなぜ？　419
■飼い主の執着があの世のペットを苦しめる　420
■床供養以外の参考の供養方法　421
■先祖供養はペットの成仏のためにも大事　422
ペットの写真、埋葬場所について　422
■写真は常設しない。先祖供養の場所に置かないこと　422
■自宅敷地内に埋葬はダメ　423
■人間と一緒のお墓は厳禁　424
動物の供養についての質問　426

■先祖供養の三本目は次善の方法　426
■長期間はせず、執着しないことが大事　427
■動物のバルドォと成仏について　428
床供養以外で場所を浄化する方法　429
■何でも霊的な影響のせいにしないこと　429
■掃除は霊的な祓《はら》いになる　430
■先祖への感謝と、生かされていることへの感謝　431
この章のまとめ▼床供養と動物への供養の注意点　432

第七章　伊勢白山道式　先祖供養の神髄　435

先祖供養とは先祖霊を太陽へ還《かえ》すこと　436
■人は死後に太陽か月に行く　436
■悪人は月へ行く　437
■太陽へ還れない先祖の御霊　438
三本線香の秘密　440
■一から三を生む、宇宙の秘密　440
■太古の白山の石柱とのつながり　442
「生かして頂いて　ありがとう御座います」の秘密　444

■これからの時代の最強の祝詞 444
■お経は釈尊の死後に出来たもの 445
■先祖霊にもわかり、安心させる言葉が良い 446
■感謝の対象は変化していく 447
■九文字と十文字の言霊 449
■国常立太神と天照太御神の二神を結ぶ 450

「アマテラスオホミカミ」を偶数回唱えることの意味 453

■「アマテラスオホミカミ」の言霊としての意味 453
■古来秘密とされる太祝詞《ふとのりと》について 454

神祭りについて 456

■神祭りを始める心構え 456
■神棚とお札ついて 457
■神棚を置く位置について 460
■参拝の準備 榊の水と捧げる水の交換 461
■基本の参拝の方法 二拝二拍手一拝 465

氏神神社《うじがみじんじゃ》について 467

■氏神神社への参拝は大切 467
■感謝の参拝は地球霊を癒し、天災を鎮める 468

伊勢白山道式供養は神霊と先祖霊を合わせ祭る秘儀《ひぎ》 470

■仏教伝来以前の太古の考え方の復活 470
■太陽神と先祖霊を合わせて祭る秘儀 471
■先祖供養に終わりはありません 472
■先祖供養を継続するとカンナガラになります 473

この章のまとめ▼太陽神と先祖霊を合わせて祭る秘儀 476

第八章　結び：この世に生きる人々の希望のために　479

■人生とは、思い通りにならないのが正しい姿です　480
■先祖供養は、他人に頼む外注はダメです　481
■他者のために、という慈悲心が大切です　482
■愛する人の死と向き合う時　483

あの世と過去生、転生について　486
■アカシック・レコードと閻魔帳《えんまちょう》　486
■死後は個性が消え、転生すると再び影響を受ける　487
■過去生より今の思いと行動が大事　487
■あの世や過去生を知ることができない理由　488
■縁ある読者への開示　489

国も人も運気で決まります　490
■国際情勢の大きな変化の時代に　490
■明るく悩み、思いは軽くすること　491
■良い運気を創るために大切なこと　493
■何があっても笑顔でいましょう　495

あとがき　498

索　引　507

■イラストなどのページ

●これからは右卐の神気のエネルギーが現れる―― 46
●魔物の憑依とは？――105
●「霊線」の全体図――145
●内在神と魂の位置――146
●先祖供養の図解――167
●外国籍のかたの十字型短冊・十字型の場合――190
●たてなが型の場合――191
●神棚と供養台の位置関係（横から見た図）――203
●床供養の図解――397
●六芒星＝ダビデの星――441
●陰陽太極図――451
●神棚は三社祭りが理想です――462
●一社の神棚で三社に祭る方法――463

本文イラスト　ミズイ ヨウコ
造本・装幀　岡 孝治

第一章

「伊勢白山道」とは何か？
これからの時代に大切なこと

今までのアタリマエがなくなる時代

大きな変化の時代に

これから、今までアタリマエだったことがアタリマエではなくなることが、すべての分野で起こる懸念を感じています。
私たちの仕事や生活は、食糧事情、エネルギーの輸入問題、物流など、そのすべてが安定して存在するという前提で、成り立って来ました。

ただ、人間の性（サガ：性質）というものは、
●アタリマエな物事には、感謝を忘れて行く性質。
●むしろ、アタリマエなことには、もっともっと不満を持つ性質。
この二つの傾向があります。

これは、誰にも見られるものです。

家族のお蔭《かげ》も、アタリマエ過ぎて忘れているものです。

今の人類がもっとも忘れていることは、「大自然への感謝」だと思います。

感謝するどころか、自然を破壊することばかりをしてしまっているのが、今の人類とも言えます。

やはりこのままでは、ただでは済まないことでしょう。


では、どうすれば良いのか?

＊アタリマエな物事にこそ、感謝をして行くこと。
＊大自然に、生かされていることを日々に感謝して行くこと。
＊命をつないでくれた先祖へも感謝をすること。
＊良心（内在神《ないざいしん》）に従って思いやりのある行動をすること。

これをする人か否か、できる人か否か、
これを天が観察していることを感じます。
このような気持ちがある人は、これからの世界にどんな光景が広がろうが、
＊なぜか必ず、紙一重（神一重）で生かされて行く。
このように感じます。

生死の前では、肩書も地位も、財産の有無も関係ないのです。
＊善徳の多い人か、悪徳の多い人か。
＊アタリマエの物事に感謝をしていた人か、否か。
＊生かされていることに感謝をしている人か、否か。

このようなことが、「免疫力」も含めて、その人の人生を左右して行くと感じます。

でも、悲しみ過ぎたり、怒り過ぎたり、心が荒《すさ》めば免疫力は味方をしてくれません。隠れてしまうのです。

だから、思いやりと温かい気持ちを意識し、先祖に感謝をし、何事にも感謝をしていま

すと、免疫力は戻って来てくれます。

お金では買えないものが免疫力です。

これからの人類と免疫力

これから人類は、「超免疫力」を持つ人が出始めると感じます。

ウイルスにも負けず、放射線にも負けない、嬉々《きき》とした人々が、老人の中からも出てくることでしょう。これからは年齢も関係がなくなっていくと感じます。

「感謝の有無」で分かれていくと感じます。

二十歳でも老人のようになる人もいれば、
八十歳でも若者のように心身が若い人々。

これがミロクの世の前兆として、もう始まっている時節だと感じます。

「超免疫力」を持った人は、ピカピカと輝いて見えることでしょう。

人の生死を決定するものは何か？

ある救命救急センターの医師の話から

総合病院の救命救急センターに十年以上勤務された、ある医師に聞いた話です。

治療中に、「もう絶対に助からないだろう」と思われた人が、奇跡的に何とか命をつないで退院して行くことがある。その一方で、「これは大丈夫、死ぬはずがない」と思えた患者さんに、なぜか間の悪いことが連続して起こり、亡くなってしまうことがある。

このような人間の生死の不思議を何度か体験するうちに、この医師は、

- 身体的に深刻な状態とは、医学的に死ぬ可能性が高いという統計的な数字に過ぎないのではないか？
- 人間の死とは、怪我や病気とは違う「別の要素」によって、最終的に決定されるのではないか？

と感じたそうです。

非常に面白い視点だと思いました。

ちなみにその医師は、麻雀がとにかく強いそうです。つまり、医師としての知識と経験を積んでいるだけでなく、独特な直感を持つ人だと思います。そういう御方が示唆した、「人間の死は、医学的な根拠、観点とは別のところで決まっている気がする」という直感は、何を意味しているのか？

これを考えて観ましょう。

生き方と思い方で変わる旅立ちの時期

この世と死後の世界の両方から考えて観ますと、

- 私たちがこの世に生まれる日時は、あの世からの流れの中であり、私たちはあの世で決めて来ているようです。
- 逆に死ぬ時期は、この世の生き方で決まり、死亡日時は誰でも日々変化している。

と私は感じます。

亡くなった人を視ますと、
・その人の死ぬまでの三年間の思い方と生き方が、死ぬ日時に反映している。
これを感じることが多いです。

私たちは、日々の生活の中の思考と行動により、善徳と悪徳の「相殺《そうさい》」が起きており、その上で残った霊的磁気が、日々、自分の死ぬ日を決めている最中であると感じます。悪徳には悪行だけでなく、怒りや妬《ねた》み、悪口も含みます。

そこから言えることは、日々の生活において、
＊怒りよりも、感謝の思いを抱くこと。
＊悪口よりも、励ます言葉を発すること。
＊生活苦を嘆くよりも、それでも生活ができることに、感謝をすること。
これらの実践が、人間の死を左右する最終的な要素である、と私は感じます。

さきほどの医師が患者の生死に関して感じた直感は、間違いではありません。日々の生活においてその人間がどのように生きたか、それはその人間の死ぬ時に、何らかの影響を

及ぼすことでしょう。

例えば、

- 先代の親が、家族の商売に一番影響しない日に亡くなった。
- 家系の代表者が、親族が葬式に出やすい日を選んだかのように亡くなる。

このようなことが、その故人に善徳がある場合に起こります。

人間の生死は、無意識下で、選んでいる、選ばれている。その人の人徳で変わるものである。

このような視点も知っておいてください。

先祖供養とは遺伝子へのケア（養生）

ちなみに、その医師は、医療の力での貢献を信念とされていますが、先祖供養だけは大事に思うそうです。その理由は、遺伝子を研究すると、理屈では説明がつかないような奇蹟を超えた側面を感じるので、「先祖供養には意味がある、したほうが良い」と思えるそうです。

「先祖供養とは、遺伝子供養である」「自身の家系の遺伝子のケア（養生）である」と、私は真面目に感じています。正しい先祖供養も、自分の死ぬ日を決定する重要な要素の一つであると感じます。


正しい先祖供養とは、「感謝のみを捧げる」方法です。これについては、第三章で詳しく解説します。

以上のことは、善徳があれば必ず長生きができる、という意味ではありません。ただ、いろいろな要素が影響して、善行により良いタイミングで死が訪れる、時には寿命が少し延ばされることもあるとは言えます。

人は生まれて来る時に、自分の過去生の善徳貯金に応じた範囲で、人生の大まかな予定を内在神《ないざいしん》と相談して生まれて来ます。

大体の寿命も決めてきていますが、今生での善徳があればその分は「延びる」という、寿命の余白を誰もが持って生まれています。

今生の善行により新規で延ばされる「寿命の余白」とは、かなりあるものなのです。人によっては、予定の寿命よりも善行によって数十年間も延びている人はいます。

一方、今生のおこないに悪行がある人や、自殺により本来の寿命を大幅に短くしている人もいます。

では、長生きをしている人は善人かと言いますと、戦争や特殊な国家的な策謀による大量死に関わった人の寿命は、早死にせずに、逆に異常に長生きしている例が見られます。これは、ナチスの残党を見ても言えることです。

こういう人物たちは、この世では善行による相殺が一切許されないことになり、死後にすべての償《つぐな》いを回された人々と言えます。

とにかく、感謝の気持ちで生き切って最後を迎えれば、死後も必ず良い世界に行くことができます。

皆さまの参考になれば幸いです。

伊勢白山道とは何か?

一人ひとりが自分で歩む道

「伊勢白山道」とは、自分自身の中に「内在神《ないざいしん》」という心の神さまを感じて、それを大切にして生きる道です。

人間は自己の魂と「内在神」が合体して、肉体を借りてこの世に生まれます。内在神とは、創造神の分神です。人間は自分の中に、究極の御宝が在ることに気づけない存在なのだと、多くの人々を観ていて感じます。

今までは迷いの世界である幽界《ゆうかい》が、現実界に及ぼす力が強い時代であったために、間違った祈祷《きとう》が幅をきかせたかも知れません。これからは、現実界が主役になります。

これからは、教祖はいりません。みなさん一人ひとりが覚醒するからです。

「生かして頂いて　ありがとう御座います」

と、常に感謝想起をすれば、あなた自身の「内在神」が意識の殻《から》である心の岩戸《いわと》を破り、表に現れ出る時代となりました。

「内在神《ないざいしん》」を育てる意識が大切

「自分の心は自分で育てなければいけない」ということを、知らない人が多いです。今の自分が不満ばかりでイライラしていると思えば、自分の心はイヤイヤ期（反抗期）の三歳児で成長が止まっているのかも知れません。

「ああ確かに、私は三歳児かも知れない」と素直に思えた人は、これから改善して大人の心に成長できる芽があります。

心を改善して成長させるには、

＊「自分はダメだ」などと、自分をイジメないこと。

＊自分で自分を励ますこと。

＊自分に美しいものを見せ、楽しいことをさせること。

そして、肉体的にも、

＊自分に睡眠とバランス良い食事を与えること。

このようにして自分の心を育てて行きますと、慈悲の心と思いやりの心が育ちます。さらには、

＊感謝をすること、感謝の思いを配ること。

＊良心に従って生きること。

＊他人へは思いやりある行動をすること。

こうして懸命に努力をして生きますと、わがままな三歳児から大人へと成長し、自分の中の神性が表に出始めます。あなたの心は本当の安心を得て、人生の幸福も不幸も明るく味わうことができるようになります。

するとその先には、神人合一《しんじんごういつ》という内在神の発露《はつろ》が起こります。

「感謝」をキーワードに歩む道

これからこの本を読みますと、「外にあるパワーを求めている間は、幸福にはなれない」ということが、わかって頂けることでしょう。

本当に心の底からの安心を得るには、「感謝」をキーワードにした「伊勢白山道」という自分でできる、お金もかからない「道」が一番安全で確かな方法です。あなたは家にいながら、その方法を知り実践することができます。

＊生かされていることに感謝をすること。
＊ご先祖さまと大自然（神さま）への感謝をすること。
＊周囲の人へ感謝と思いやりの心を持つこと。

これらの感謝と思いやりの行動を続けると、心の中の神さま、内在神が表に現れ、本当の安心の境地に至ります。

自分だけが良ければいい、という我良し（われよし：自分の自我。自分さえ良ければ、他はどうなっても良いという考えのこと）の思いをなくすだけで、神人合一へと向かう可能性があります。これが昭和時代よりも今は、進みやすい波動の時代が始まっています。

「伊勢白山道」という名前の由来

「伊勢白山道」という名前は、伊勢と白山を結ぶ道という意味です。

伊勢は陰陽の「陽」であり、「陰」である白山との陰陽を結ぶ道を意味します。伊勢は太陽神である天照太御神《あまてらすおほみかみ》を祭る太陽の「陽」であり、太陽の道とも言えます。

霊峰白山《れいほうはくさん》は、石川県、福井県、岐阜県にまたがる標高二七〇二メートルの活火山です。白山には、太古の白山王朝とそこで祭事された根源神の秘密があります。今は歴史から隠されている白山信仰が全国に広がっていたことは、現在も日本全国各地に約三千社の白山神社が存在することでもわかります。

伊勢と白山の陰陽がそろうことで、心身が活性化し、進化が起こります。

伊勢神宮が成立する以前の遥《はる》か太古には、白山と現在の伊勢神宮別宮の伊雑宮《いざわのみや》の地を往復する祭り事が存在し、大昔の人々はこの往復を繰り返したと感じます。

これは、太陽の軌道を意識した太陽信仰の原点です。日本の地理上だけではなく、地球全体から見ても、宇宙からの太陽霊光がもっとも強く放射するラインです。

学術的にも確認できる事実として、縄文時代頃から伊勢と白山を結ぶラインを中心とする太陽信仰の痕跡が、数多くあるようです。

この道中を行かれると、自然に太陽軌道の中心の「陽の気」を受けることになります。

そして、時期をおいても良いですから、地球の陰極である白山を中心とする神社へ参拝しますと、陰陽の結びの完成として、生物の遺伝子の螺旋《らせん》構造へのククリ直しの循環が起こるのです。

地図でご覧いただけるとわかりますが、日本列島という大龍神の腹の部分に、白山と伊勢を結ぶ道は相当します。この地から、何かが育まれ、産まれます（次ページ参照）。

伊勢と白山を結ぶ日本の中心部が、今、輝き始めています。

なお、伊勢神宮と白山信仰について、もっと詳しく知りたいかたは、『伊勢白山道事典第3巻』をお読みください。

これからは右卍の神気のエネルギーが現れる

日本列島に隠されていた右卍（まんじ）が、右回りに回転しております。平成26年（2014年）には、日本の国土の形をする大龍神を押し込めている封印のカギが、すでに外れています。神界の霊的エネルギーが現れています。

またこれにより、これから右卍が回転する軸の中心地域を始めとする円形内の、火山活動や地震活動にも注目していきます。

これから日本の国土に住む人間は、目覚め始めて行くことでしょう。

第二章

外のパワーに頼っても
幸せにはなれません

今までの開運法はすべて「逆」になります

伊勢白山道が大切にする「感謝をすること」とは、感謝という良いものを自分から他へ「与える」ことになります。

自分が幸福になるために、他人や外からパワーを「得よう」、良いものを「もらおう」とする考え方とは、百八十度反対方向です。

幸運を「引き寄せよう」とする考え方から、現状への感謝と思いやりを「与える」方向へと転換しますと、その結果、自分の心が大きく変化していくことに気がつくことでしょう。優しく温かい気持ちになり、安心した境地になることでしょう。

このような気持ちで目標に向かって努力をしますと、自然と現実の物事も順調に進むようになる傾向があります。

神社ではお願いではなく感謝を捧げましょう

神社で願掛けをして、絵馬に自分の名前と祈願内容を書くことは、余計な呪縛と人生のここぞという時に自分の気持ちの硬さを生んでしまい、本番に弱くなると思って良いです。願掛けで霊的に発生することは、「逆」の結果なのです。

神さまは公平なので、あなただけの個人の利益、幸福のためには働きません。神さまは何も言われなくても、参拝する人の状況はわかっています。神さまに何でも頼んで「してもらおうとする」のは間違いなのです。

神さまを、あなたの使い走りに使ってはいけません。

神さまはすでに陰でこの現実界を支えてくださっていますから、あれこれと願うよりも、ただ「生かされている感謝をすること」が一番良いのです。

さらには、「神さまを自分がお守りする」という姿勢のほうが、本当はお蔭を早く頂けるのです。

あなたにも「神さま」がついています

人間は、「自分のためだけ」に頑張ることは、なかなかできない生き物です。子どものために、同僚のために、故郷のために、誰かのために頑張る。このような他のためにすることが、持っている力を発揮させやすいのです。

これは、誰もが内在神《ないざいしん》（神性）を宿すために、本能的に自然とそうなるのです。自分の良心こそは、神さまの分神（内在神）なのです。産土神《うぶすながみ》の分神とも言えます。産土神とは、母親が妊娠中に過ごした地域の氏神神社《うじがみじんじゃ》のことです。魂をこの世につないでくれた神さまです。

あなたの右胸に宿る内在神は、楽しい時も辛《つら》い時もいつもそばにいて、辛い時はあなたと一緒に悲しんでいます。

人間はみな自分の中にある内在神が、昔も今も、生まれてからずっと共にあったということに気がつくと、生き方も変わります。

生きている間だけが内在神と共にある貴重な時間です。誰もがすでに神仏と一体化しているのです。
ただ、これに「気がつけない」だけなのです。

誰もが大いなる冒険者です

「誰の胸にも本当に神さまが宿っているならば、人はもっと幸福になれるはずではないのでしょうか？」

「生きることも苦しい人が多いです。これは、おかしくありませんか？」

このように思われるかたがおられるかも知れません。

これらの疑問へのヒントは、

- 人は遊園地にわざわざお金を出してやって来て（この世に誕生するという意味です）、
- お化け屋敷や、ジェットコースターに自《みず》ら《か》乗って、怖い思いをしながら、阿鼻叫喚《あびきょうかん》の絶叫をしているのです。
- これが終われば、「ああ面白かった」と言いながら、家（あの世）に帰ります。

今は、かなり長い時間、超リアルな遊園地にいる最中だと思って欲しいのです。

今がどんなに苦しくても、怖くても、もうダメだと思っても、心の奥では少し笑っていて欲しいのです。

この世でもしも困難があれば、その中で「何もしない」ではダメなのです。

自分の努力で改善のための風を起こすことも、この世にいる間は大事ですし、それが可能なのです。

この世は、変化する世界です。未来は決まっていません。

人間はみな、持っている善徳貯金のナケナシの予算の中で、それでも生まれたいと産土神に頼み込んで、生まれて来たのです。

外にあるパワーに頼り、不幸や苦しみを取り除いてもらおうとすることは、せっかく生まれてきた意味、魂の成長を起こす機会をなくすことになります。

あの世に帰りますと、嬉しかった体験や感謝するべき物事も、もちろん懐かしく思い出すことでしょう。

でも意外なのは、

- 苦しかった体験
- 悲しく、苦悩した体験
- 惨《みじ》めな体験

このようなすべての嫌な体験も、そこに自分の努力があれば、ダメだった失敗の経験もムダにならないのです。

これが何ものにも負けなかった証明となり、帰宅した時、つまり死んであの世に帰った時の達成感は、苦しみや恐怖が大きかったことほど、充実感を得られます。

本当に自分の善意の上で体験した苦労は、ムダになりません。あの世では、価値も評価も高い、黄金のような体験だったことがわかります。

今の悩みも苦しいことも、すべては時間限定のことなので、不自由な設定の中でもできる努力をして、思いっ切りこの世の冒険を楽しんでやりましょう。

占いについて

占いが当たるカラクリ

「何十年も前に占い師から言われたことが、今となって当たっていることに気づいた」と言う人がいます。

「だから、占いは当たるのではないか？」

と、普通の人は思われることでしょう。

このカラクリを説明します。

まず、気づいて欲しいことは、

- 何十年も前に言われた占いの内容を、「覚えている」ということがカギです。

「いや、途中でずっと忘れていた」と言われることでしょう。

でも、思い出せる時点で、
●深層心理では、ずっと気にしていた。
●聞いた当時に、自分の心に引っ掛かった。
と言えます。

占い師から言われた内容が当たる相談者には、ある特徴がご本人にあるのです。それは、
●無意識下の思い込みの思念が、他人よりも強い人。
または、
●一つの汚点やミスでも、長くクヨクヨといつまでも悩むクセのある人。
このようなクセのある相談者は、占いの内容を忘れたとしても、いつまでも無意識下で流れています。つまり、占術の内容がデタラメな内容であったとしても、
●相談者の生霊は、いつまでも占術の内容に沿って、それに向かって生活をしているということが、霊的に言えるのです。

すなわち、

●占術を当てさせているのは、相談者ご自身の深層心理であり、相談者ご自身の生霊だった。

これに相談者ご自身も気づけずに、自分から占術の内容に向かって生活していた。

こういうことが言えます。

だから、真面目な人、思い込みの激しい人、深く悩む人ほど、占術には要注意です。

良い内容ならばマシですが、悪い内容には、

「自分から当たりに行く」

「自分で実現させてしまう不思議」

となる可能性に注意をして欲しいものです。

例えば、夫婦仲が悪いことに悩んでいる人が、「将来は離婚することになります」と言われたら、何かあるたびに「やっぱり別れるしかない運命なのだ」と思って、改善への努力をあきらめてしまい、本当に別れることになります。

十年後よりも、二十年後、三十年後のほうが、段々と昔に聞いた占いは当たり出します。自分の深層心理が自《みずか》ら占いの内容に向かっているために、このような結果になります。占い師に相談した人は、せっかくの人生の可能性が縛られてしまいます。言われたことの枠の中の人生になります。

悪い内容の占いには、特に注意をして欲しいです。占いを気にするよりも、自分の生活を正すことです。

そのような占いをわざわざ求めないことが一番です。

良く当たる占い師ほど危険。運命は白紙です

占いなどのお金をとって相談にのる有料先生は商売なのです。繰り返し相談に来るように、不安になるような助言しか口にしません。

占いや霊能を商売にできる時点で、背後に憑《つ》く存在は、人々の心配心をエネルギーとして食うモノであるのは、間違いはないです。

思い出すことは、昭和の時代の良く当たることで有名な、特殊な占い師のことです。

その人は、ロウソクの火から占術の内容を啓示させる鬼を出現させることができました。

私の目には、角のある二体の鬼がロウソクの火から出現して、踊っているのが視えました。

酒の席で、その占い師が言うには、

- 占いの内容に向かって行くのは、その相談者本人であるのが真相。
- だから、自由で楽天的で明るい人には、占いがまったく当たらない人はいる。
- 暗い顔をして来た相談者には、自由自在に誘導ができるので、占いは百パーセント当てる自信がある、とも言っていました。

占い師は未来を当てているのではなく、誘導する「呪縛力《じゅばくりょく》」が強い者ほど、当たるのが真相です。「呪縛力」については、占い師自身はよくわかっていないものです。占い師の背後存在が相談者を誘導しています。

その占い師は、巨額の大金を得ながら、五十代になる前に亡くなったと記憶しています。

死後は、逆に鬼に恩返しをするために、鬼の「使い魔」となる世界に連行されています。地獄です。

占いの背後と高島嘉右衛門《たかしまかえもん》

幕末から明治の実業家でもあり、易学の大家でもあった高島嘉右衛門《たかしまかえもん》の占いは、百発百中だったと言われています。

嘉右衛門が言うには、

＊正しい信仰をする人。

＊正しい先祖供養をする人。

＊正しい食事（腹七分目のバランス良い食事）をする人。

以上の人には、占いはまったく当たらずに外れる、占術は無効になる。

このように発言されていました。

占術とは、鬼神界《きしんかい》から出るものです。その多くは、迷いの世界である幽界《ゆうかい》の鬼神界の背後存在であり、高額なサラ金系だと思えば良いです。願いが叶《かな》った後には、必ず高額の利子としての交換条件や反動を伴うものです。

次元について少し解説をしますと、霊的世界の次元は上から順に、神界、霊界、幽界、

「現実界」、地獄界と大きく分かれます。それぞれの次元の中にも、無数の次元世界が広がっています。

「鬼神界」は、正神界《せいしんかい》だけでなく、幽界や地獄界に属する鬼神界もあります。占いを有料の商売にしている時点で、本人が気づかなくても、その占術家は迷える世界である幽界の背後があると言えます。

しかし高島嘉右衛門は、正神界の鬼神界七次元の魂の出自《しゅつじ》でした。これは稀《まれ》な魂《たましい》です。氏神《うじがみ》信仰もされた神道家《しんとうか》でした。だから「占いは売らない」と言って、無料にこだわったのです。神界の掟《おきて》を知っていたのでしょう。

このように同じ占術家でも、個人で背景が違います。

「鬼神界」「七次元」など宇宙や神界の「次元」について、さらに詳しく知りたい方は、『伊勢白山道事典　第3巻　感謝の神社参拝 編』に詳細がありますので、ご覧ください。

占いの呪縛を解く方法

もし、すでに占いで言われたことが気になっている人は、高島嘉右衛門が言う、占いが当たらない無効となる人がする生活をすれば良いのです。

正しい信仰と先祖供養、規則正しい生活と腹七分目の食事をすれば、運命は変わり、自由を得やすくなります。

正しい先祖供養をして先祖の守護がある人は、「ナントナク」危ないことは避けて行くものです。付き合う人も、自分ではわからないうちに、ナントナク避けることも、選ぶこともしています。いつのまにか、です。これが正しい守護霊のあり方です。

正しい守護霊とは、実はすでに安心の世界にいる先祖霊です。正しい守護霊は、個人がこの世に生まれた目的である修行もさせながら、「わからないように」陰から導くのです。

後年に自分で過去を振り返った時に初めて、先祖の守護に気づけることが、高位な守護霊のやり方なのです。

皆さまの参考にして頂ければ幸いです。

姓名判断や生年月日の数字占い

姓名判断や生年月日など、様々な個人が持つものに関する数字を、意味があるかと気にして心配する人が多いです。

名前の画数は、字体が時代により変化して変わるので意味がありません。生年月日や電話番号、住所や部屋の番号も気にする必要はありません。

終末世界を描写したことで有名な『日月神示《ひつきしんじ》』という預言書があります。『日月神示』は、世間で「神示」と言われている九十九パーセントが魔界からのものである中で、神界からの言葉が三割あると感じます。

この原本は、数字だけの羅列《られつ》が基本です。神さまは、数字の連続で様々な内容を伝えています。数字とは、この宇宙の「状況」を表す意味があるのです。なお、日月神示も、個人のことは一切触れておらず、国や世界、自然界の環境の変化の動静を、数字の羅列で指摘しています。

占いでの個人の数字に関しては、どんな数字も心配は不要です。個人の人生や運命に関することで、悪い数字などないのです。個人に関することは、どんな数字も自分にとっての最善です。

名前に関して言えば、画数よりも発音する時の音（おと）が大事です。音は流れるような発音が良いです。

名前は言霊（ことだま）でもあるのです。他人から名前を呼ばれますと、その名前の言霊の波動を受けることになります。

新規に名前を付ける際には、

- 濁音《だくおん》は素直さをなくしやすいので、避けたほうが良いです。
- 動物の漢字は避けます。特に、龍（竜）の文字は暴力を呼ぶことがあり、良くありません。
- 誰からも読みやすい文字であること。
- 名字（苗字）が二文字なら名前も二文字にするなど、バランスを考えること。
- ローマ字でも書いてみること。

などを参考にしてください。以上はあくまでも理想論です。

今の自分や家族の名前については、感謝してそのまま使っていけば良いです。できれば、これから第三章で解説する、依《よ》り代《しろ》（短冊《たんざく》や位牌《いはい》のこと）と線香三本による「先祖のため」の感謝の供養をしていけば、問題はないです。

名前よりも、先祖供養をしているかどうかのほうが運勢には影響します。先祖供養ができない場合は、先祖への感謝を日常で想うことが大事です。

星座占いについて

誕生日の星座は、個人の運命には関係がありません。もし星座占いを信じて、人生に関する選択をすれば、それは外れます。むしろ逆になります。

ただ、女性に毎月の生理があるように、天体の配置と日々の星座の運行から、人は物理的（引力・重力）な影響が心身にあると感じます。満月の日には循環器系の問題が発症しやすいとは、統計的にも言われています。

でも、運命には関係ありません。

世界中に、同じ日の同じ時刻に生まれた人が沢山存在します。同じ日に生まれた人間が、似たような運命にはならないことが、その証明です。

人の運命を決めるのは、生まれた日の星の配置ではなく、

- 今生の自分の努力が基本です。
- 自分の善徳の有無が、影響します。特に金運に。
- そして、家系の霊線の状態が、目に見えない力として、個人に大きく影響しています。

おみくじについて

神社で、自分が引いたおみくじを境内の木に結ぶ人がいます。

これはご神木に触ることになり、ご神木を傷《いた》めますので、運気を落とすことになります。

神域の木は、神気が降りる大切な依り代の役目がありますから、パワーをもらおうなどと抱きつくことも、逆の効果になります。特に伊勢神宮の内宮など、神社を守る眷属《けんぞく》がいる神社でご神木に触ると、後日に骨折などのバチが当たることがあります。

正しい神社参拝の方法についてもっと知りたいかたは『伊勢白山道事典　第3巻』をお読みください。

おみくじは、神さまが神社で勧めているわけではありません。おみくじの吉凶にとらわれると、縁起が悪いです。

良いくじが出れば安心して心に隙《すき》ができ、努力や注意を怠ることになり、逆に悪い結果を招きます。悪いくじが出れば心が動揺して、努力してもどうせ悪い結果になるのではないかと不安になり、呪縛されます。

ですから占いが好きな人ほど、運気は落ちます。成功している人でも、占い好きな人の将来は良くないことが多いです。占いに依存して、仕事や勉強、人間関係において、実際の行動を怠《おこた》り、努力不足になるからです。

Q 明治神宮の「大御心《おおみごころ》」と呼ばれるおみくじも良くないですか？　明治天皇と昭憲皇太后が作られた人生の指針となる和歌です。心に響く良いものばかりです。

A それは吉凶を占うものではないので、問題はないです。

Qいつも行く神社ではたいがい吉がでます。縁起が良いので、お財布に入れていつも持っています。

A神社によっては大吉しか入れていない神社もあります。そんなものに依存する間は、内在神は隠れます。自分の成長がありません。

Qおみくじは神さまのお告げかと思っていました。

Aそれはめったにないです。ご神託《しんたく》がいただけるかどうかは、本人の生き方が反映します。ごくまれに、その人間の誠意と努力があれば、精霊がそれを見て、神示を下すことがあります。しかし、九十七パーセントはただの定型のパターン化されたものに過ぎません。どの人にも当てはまる内容が書かれています。

本当の神示がいただけるのは三パーセントです。神意とはそんなに簡単に示されるものではないです。

おみくじなどに依存して、自分の将来を先に知りたがる人は、開運しないものです。今を見ないで先ばかりを見て、現状から逃避しているからです。

神さまはこういう人はスルーします。

風水《ふうすい》や方位は当たらなくなります

中国発祥の風水《ふうすい》は、日本でも家屋の売買や家相、方位の吉凶、個人の生年月日と関係付けるものなど、いろいろな流派と理論があります。

実は、今の地球には地磁気《ちじき》の乱れが起きており、風水の概念は合わなくなっています。地磁気の逆回転が始まっていますから、むしろ判断を迷わせて、風水で「良い」ということをすると、それが逆にマイナスを呼ぶことにもなりかねません。

どのような土地や家であっても、住む人がそこで依り代と線香三本の感謝の先祖供養をしていれば、大丈夫です。土地に関わる因縁《いんねん》も昇華《しょうか》されていきます。

鬼門《きもん》は掃除が大事

地磁気の乱れで風水は意味がなくなっていますが、北東の鬼門《きもん》だけは今も意味があります。将来に地軸の移動が起きる時までは、北東から南西への鬼門ラインだけは有効です。

日本列島の場合、北東から南西に向けての大きな霊的な流れがあります。これに沿って個々の家の中にも、地域の諸霊の通り道、「霊道」が「必ず」通過しています。氏神の巡回もあれば、迷える霊が通過することもあります。鬼門の名前の由来は、ここに亡霊を見る人が多かったからでしょう。

鬼門は、毎日掃除をして、清浄を保てば問題はないです。鬼門の汚れ具合は、住む人の健康に反映します。鬼門から入る霊流が家内に拡散するからです。裏鬼門は霊道の出口なので、あまり気にしなくて良いです。

神棚は鬼門の北東を背にして置き、人が北東に向かって拝《おが》む形が、祭る場所としては最善です。北半球の場合は北から東の方角に、南半球の場合は南から東に向かって拝む形が理想です。

人が西を向いて拝む形は避けたほうが良いですが、西向きにしか置けない場合でも、神棚を祭ることや先祖供養をすることは、しないよりも十倍良いです。

玄関は鬼門や北向きは避けます。鬼門や北側には、窓もないか小さいほうが良いです。理想は、和室か衣裳部屋、倉庫などが合います。

玄関が鬼門にある場合は、青い尖《とが》った葉の松や、トゲのあるヒイラギなどを植えると良いです。鉢植えでも良いです。

悪い霊は、尖った植物が苦手なのです。

私の観察では、迷える粗《あら》い磁気の霊は、口からは体内に侵入が可能ですが、鼻からは難しいです。

霊体の次元では鼻毛が生け花で使う剣山《けんざん》のように逆立っており、粗い霊体には侵入が無理です。霊から見ますと刃物に突進する感じで、本当に怖いのです。

ですから、鼻から飛び出た鼻毛を切るのは良いですが、鼻の奥までキレイに機械で剃《そ》るのは賛成しません。

呼吸をする時は口から吸わずに、必ず鼻から空気を吸いましょう。

鬼門のトイレには、ヒイラギや松だけではなく、花を飾るのも良いです。造花ではダメです。生きている植物に意味があります。塩をまいて掃除をするのも良いです。

鬼門について、対処法をさらに詳しく知りたいかたは、『伊勢白山道事典　第2巻』をお読みください。

厄年《やくどし》とは「役」に目覚める年

厄年《やくどし》を気にするかたが多いです。以前に厄年については「役に立つ年」という解説をしました。

厄年とは、厄祓《やくばら》いをする年ではなくて、「役」に立つ仕事に就く「年」です。神仏の望む「役」に就く年齢のことです。神仏の望む役とは、正しい信仰を持って生きることです。

つまり厄年とは、正しい信仰に目覚めるべき節目の年だと言えます。正しい信仰とは、集団に属することではなく、密かに自分一人で神仏への感謝の心を持つことです。

特別な信仰を持たなくても、真剣に仕事や芸に打ち込んで、周囲の人間を生かすように頑張って生きていますと、自然と「大いなる存在」を感じ始めます。正しく思いっきり生きた人は、厄年と言われる四十二歳を境にして、先祖や神仏への感謝の心を自然に持ち始めます。

厄年を迎えても、残念ながら、このことにまったく気がつかないままに今回の人生を終えて、あの世へ帰ることになる人もいます。

厄年とは、肉体のサイクルから、今までの生活環境の是非が体に反映する節目の年とも言えます。厄年には、お祓いを受けるよりも、人間ドックに行きましょう。

厄年を良い分岐点にするには

一般に人生では誰でも、特に四十歳から四十二歳（厄年）以降に、家系（霊線）に潜む本性が出て来ると言えます。厄年は、人生の分岐点という面があります。

ある期待している政治関係者について、数年前に、「未来の『方向性』に懸念点を感じて案じています。もし、このまま行きますと、四十歳以降の人生はガラリと変わる芽の可能性を感じます」と書きました。若い頃は柔軟で包容力があった人でも、四十歳を過ぎた頃から、

- 変な頑固さ、偏狭（へんきょう：器量が小さい。自分のことだけ）
- 偏屈（へんくつ：ひねくれ者）
- 変人

となることがあります。

特に男性は、このような傾向の芽が出ないように、普段から注意が大事です。

もし、このような偏屈、屁理屈が大きくなったまま老人になりますと、周囲から見て嫌な老人、嫌われる老人になることは間違いありません。


人は誰もが注意するべき点として、男女を問わず、

＊柔軟性
＊包容力
＊男性でも「母性」

が大事です。母性のある人に、人は自然と集まって来ます。

特に政治家は、「器量が小さい」と思われ始めますと、終わりです。何も成すことができません。


人間は、四十歳以降の顔が大切です。

若い頃は、イケイケの魅力的な女性でありましても、その「生き方」次第で、四十歳以降はガラリと変わります。

美人は美人でも、「嫌な美人」「貧相で善徳のない顔」になってはいけません。

逆に、男女を問わず、若い時はパッとしなくても、四十歳以降に「何となく格好良い人」「感じの良い素敵な人」に見え始める人が大勢おられます。

この運命を分ける最大事が、やはり究極は、

＊「正しい先祖供養」の「継続」。
＊神さまへの「ただ感謝する行為」の有無。

これらに行き着きます。お金は不要です。


これらの縁が、持てるか否か？

この縁が持てれば、どんな悪い方向性も変えることが可能です。誰もが自分なりに、先祖（遺伝子の集合体）に感謝する行為の有無で、包容力と母性を育てて、良い顔相にして「行く」ことが起こります。

厄年からを、良い方向への分岐点にしていくことができます。

仏像や開運グッズについて

開運グッズは不運の元

厄除《やくよ》けや開運のお守り、幸運を呼ぶという置物や天使の絵を飾る人、パワーストーンを身につけて安心する人がいます。

そのような品物に依存する心は、自分のオリジナルのプラス磁気を妨害し、自らの改善する力を弱めます。

それらのご利益《りやく》を期待して持つ物は、持ち主の元々の良い運を削り、不幸を招くものです。

霊能者に勧められて買ったものは、幽界の磁気を呼びます。霊能者が売る石や絵画や置物には、悪質な霊的な仕掛けがされています。買った人は依存を深め、次々と商品を買い求める悪循環に陥《おちい》ります。

パワーストーンに頼ると不運に

私が相談者の持っている水晶を霊視しますと、水晶から無数の「手」が出ている様相を観ることがあります。これは、持ち主の「助けて」という思いが、何かにすがり、つかもうとする「霊的形象」となって現れているのです。

パワーストーンをいつも身につけていますと、つけている人の生命力が吸収されていき、運気は下がります。石はＩＣチップのように、人が発する磁気を記憶します。良い磁気も悪い磁気も、そのまま吸着して記憶していきます。

不安な人が持つ水晶は、不安の磁気を蓄えます。願いを叶えようと持つ石は依存心を、不平不満があればイライラ不満の磁気を溜《た》めていきます。

パワーストーンは持ち主のマイナス磁気を吸い取って、すぐにいっぱいになり、悪い磁気の固まりとなっています。これは本当に霊力があればわかることです。

このような負の磁気を溜めた水晶は、持ち主の霊的ハンディとなります。もし、そのような石を持っていなければ、自分の過去の思いの影響は少ないものです。

本人が心機一転、頑張ろうとしても、過去の自分が溜めたマイナスの磁気に負けてしまい、回復が遅れます。過去の自分の思いが足を引っ張るのです。

奇異な手段で成功への近道を求める人は、逆に不運になり、遠回りをする羽目になるのが、霊的真相です。

実際に陰であなたの守護をしているのは、あなたの先祖霊です。霊的商品は霊的な穢《けが》れとなり、先祖霊の守護の邪魔をします。

効果があるというものほど、先祖とのつながりを妨害します。その結果、精神的に不安定になり、大事な判断を誤ったりすることにもなります。健康にも悪い影響があります。

Q宝石はどれも危険ですか？

A実は普通の宝石も同じように、「所持する人の思いの磁気」を溜《た》めます。不安な人が持てば、不安の磁気を蓄積します。それらの磁気が溜まった不浄な石を持ちますと、何となく嫌悪感が出てきます。明るい感謝の気持ちで持っていた宝石やアクセサリーは、家族の宝として大切にすれば良いです。

感謝の先祖供養を続けて自分の浄化が進めば、自分で判断できるようになります。

また、明るい気持ちで上書きしていくことも可能です。

Q 石は浄化できますか？　悪霊を祓《はら》う水晶は、太陽光に当てるか、ハーブでいぶすと、リセットできると聞きました。

A 呪文を唱えたり、そのようなことをしてもムダです。何も変わりません。

水晶や石は、自分自身で「生かして頂いて　ありがとう御座います」と感謝想起をすることで、マイナス磁気を上書き修正ができます。

これが唯一の方法です。

そもそも、悪霊を祓ったり、石を浄化することができるような人は、わざわざそのような品物は持たないものです。

ジャラジャラと金属や石を身に着けている「先生」に、本物はいません。これは誰でも簡単に「先生」が本物であるかどうかを判断できる、一つのポイントです。

赤ちゃんは、手に水晶を持って生まれてくるわけではありません。水晶やパワーストーンなどは、人間にとって、本来必要のないものです。

人間は、そのようなものがなくても、すでに生かされているのです。

開運グッズを手放す方法

他人からの霊的な品物は、先祖供養の場所から一メートル以上は離して置いたほうが良いです。先祖霊が寄るのを妨害するからです。

処分を迷う場合は、押し入れにしまって置くと良いです。感謝の先祖供養を続けていきますと、処分する時を自分で判断できるようになります。

もう手放したいと思った時は、白い袋に入れ、封をして、ゴミの日に出せば良いです。石などは地域の条例に従って、川や海に捨てても良いです。

仏像は一般の人は持たないほうが良い

仏像を家に置いて、拝むかたがおられます。自分や家族の守護をしてもらえると思って祈る人は、大変な考え違いをしています。一般人には霊的なハンディとなります。

仏像には無縁霊が集まりやすいのです。

この世に執着して留《とど》まっている霊は、先祖霊の守護が薄い人にすがり憑《つ》きます。それができない時は、人の形をしたものに憑くことが多いです。

生前の知識で、「仏像のそばにいれば助かるかもしれない」と思って、供養を受けられずに苦しんでいる迷える霊が集まります。木製の仏像には、特に木の繊維が依り代になり、霊が寄りやすいです。

自宅の庭にお地蔵様を置いたり、巨大な観音像などを建てるかたもおられます。家の周囲の助けを求める無縁霊が集まりますので、絶えず苦しい霊の波動を受けて、心が理由もなく不安定になり、健康にも影響していきます。

巨大な観音像などを置きますと、二代目か三代目には家業が傾いたり、子孫が絶えたりすることが多いです。

一般のかたには、それらに集まる多くの無縁霊を供養することは難しいです。

出家した人が仏像を持つ場合は、一般のかたが持つ目的とはまったく意味が違います。

出家した人が仏像や観音様に願うのは、迷える人間や霊を救うことにあり、その「救済行為への守護」を願うものです。この守護という言葉に一般のかたは勘違いをされて、自分の願いごとへの守護をしてもらえる、と思われるようです。

「仏像への供養を通して、浮かばれない無縁霊を供養して癒したい。そのためなら自分や家族の身に何があっても良い」

と思われるかたは、仏像を持っていても良いです。

仏像を手放したい場合は、ゴミの日に出しても良いです。または、骨董屋に売るか、謝礼が必要かも知れませんが、お寺に引き取ってもらうのも一つの方法です。仏像が持つ縁に任せるのです。

Q 仏様の絵も、持っていると良くないですか？

A 迷える霊は粗い磁気の固まりです。人形や仏像など人の形をしたものには、粗い磁気の霊も寄ることができますが、お札や紙質のものには、宿ることが難しいようです。より高い、精妙な磁気振動の存在しか寄ることができませんから、紙に描かれた絵などは問題ありません。また、仏壇の中に元々ある印刷された仏様の絵などは、問題ありません。

霊能力者について

専業霊能者は魔道《まどう》の人です

人間の悩みや問題の大半は、今生で自《みずか》ら招いた、逃げや依存が生み出したものです。自分自身が「感謝する原点を見る生き方」に変わらない限りは、悩みや問題は尽きません。霊能力を仕事とする専業霊能者は、収入を得るために、目に見えない世界を利用して、相談者の悩みや弱点を改善すると期待させて献金させます。困っている相談者を惑わせる、惑う（まどう）、魔道（まどう）です。

過去生を語る占いは、ただの商売

霊能力でアカシック・レコード（魂の転生の記録）が見られるとか、相談者の過去生や未来がわかるなどという人がいれば、それは幽界の低い次元からの憑依《ひょうい》によるデタラメに過ぎません。

もし、霊能者が異界のものの言葉を口寄せ（憑依により声に出して話すこと）をしますと、幽界やその他の低い次元の霊が次々と憑依して、その肉体を借りて言葉を話すようになります。このようなことをしていますと、後年に精神を患《わずら》うことになります。

相談者は、過去生や未来のことを聞かされますと、依存心が大きくなり、成長が妨《さまた》げられ、未来が縛られます。運気を落として霊障をもらいますので、結果として大損します。

霊能者によるお祓《はら》い、祈祷《きとう》について

人生で困ったことがあるとそのたびに、霊能者に相談して悪霊を祓《はら》い、パワーをもらうという人がいます。お金を取って相談を受ける有料の悪徳な霊能者に縁を持つと、相談してお金と時間を費《つい》やすほどに、逆に相談者は不幸になります。

なぜか次々と不運が訪れ、いつも心は不安なままです。

なぜでしょうか？

有料先生は他人に次々と不幸を起こして、リピーター客を増やすことで金儲けをします。表面的には味方のフリをしていますが、霊的には違います。相談者は元々持っていた運気を失くします。本来の健康や寿命までも短くすることになります。

悪徳な先生に憑《つ》く霊的な背後存在が相談者の生命力を食し、先生には金銭を与えます。有料先生は、百パーセント魔界の魔物に憑かれています。これに気づかない有料先生が大半です。

もちろん霊能者も、最後には背後の魔物に食われます。

人を癒すことができる「真のヒーラー」は、困っている人から金銭を受け取ることはありません。

神界からの啓示を受ける人間は、困る相談者から金銭を受け取ると、肉体に痛みを感じます。ですから、本当に神界からの啓示を受けた人間なら、金銭を受け取って相談を受けることはないのです。

「真のヒーラー」について詳しく知りたいかたは、『伊勢白山道事典　第2巻』をお読みください。

霊的ヒーリングによる改善には、交換条件がある

霊的施術により病気が改善したとしても、それは他人の磁気による外からの刺激であり、初めのうちは効果がありましても、身体がだんだん慣れてしまい、その効果は薄れていきます。

外から導入されるもので健康を保っていますと、逆に自分の身体の機能は落ちていくことになります。

悪徳な霊能者やヒーラーによって病気が治ったという時には、交換に「価値の付け替え」が起こっています。

病気が改善する代わりに、ヒーラーの生命力との交換か、相談者の寿命との交換が水面下で起きています。相談者の目先の病気が良くなった代わりに、相談者か家族の寿命が逆に短くなっているのです。

また、相談者はヒーラーの霊的磁気＝霊的垢《れいてきあか》を付けられていますので、今後は強くなってきている太陽霊光に反応して、ヒーラーもそうですが、相談者の体調も悪化して、辛《つら》い状況が増えることになります。

これからは悪徳なヒーラー先生の早死も、増加するでしょう。

人間は、いずれは必ず病気になって死にます。過去の偉大な覚醒者も全員そうでした。病気になることを恐れてはいけません。病気になることが学びの課題の場合もあります。病気が課題の場合は、病気から得る学びと心の成長が起これば、「良くできましたね」と病気が消失することも多いです。

いずれにしましても、宇宙の法則に反する霊的施術には、頼らないほうが良いです。悪魔が神を名乗っています。

ハンドパワーについて

ハンドパワーにも、霊的磁気の型が存在します。他人からの施術は、異型の輸血をすることと同じです。輸血であれば、死亡事故にもなります。

親子間や親族の場合は、同じ霊的磁気の型であり、家系の霊線を共有するので、副作用はないです。気持ちを込めて、手を当てても問題はありません。

問題は、他人から施術を受ける場合です。
●最初から、ひどい副反応が起こるか。
●最初に改善が起こり、その後に交換条件で悪化するか、家族に別の形で影響するか。
●病気が治った代わりに、実は本来あった寿命が縮まっているか。
などなど様々な悪化のパターンが、他人からの霊的磁気を受けたために生じています。

これは普通の教祖や霊能者、ヒーラーは知らないことです。

異型の霊的磁気を外から輸血することになるので、一時的に改善したとしても、良い結果にはなりません。これが高度な次元の視点では言えることです。


以上は私の四十年に近い見聞のデータからの想定です。

あくまでも個人的な私見ですので、自己責任で自己判断しましょう。

霊能を商売にする者からは正神が離れます

この世では、「何の手段で得たお金でご飯を食べて、自分の肉体を構成したか？」に、重要な意味があります。

霊的には、すべてが一本の線でつながっています。何をして得たお金で生活をするかで、その人の顔つきや人生、運命までもが変わります。

人々の不幸や悩みを飯の種にしたという時点で、悪徳霊能者は正神からの援助は絶対に受けられません。

有料の悪徳霊能者の霊体には、自分では気がつかない霊的垢《れいてきあか》＝穢《けが》れが付いています。霊的垢は、自分がつながる先祖の霊線を細くしてしまい、本人に根源からのエネルギーが届くことを阻害します。

霊的能力に頼らず、奇異な現象に縁を持たない、現実社会で真面目に働いて生きる人こそが、逆に最も正神に近いのです。

収入のためにリピーターを作ります

ヒーリングを職業とした霊能者は、自分の収入を続けて得るために、相談に来た人を本当の意味で幸福で安心した状態にはさせません。リピーター客を増やすように、悪徳ヒーラーの無意識下で霊的な作用が起こり始めるのです。

相談者を治すと言いながら、本当に治ってしまうと来なくなるので、絶えず病気やその他の不幸が起こるように霊的な作用を起こしています。

悪徳霊能者やヒーラーに対して悩みや病気の改善を願うと、一時的には改善しても、しばらくすると次々と、さらに病気や他の事故や不運が起きることになります。

人間の霊的エネルギーを食べる存在について

悪徳ヒーラーの背後には、太古から存在する「人の生命エネルギーを食べる霊的存在」がいて、霊的ヒーリングがおこなわれている時は、人間の中にある「生命を育てる霊的存在」との間に戦いが起きています。

実はこのような生命を「育てる」存在と「食べる」存在の対立が太古からあるのは、人間の心の成長のために根源神が許したものです。

人は自分の力で、できる努力を精一杯して生きていくのが良いです。霊能力者などの不思議な力に頼って幸せになる「近道」には、必ず落とし穴があるからです。他人の霊的磁気の干渉を受けることは、自分のオリジナル磁気を破壊することになります。

自分のお金と時間と生命エネルギーを提供した上に、悪徳霊能者の背後にいる魔物から、負のハンディを受け取ることになるのは大きな損です。

原因不明の病は、霊能者の霊的背後が起こしていた

悪徳霊能者の背後で起こっていることを、具体的にお話ししましょう。

背後に幽界の霊的存在を持つ悪徳霊能者は、霊能者本人も無意識で、顧客を集める霊的活動をおこなっています。「マッチポンプ」とは、マッチで火を点けておいて、自《みずか》らポンプで火を消すという自作自演という意味です。

火付けと消火の霊的な芝居です。

A氏はなぜか急に体に強い痛みが起きて、病院でも原因不明のため治らずに悩んでいたところ、知り合いのB氏に偶然出会います。相談を受けたB氏は、内緒の話だと前置きし

て、〝奇跡〟の力を持つ霊能者をA氏に紹介しました。

A氏が霊能者に会ったところ、A氏の痛みは即座に治りました。これに感激したA氏は多額のお礼をした上に、新しい相談者をたくさんその霊能者に紹介するようになりました。

さて、この場合に、何が起きていたのかを解説しましょう。

霊能者の背後の分霊は、霊能者と面識のあるB氏に最初に飛びます。B氏の意識を覗《のぞ》いた結果、知り合いに金持ちのA氏がいることを背後存在が知ることとなります。

霊能者の分霊はA氏の元に行き、A氏に憑依します。その結果、霊障による原因不明の痛みがA氏に起こり出します。

この時点で、現実には、A氏はまだ誰にも会っていません。

その後は、A氏は背後存在の誘導のままに、B氏と「偶然に」再会して、霊能者との出会いが演出されるのです。

相談に来ると、そこで霊能者は、A氏に憑いていた自分の分霊をA氏から外して、奇跡的な治癒《ちゆ》をその場で起こします。原因不明の痛みを、即座に治すことになります。

無意識下の自作自演が、奇跡、奇異を見せる人物の真相です。

そもそも、A氏はB氏と知り合いでなければ、このような原因不明の病気になり、霊能者と会うことにはなりませんでした。

また、もしA氏が正しい先祖供養をしていれば、B氏のような人との縁は遠くなり、切れているものです。

現実界で手取り足取り、親のように私たちに干渉する正しい霊的存在は、安心している先祖霊だけです。

正神は、個人のこの世での出来事には干渉しません。常に社会全体、世界全体を見ておられるからです。

自分自身を信頼、信用できない人間は、奇異な物や人物に依存しやすいものです。そして、それらに大事なエネルギーを吸い取られて、最後はそれらへの依存を始める前よりも、さらに悪い状態になるものです。

自分自身を信頼しなければ、内在神の発露はありえません。

家族を死にいたらせた霊的施術

今まで多くの相談者を観てきましたが、相談者自身の問題以上に意外に多いのが、有料霊能者による大きな被害です。

中でも生霊《いきりょう》の処理方法については、霊能者の未熟なレベルにより、霊能者が知らずに殺人を起こしている実態があります。


昔のことですが、ある男性から「妻の死が不自然で納得がいかない。妻は成仏しているだろうか？」と相談されたことがあります。小学生の子ども二人を抱え、家事と仕事にと苦労をされていました。

観てみますと、死後三年経っていましたが、男性の妻は苦しい状態のままでした。子どもを心配する気持ちも未成仏の原因の一つでしたが、それだけが苦しんでいる原因ではありませんでした。

亡くなった妻の霊体には、呪術的な縛りが何重にも施《ほどこ》されていました。これを観て、過去に霊能者に何かをされているなとわかりました。

その男性に、過去に霊能者と接触した経験があるかを聞いたところ、男性は奥さんが亡くなる一年ほど前に、ある有名な霊能者に、仕事関係で悩みを相談したことがあるということでした。

その時に霊能者から、「奥さんの生霊が男性に憑依している」と言われ、その当時、旦那さんは奥さんと頻繁に喧嘩をしていたので、ズバリ的中したと思い驚いたそうです。

その霊能者から二回〝除霊〟をしてもらったそうです。

今になって振り返ると、その頃から、奥さんが段々と病弱になっていったのがわかるとおっしゃっていました。

「生霊」は生きている人間ですから、除霊と称して無暗《むやみ》に術をかける対象ではありません。霊能者も霊的世界で何が起きているのかわからないことが多いのです。霊能者自身も気づかずに、粗い攻撃的な霊的磁気を対象の人間に投射して、ダメージを与えているのが真相です。

この男性は悪徳霊能者に相談したばかりに、お金を出して奥さんを亡くす不幸な結果を招いてしまいました。霊能者も相談した男性も、無知ゆえの罪を犯したと言えます。

世の中にはこの男性のように、奇異な手段に頼ったばかりに、本来の幸運をなくしているかたが非常に多いです。

生きて生活をしていれば、生霊は誰からでも次々と発生しており、自分が生霊を出すことも、逆に自分が他者の生霊を受けることも、普通に起こっていることです。

誰かと会ったあとに嫌な感じがした時には、生霊が来ていることがあります。そのような時には、「お帰りください」「すみませんでした」という意味の言葉を陰で言えば良いです。

第三章で紹介する伊勢白山道式感謝の先祖供養の線香の三本目では、自分の知らない相手から来ている、生霊の攻撃的な気持ちの磁気も、自分が出している夫婦ゲンカのあとの嫌な磁気なども昇華させることができます。

悪徳霊能者などに頼る必要はありません。

現実界で生きていれば、病気もします。色々と困ったこともあるものです。でも、それが正しい人生を生きる姿です。

生（性）・老・病・死という、逃れられない不自由をわざわざ体験するために、私たちは生まれて来たのです。

苦労や悩みを誰かに頼んでなくそうとしては、生まれて来た意味がありません。せっかくの人生の大冒険をムダにしてはダメです。

霊能力があるのは、高い魂だからではない

心身共に健康な霊能力者は、めったにいません。霊を感じやすく、霊能力があるという人は、逆に霊体が弱いと言えます。

先祖霊の守護が厚くなると、悩める霊の影響を受けなくなります。霊能力がある人よりも、何も感じない一般の人のほうが霊格は高い人物が多いです。

今の霊能力者の九十九パーセントは、幽界からの後天的な憑依を受けている人物です。

本当に神界からの役目があり、特別な能力がある人は、困る人々から金銭を搾取《さくしゅ》しなくても良いように、正業で生活ができるものです。つまり、このような人の場合には、生まれ出る前から計画して、この世に来ています。

霊能力者やヒーラーは早死にする？

悪徳霊能者やヒーラー、悪徳な宗教教団幹部などは、早く亡くなる傾向があります。共通していることは、施術や信仰に対して金銭を得ていた人です。死因もだいたい共通していて、ガンで亡くなる人が多いです。

霊的ヒーリングを職業としている場合は、自分の生命力・寿命を切り売りしているのと同じです。

早死にすることが多い一つの原因は、相談者から来る生霊の影響です。

病気の人がお金を払う理由は治りたい一心ですので、お金を払った分の効果を期待する思いがあります。期待しても治らない時には、強い依存心や無念の思いがヒーラーに憑きます。この念がヒーラーに蓄積して、ヒーラーの生命力を削りだします。

無料のボランティアならば、患者さんも感謝こそすれ、治らなくても恨みません。また、無償の奉仕の場合は、正神も助けてくれることがあります。

もう一つの原因は、患者の生霊よりもさらに怖い、悪徳有料霊能者先生自身に憑依している背後の霊的存在の影響です。霊的存在の目的は、人間の魂を食べることです。これを目的に現実界に来ており、霊能者先生自身も知らずに利用されています。

悪徳なヒーラーや霊能者、悪徳な教団には、大なり小なり霊的存在が憑依しています。

有料のヒーラーは還暦の六十歳までに死ぬ人が多いです。

悪徳な霊能者やヒーラーでも、年をとっても元気そうな場合もあります。魔物が完全に肉体を占拠している先生は、逆に長生きします。

このようになった先生は、自身の霊体も背後の魔物に同化して変化しています。本人の魂は、もう見ているだけの状態です。人間の姿をした、着ぐるみを着た魔物になっています。悪徳な教祖自身も死ぬ時に真実に気がつきますが、その時では遅いのです。

悪徳な霊能者やヒーラーの死後は？

悪徳な教団に関わった人物や有料霊能者、ヒーラーは死後にどういう裁きがあるのでしょうか？

霊的ヒーリングを始めた悪徳教祖の大半は、突然の高熱などで生死をさまよったあとに、不思議な能力を得ています。これは魔界の霊的存在が、本人の肉体を乗っ取ったことを意味します。この時点で、本人の生命は霊的には終わっています。

このような後天的な突然の能力や、そのような霊能先生にお金を払って伝授される霊的ヒーリングの力の正体は、霊能者に憑依する神さまを名乗る背後の魔物から来ています。困る人々の不幸を種に、お金を搾取してきた悪徳有料霊能者や教団に関わった人は、死後に先祖霊からのお迎えを受けることはできません。

霊能者の臨終の場には、悪徳な教団の背後にいる教団維持霊（魔物）や、霊能を提供していた背後の魔物が迎えに来て待っています。この時に初めて、自分の背後のモノが何であったのかに気づくことになります。

これらの霊能者の魂には、死後のバルドォの四十九日間（あの世でこの世を振り返って、行くべき場所を決めるまでの期間のこと。詳しくは第四章に解説があります）も与えられないようです。この世で魔物から得た金銭で贅沢な暮らしをしていた分、あの世では強制的に魔物に仕えることになります。

霊能者の背後は、先祖霊の守護を妨害する

もし霊能者やヒーラーに頼んで、その後に願いが叶ったり、病気の改善があったとしましても、多くの場合、実際に願いを叶えたのはそれらの力ではないのが真相です。真相は、その人の先祖霊が働いてくれているのです。先祖霊はいつも子孫を見守って、病気を治したり、幸運を運んで来たりしています。

先祖霊は、有料先生からの妨害電波の中で必死に子孫を守ろうとしています。子孫が苦しい状況なのは、正しい先祖供養がされていないために守ろうとする先祖霊も弱っているからです。

子孫が有料霊能者に依頼することで、霊能先生の背後存在は、自分に依存させるために先祖霊を排除しようと働きます。

先祖霊からの助けは悪徳な霊能者とは違って、あとから請求書で見返りを求められることはありません。親が子どもを助けようとする本能だからです。

「先祖のため」の「感謝」の供養をすることで、有料霊能者からの影響は浄化できます。

Q 悪徳「有料」霊能者と言われますが、無料の霊能者なら大丈夫ですか？
私が知る霊能者は、無料で相談にのって、病気も治してくれます。

A やはり相談者は、先生の磁気の被ばくをして、運気を落としています。そのような無料という人も、突然に変わることがありますので要注意です。

昔の修験者などには、お金持ちの家に原因不明の病人を作って、後から行ってそれを治すという霊力を使う人もありました。不幸の原因がすでに誘導である場合もあるのです。

また、もし不幸や病気が解決すると、その後に相談者や家族の商売や健康など、別の何か大切なものを失うこともあります。これが交換条件です。あとから霊能者の背後の幽界存在からの、お陰に対する請求書と回収が来ます。

他人の霊的な磁気は一切が有害です。人間は自身のオリジナル磁気を尊重しないと、本当の幸福にはなれないのです。

相談する人は、人生の岐路に失敗したくないから、自分で決断するのが怖いので占い師に頼るのでしょう。

問題は、どんなに偉い占い師のご託宣《たくせん》でも、それを実行して経験するのは自分なのです。

占いで自分の進路を決めて結果が良くなかったら、自分で決めれば良かったと後悔することになります。迷う間は、まだ結論を出す時ではない、とも言えます。

それよりも、人生で悩む問題があった時には、自分で悩んで考えて、自分で決めて精一杯努力したのであれば、その結果は後悔をせずに受け止めることができます。

どんな結果でも、それがその人にとって最善であることが後でわかります。

どんな逃げ道を使っても、「人間は必ず死ぬ」という事実は、「最後まで自分自身を信じて生きることが何よりも大切だ」ということを意味しています。

それが天の意志なのです。

Q 天使と交信しているという人は本当ですか？

A「天使」と言われるものには、善悪両方のものがあります。日本に生まれ育ちながら、西洋の天使とチャネリング（交信）しているという人がいます。

しかし、本当に高次元の天使と呼ばれる存在とつながっている人は、まずいません。

本当の神界の大天使ならば、個人の利益のために奔走することはありません。霊的世界を商売にする人間の欲望から生まれたものに過ぎません。幽界にいる霊的存在が、「天使」を名乗って騙《だま》していることが大半です。

「天使だ」と言って、宇宙人が関与している場合もあります。人間にコンタクトをとってくる宇宙人には、幽界の存在が多いのです。

西洋では神の伝令、お使いは、いわゆる「天使」、人の形をとることが多いです。日本では、神さまのお使いは「眷属神《けんぞくしん》」といい、龍、蛇、狐の形をとることが多いです。この日本の特別な霊的磁場の上で生活していながら、翼のある西洋の天使を空想していますと、現実から逃避することになり、実生活は不安定になっていきます。

外部の霊的存在に関わること自体が、良いことではありません。続けるとますますマイナスの影響を受けます。

背中の霊穴《れいけつ》

そもそも「背後に魔物がいる」とか「魔物が憑依する」とは、どのような状態になるのでしょうか？

人間には右胸に内在神が、左胸に自己の魂が存在しています。

それぞれから伸びた左右の二本の霊線が、背中につながっています。

霊線は左右が交差して逆になり、背中の右側からは左胸にある自己の魂から伸びて先祖とつながる霊線が、背中の左側からは右胸にある内在神から伸びて産土神《うぶすながみ》へとつながる霊線が出ています。

背後の魔物はまず人の背中の右側から外に伸びている先祖とつながる霊線を破壊して、先祖からの守護ができないようにします。このようにすると、その人間を心身共にコントロールしやすいからです。

悪徳有料霊能者やヒーラーは、背中右側から出る霊線がすでに破壊されており、霊体の右側の肩甲骨の下の部分に穴が開いて、そこから魔物が出入りしているのが視えます。このような状態ですと、その人は背中の右側に痛みがあります。

やがて魔物は、内在神から伸びて背中左側から出て産土神とつながる霊線をもかじり始めます。背中左側の霊線も切断された時が、現実界での肉体の死を意味します。

悪徳ヒーラー先生で皮膚病の症状が出ている先生は、背後の霊に憑依されていて、すで

魔物の憑依とは？

魔物は背中の右側にある、先祖とつながる霊線を破壊して、
先祖からの守護を分断します。
霊眼で観ると右側の肩甲骨の下部に穴があき、魔物が出入りしています。
このような状態ですと、実際にしくしくと痛みがあります。

（「霊線」の全体図は一四五ページを参照）

に末期段階が始まっています。生命エネルギーの漏電が起こり、体力は弱り、精神も狂っていきます。

そのままヒーラーとして施術を続ければ、自分自身の寿命も短くなるでしょう。さらには、相談者の心身を霊的垢で大きく汚すことになります。

今までにヒーリングに携《たずさ》わっていて、すでに右側肩甲骨の下に痛みがある場合はどうしたら良いのでしょうか？

背中に痛みがある人は、左右どちらの痛みでも、まずは心臓の懸念として、医師の心電図検査を受けることを参考にしてください。

医師の診断の結果、心臓に問題はないにも関わらず、右側肩甲骨の下に痛みが継続し、心配な人は、「今」と「これから」を考えることです。

もしも今までの生活で、霊能者などと接触、依頼したことがある場合、これからは、一切の霊的な垢の磁気をつける行為から、完全に離れることが大事です。

こうして気がつけたということは、まだ大丈夫です。後悔ばかりしても仕方ありません。できる生活努力をしながら、先祖への感謝を、普段の生活の中で想起することです。先祖への感謝磁気を貯めることが、物事を改善させる力となります。

幻覚や神秘体験は不要です

昭和の時代には、薬物を使って目撃する幻覚、ビジョンがアート芸術や新鋭音楽に影響を与え、流行した時代がありました。残念ながらこれらの波動は幽界が中心であり、そこに神界を感じるものはありませんでした。

幻覚の世界での体験は、迷える世界である幽界の干渉で起こることであり、結局は良い結果にはなりません。

古神道では、「正神は言挙《ことあ》げせず」と言います。本当の神は言葉による会話をしない、ということは常識なのです。悪魔ほど話しかけてきて会話をしたがります。

「見えない存在から話しかけられた」と言う人がいれば、「しゃべる時点で魔物である」ということが、古来からの審神（さにわ：正しく正体を判断すること）の重要な視点です。

神秘体験は求めずに、人生は自力で健全な努力をすることが大事です。

自分の心の中に、感謝と慈悲の気持ちを持つことが、神仏を観ようとすることよりも、百倍大事なことです。

祈祷や薬物の影響での幻覚体験などをしなくても、読者に知って欲しいことは、

＊どんな苦しみや、嫌なことや、生活環境にも、すべて意味が在ること。

＊どれもムダな体験ではないこと。

＊その中でも感謝するべきことに気づくために、誰もが「自己予算」で生まれていること。

これらを知っておいてください。

「自己予算」の意味は、人が持っている善徳貯金の量のことです。人は個人により、前世の違いにより、使える善徳貯金の量が異なります。その持っている予算の中で、生まれる環境、容姿、財産、能力などなどを自分で配分して生まれてきます。

魂の学びと因果の昇華をたくさんするために、あえて厳しい環境を自分で選んで生まれる場合もあります。

今の環境は自分にとって感謝するべき最善なのです。

以上のことを、神秘体験などしなくても、信じて頂ければ幸いです。

祈願信仰、願掛けは不運の元

パワースポットの真実

パワースポットと言われる場所の霊的実態は、「行けば不幸になる場所」に変化しています。

例えば、良い温泉があったとして、入浴客が少人数の間は問題がありませんが、ここに病気の人が多数押しかければ、何が起こるでしょうか？

どんなに素晴らしいお湯でも濁ってしまい、もし伝染性であれば、病気の二次感染も起こりえます。

大人気のパワースポットなどは、我良し（われよし：自分の自我。自分さえ良ければ、他はどうなっても良いという考えのこと）願望に溺れた人たちの欲望が渦巻いています。

テレビなどでパワースポットとして紹介される○○の井戸で、写真に数体の骸骨が写ったというかたがいます。これは魔界からの亡霊の集まりです。写真は削除したほうが良いです。

ここは、不運になるスポットです。多くの人が幸運を求めて行った結果、さらにその欲望が悪い影響を残しています。

現代に生きる人々の、無念、イジメられた怨念、出世への不満、などを吸い集める場所になっていると感じます。霊的には運を落とす場所になっています。

怒りや怨念を持つ人が増えると、自分が住む国を失くすことにもなりかねません。

どこにいても精一杯生きれば大丈夫です

そのような場所に行った人は、入浴の際に海塩で肩や背中を磨くことを参考にしてください。第三章で解説しますが、できれば、先祖の依《よ》り代《しろ》と線香三本による感謝の先祖供養をすると、マイナス磁気の影響を防ぐことになります。

幸せになるためには、パワースポットと宣伝されている場所に、わざわざパワーをもらいに行かなくて大丈夫です。どこにいても、感謝の思いを持って、毎日を精一杯努力して過ごすことが一番大切なことです。

外のパワーに頼ることなく、太陽（天照太御神《あまてらすおほみかみ》）と地球（国常立太神《くにとこたちおおかみ》）の間で、自身のオリジナル磁気を大切にして、生き切りましょう。

ある神社で観た恋愛祈願の女性

「パワースポット」に限らず、神社や信仰の対象物には、人間の想念の力が霊的磁気として蓄積しています。

出張の際、時間調整のために街中のある大きな神社へ参拝しました。参拝しますと、健康とお金の問題、縁結びの祈願など、色々な残存磁気が停留していました。沢山の人々が、この場で祈願をしたのでしょう。

私は、いつもの通り感謝の思い「だけ」を神社に捧げ置きました。

他の参拝者を観ていますと、若い女性が参拝する後ろ姿が目に付きました。すると彼女の体に、神社に停留する恋愛に関する残存磁気が流れ憑いて行きました。

彼女は恋愛に関する祈願をしていたのでしょう。沢山の女性が残して行った恋愛への欲望の磁気は、同じ内容の祈願をした女性に憑くのです。同種の霊的磁気が引き合うのです。金銭の悩みを祈願すれば、その場に残存する他の人々が残した金銭祈願の磁気が憑くわけです。自殺の名所に行った後、鬱病を発症して自殺未遂をする事例と同じです。神社に恋愛祈願に行ったばかりに、他の女性の恋愛の無念の想いをも背負うことになるのです。これは、本人にとっては余計な負のハンディを憑けることになります。

伊勢神宮へ行きますと、個人欲の祈願を露骨にあおるものは何もありません。伊勢神宮で感謝の参拝をしますと、感謝の暖かい磁気が自身に返されます。

他の有名神社では、のぼりを立てて祈願を誘う営業が盛んです。営業神社では、感謝を捧げても吸い込まれる感じがして、まるでブラックホールのようです。

全国の神社に、縁ある人々が感謝だけの参拝をして、上書き修正をして行ければ良いなと思います。

合格祈願の神頼みも逆に作用します

受験に際しては、合格祈願のお守りを子どものために求める親が多いです。

受験生など、若い頃は自己の霊体磁気が安定せずに不安定な状態です。この時に自分の霊体磁気に他の存在から出る磁気が干渉すると、落ちつかなくなり、イライラするものです。

子どもの勉強部屋に合格祈願の御札や有料願掛け商品を置くと、そこから出る霊的磁気の影響を受けて、実際には子どもの集中力が落ちて眠気に襲われ、なんとなく勉強しなくなる傾向があります。親御さんの、間違った御蔭信仰《おかげしんこう》の弊害です。

そもそも学力の向上に神仏を「使役する」考えが間違っています。

受験生は、「合格しますように、よろしくお願いいたします」と神さまに願うより前に、受験ができるだけでもありがたいということに、気づくことが大切です。合格を祈願する前に、支えてくれた親に感謝の気持ちを言いましょう。そして、

「このたび受験をすることになりました。試験を受けることができることに、神さまとご先祖さまに感謝します」

と、どこの神社でも良いので感謝だけの参拝をしますと、自分の日頃の勉強の力が十分に出せて、幸運が来やすくなります。

なお、頂いた合格祈願のお札は、頂いた神社ではなくても、近隣の神社へいつでもお返しして問題はないです。

祈願や願掛けには危険な交換条件がある

神霊を召使いにする信仰が、この国を長い間支配してきました。もし祈願の効果があれば、それはあとから交換条件のある魔物の信仰です。わからないとは、本当に恐ろしいことです。

昔の人間には、自分に恥じない生き方をして、誰に教わらなくても自分の感性で、感謝のみを神仏へ捧げる人がたくさんいました。

真の神と通じだすと、「神をこき使うぐらいなら、自分がします」という発想になります。神さまに「願う」、神さまを願いを叶えるために働かせるなど、神さまを「使う」発想は、そもそも出てこないのです。

現代では、神を信じていないからこそできる、霊的商売が横行し、無知な一般人が巻き込まれています。自分オリジナルの磁気の色とは違う、他の霊的磁気からは離れていることが大事です。

人類が最も誤解している言葉が、「祈り」です。辞書には「祈り」とは、「神に何かを願うこと」とあります。

自分以外の大きな存在に願うこと、委託することが「祈り」だと一般的には思われています。このような祈り、祈願をする人の気持ちは、つまりは、

•努力をしないで、夢を叶えたい。

•他人を押し退けてでも、無理なことでも、自分の欲しいものを手に入れたい。

こういう心の本音、正体があります。

霊的な存在の視点から、このような人間を観ますと、

「神をもコキ使おうとする不届き者」

「自分の願望のためには、神をも平気でパシリにしてしまう輩《やから》」と評価される霊的な側面があります。

人間が知らずに願う対象の霊的階層によりましては、「人間に依頼されたのだから、その代償にその人の目玉をもらうのは当然だ（願掛《がんか》けとは眼欠《がんか》けになります）」

「人間の商売のために走り回ったのだから、その代わりに生命力を食わしてもらうのはアタリマエだ」

などの交換条件が、知らずに発動している霊的実態が存在します。

先祖霊は陰で懸命に子孫を支えようとしていますが、人間は自分がダメになるほど余計に「祈る」という真逆（魔逆）をしてしまいます。

ですから祈願する信仰を熱心にしている家ほど、家運衰退、病気、不幸、貧乏という真逆の方向に向かう傾向があります。

神社での「祈願」は「決意表明と感謝」が本質

本当の「祈る」という言葉には、願掛けなどの意味は一切ないのです。

「自分の意志に〝乗って〟頑張りますから、神様は見ていてください」

「神様の意志に乗ります（カンナガラ）」という意味です。

本質は、「祈り」とは「神への感謝」これだけなのです。

「祈願」を「奉納する」、祈りの言葉を「奉納する」、という自分自身が努力することを神さまに誓うのが本当の祈願です。

このような態度の祈願は、本当の神様に良く通じます。そして物事が霊的に動くのです。

世の中には、知らずに間違った祈りをして損をしている人が多いです。しかし、本当に素直な人間ならば、神を願望達成のためにコキ使おうとはせずに、知らずに感謝だけをしている人もいます。それがカンナガラです。

正しく神様に祈って、自分の決意を宣誓して生きましょう。

太古には神霊と共に苦楽を体験していた

そもそも、神霊に祈願をするようになったのは、いつの頃からでしょうか？

現在の文明のはるか昔、太古の世界に意識を向けると感じられるのは、神霊と生き物、人間の意識の交流が全員にある世界です。

その頃の人間の神霊に対する思いは、何かわからないけれど、自分たちの命の元であり、すべての生き物を生かしめている存在があることを、理屈ではなく、直感により当然の事実と受け入れていました。


当時も自然災害や戦いはありましたし、天候による食物の不作もありました。

しかし、神霊と人間が、一人ひとりが、他人を通すことなく一対一の関係で神と交信し、常に神との一体感を感じることができていたので、不幸なことも良いことも全力で味わい、喜怒哀楽を神と共に体験して生きていたようです。

これが惟神（カンナガラ）状態です。

私たちも、胸の奥に居る内在神を意識した生き方をして行くと、胸が熱くなり、自己の中にすでに神がおられたことを知るでしょう。

人生には、楽しいことだけではなく、悲しいことも辛いこともたくさんありますが、カンナガラ（神と共に居ること）に目覚めると、不幸から逃げる思いや、神に助けを祈願する気持ちにはなりません。

もう、神と一体の上での不幸ですから、ただ全力で明るく味わおうとする心が沸いて来ます。そうなると、なぜかわけがわからない奇跡が勝手に起きて来ます。

そして、神を讃《たた》え、感謝する気持ちが出て来ます。

これが、祝詞《のりと》です。神を讃え、お祝いする言葉です。願いごとを祈願するための言葉ではありません。

七夕《たなばた》で星に願いを書くのは？

七夕《たなばた》には、子どもたちが短冊《たんざく》に願いごとを書いて飾ります。

人間が神との交信ができなくなってから、神にお願いをする風習が始まりました。

無垢な子どもに、「願いごとは神さまにお願いしたら叶う」と教えることは、子どもに努力をする意欲をなくさせ、「人間は非力だから祈るしかない」と思わせることになります。子どもが内在神から離れることを教えることになりかねません。

それよりは、「七夕は年に一度、織姫《おりひめ》と彦星《ひこぼし》の出会いを祝う日である」と子どもに教えると良いです。

また、書いた願いごとは目標として、「頑張って努力して叶えて行こう」と教えると良いでしょう。

七夕の由来は先祖への祭り

七夕とは、近世になって色々な神話と結び付けられているようですが、私には「たなびく「旗《はた》」と浮かんで来ます。

七夕祭りは、本来は旧暦の七月七日の行事ですから、今の八月頃におこなわれた行事です。

その本質は、

- お盆の先祖への祭りである。
- 竹笹《たけざさ》に吊るすのは願いごとではなくて、本当は供養したい先祖の名前である。

このようにも感じます。

霊的に非常に重要な、八月の中旬の先祖を迎える「お盆祭り」の一週間前に、先祖を迎えるための目印となる旗や、先祖名が書かれた新しい短冊を準備したのでしょう。要は、先祖供養のための準備を始める日が、七夕だと私は感じます。

七夕に夕方の「夕」という漢字が入ることも、死後の世界の黄泉《よみ》の国《くに》を連想させます。男女の星が一年に一度だけ会うことが許された日が七夕だとする伝説も、先祖と子孫が一年に一度だけ、お盆に会うことが許される霊界の仕組みからの転用だと考えれば、つじつまが合う感じがします。

「引き寄せの法則」より「行動優先の美学」

「引き寄せの法則」で本当に幸せになれるのか？

今の社会では、幸運を「引き寄せる方法」などに人気があるようです。そもそも、幸運を「自分に引き寄せる」という視点自体が、

- 自分が主役である。
- 自分「が」、自分のために、という自我の欲望である。

ということです。

こういう態度では、神霊が離れる、神霊に嫌われる、というのが実際です。霊的には、幸運を引き寄せるどころか、幸運が離れる結果になることでしょう。

視点を変えて、「幸運から好かれる方法」「神さまに好かれる方法」という態度のほうが、より実践的な結果を呼びます。

幸運の神さまに好かれる六つの方法

神さまに好かれて幸運になる方法は、

(1) ウソを言わないこと。
(2) 他人を罵倒《ばとう》しないこと。
(3) 争いを生むことを言わないこと。
(4) 噂話などのムダ話をしないこと。
(5) 他人のためになることをしたい、と思い続けること。
(6) 先祖に感謝をする気持ちを持つこと。

この六つに注意した生活をしていれば、「幸運に好かれる」「神さまのほうからやって来る」という視点を覚えて置いてください。

私の知る人で、もの凄く幸運に恵まれた人がいますが、その人は宗教も信仰もしない人です。ただ、この幸運な人について言えますことは、

＊他人の悪口を絶対に言わない。
＊他人の噂話を聞かされても、絶対に乗って来ない。逆に、その対象の人を角が立たないように上手くかばう。

これだけを自然と無意識にしている人です。

これだけで、とにかく幸運です。

面白いことに、この幸運な人に他人の悪口や噂話を言って来る人自身も、この人のことを信用するのです。「この人は、誰かに後で私の悪口を言ったりしない人だ」と安心します。

問題は、（4）の「噂話などのムダ話をしないこと」です。少しのムダ話ぐらいあるほうが良いのでは、と思うものです。そうでないと堅苦しくて疲れると思うのかもしれません。

でも、本当に賢い人には、（4）の噂話やムダ話がないのです。ムダ話も他人を経由して伝わりますと、途中で変換されて争いや誤解を生むかも知れません。

以上の六つの視点とは、来生や死後にも影響を残す、

「悪い因果を創らない生き方である」

という霊的に重要な視点です。

神霊が見る視点とは、今生だけではなくて、来生も見すえた大きな視点であることがわかります。

このようなポイントを知っておくだけでも、これからの自分の人生と来生が改善する可能性があります。参考にして頂ければ幸いです。

夢の実現には、現状への感謝をすることから

「思考は現実化する」と言われます。

「思考する力」「想像力」とは、神が人間だけに与えた偉大な力であり、動物は持っていません。「想像」力とは「創造」力です。だから逆に言えば、幸運が来るのを待つのではなく、幸運を創り出すことができるのです。

しかしここで人間は、現状を見ないでいきなり「とにかく良い未来を想像すること」で夢は実現するのだ、と大半の人が勘違いをします。これではダメなのです。運気は上がり

ません。むしろ、現状に嫌気がさすことが増えるだけです。
どこが間違っているのでしょうか？

現状から、想像する将来の幸福へと、いきなり意識を「飛ばす」からダメなのです。飛ばした想像は空白地帯を経由するので、実現する力はないのです。飛ばさずに「つなげる」ことが不可欠です。

今の状況が将来に幸福へとなるのであれば、現時点と将来が一つの線で必ずつながっていないといけないのです。途切れていては、実現はしません。

つまり、「現状への感謝を始めること」から始めることが、将来の幸運を現実のものとする秘訣です。

強く願うより「行動優先」の美学

悩む人を観ていて感じますことは、

- 行動がないこと。

●同じ心配をただループ思考するだけで、今にするべき行為の停止状態。
ということが問題点としてあります。

例えて言えば、離れた所にあるテレビのリモコンを、座ったまま思考や祈りだけで、手元に引き寄せたいと模索しているような感じです。立って歩いて手に取れば、直ぐに済むことです。


社会で成功する人は、とにかく「行動優先」、行動的です。

「思考だけ」で、何もしないで座ったままでの「引き寄せ」や「祈り」だけでは、何も変わりません。就活や婚活、転職、このようなことも、「まず行動ありき」で進んで行かないと、何も起こらないし、変われません。

因果論から考えても、まず起点となる因子がないとその反射は起こりません。

これは当たり前のことなのですが、とにかく悩む人からは「行動が消えている」ということなのです。目的があれば、先ず出掛けてみること。座っていてもダメなのです。

でも人間は弱いものです。「それができれば、悩んでなんかいない」と思われることでしょう。これもわかります。

ですから、自分なりに、自分ができる範囲で、小さなことから挑戦するだけでも参考にしてください。

誰もが人生は期間限定で、自分で自分自身を試しに来ています。納得をさせるのは、他人ではありません。自分自身を納得させるために、誰もがこの世に来ています。

西郷隆盛さんの死に際の最後の言葉は、「もう、これで良か」「この辺で良か」だったと言われています。自分の良心に従って、やれることを真からやり切った御蔭で、本当の自分自身から「これで良か」と許しの言葉が出たのです。

自分の本心が「もうこれで良い」「もう十分やった」と、明るく思えるまで、その結果には関係なく挑戦したいものです。

本当の真理ほど単純です。

「まず行動してみること」

今日も自分の良心が納得する生活をしてみましょう。

自分が気づいたことをして行くだけです。

これを思い出すことを参考にして頂ければ幸いです。

「引き寄せの法則」「強く願えば叶《かな》う」は月の時代の原理

幽界が機能していた昭和の時代までは、個人の事業や夢も、人が強く祈念すると内容に関わらず実現しやすかったでしょう。

「強く願えば叶《かな》う」という引き寄せの法則は、月の魔力を利用するものです。もし叶えば、あとから交換条件で大切なものを失います。

月には、人間の欲望を増幅する働きがあるのです。人間の欲望と、その欲望を満たすための攻撃心、怒り、不安、嘆き、悲しみなどのマイナスの念を集める貯蔵庫のような働きがあります。

月に祈願することは、月に同調する行為になります。同調すれば、月に溜まっている欲深い思いが自分に逆流してきます。良いことはありません。

月の秘密についてさらに知りたいかたは、『伊勢白山道事典　第2巻』をご覧ください。

幽界の消滅と太陽神界の幕開け

昭和の時代までの地球をとりまく次元は、大きく分けて、神界、霊界、幽界、現実界と、魔界である地獄界の五つに分類できました。これからは太陽からの霊的波動の影響により、今の現実界へそれらの次元が融合して来る時代になりました。

これにより、自分の個性に近い存在が、磁石のように寄って来ます。

ある人は、神界の存在と観応するでしょうし、別の人は 地獄の存在と観応するでしょう。

これは、暗闇の時代から明るい時代への転換、太陽神界の幕開けを意味します。

今までは幽界が現実界に及ぼす力が強かったので、間違った祈祷が幅を利かせたかも知れません。感謝なんてしても反応が得られにくかったでしょう。

これからは、現実界が主役になるので違います。

今までに幽界のサポートを得て発展した会社は、悪事を隠していればなぜか露見して、社会的に裁かれていきます。逆に「生かされている」という観点から物事を判断して、努力している会社は、報われる時代です。

今は幽界が消滅しつつありますので、神意に沿わない願望は実現しにくい時代に入っています。

個人の願望も、強く願うよりも、「生かされていることへの感謝」をするほうが、神意に沿ったものならば、叶えられて行きます。

内在神の発露を目指しましょう

誰もの心の奥には、愛情のカタマリの内在神《ないざいしん》（良心）がおられます。内在神とは、思いやり、慈悲の心です。

内在神は、宇宙でも最高次元の神さまの分神です。

自分自身に内在する大いなるものを感じるには、それを妨げる迷いの波動を出す、自分に関係する迷える諸霊を癒《いや》すことが大切です。

伊勢白山道式の感謝の先祖供養を続けて、先祖霊や縁ある諸霊を慰め安心させますと、自身の心が安定して、前向きな気持ちになることができます。

そして、社会生活も自分なりに頑張っていると（先祖供養「だけ」していてもダメです）、今まで気がつかなかったこと、すでに感謝することがたくさんあったことを感じ始めます。

「生かして頂いてありがとう御座います」

と常に感謝想起をしながら、思いやりのある行動をすることで、自分の中の神性が表に現れ始めます。

神人合一《しんじんごういつ》という内在神の発露が起こります。

あなた自身の心の太陽（内在神）が、自我（じが：自分だけ良ければいいという心）意識の殻《から》である「心の岩戸」を破り、表に出てくる時代になりました。

この章のまとめ▼人生の主役はあなた自身です

努力をしないで、自分の願望を実現しようとするのはやめましょう。

占いや開運グッズ、祈願信仰、パワースポットなどに頼る必要はありません。

霊能者や宇宙人や天使などという、外にあるものに自分の人生を決めてもらうことはやめましょう。

これらはマイナスの霊的磁気をつりて、あなたが本当の幸せになることを妨げます。

受け身で誰かに助けてもらおうという発想ではなく、自分で決断し、努力をしましょう。

あれこれと神頼みをするよりも、

＊希望に向かって明るく努力をすること。
＊バランス良い食事と睡眠、適度な運動をすること。
＊そして、先祖（遺伝子の集合体）にも感謝をする習慣を持つこと。

このような努力をして、自分で自分の心身を育てる意識が大切です。

運勢は努力についてきます。運のせいにすると、運勢は落ちます。

失敗も苦労も良い経験と思って、楽しみましょう。

何事も淡々と頑張れば良いのです。

自分で考えて決断して、行動しましょう。

人生の主役は、あなた自身です。

第二章

あの世へ届く
感謝の先祖供養

先祖への感謝が大切な理由

「あの人は運が良い」「あの人は運が悪い」などとよく言われますが、この理屈では割り切れない「運、不運」は、確かに存在しています。

そして、この人間の運勢に大きな影響を与えている要因の一つに、私たちと先祖霊との関係があるのです。

私たちが生まれる時には、親が住む地域の産土神《うぶすながみ》の取り次ぎにより、縁のある家系を借りて生まれます。まず、この肉体を持つ場を借りた家系へのリスペクトと感謝が必要です。

たとえどんなダメな家系であろうと、人類発生以来、命をつなげて来たその家系のお蔭で生まれることができたのです。

同じ家系で修行された先輩霊への感謝がなければ、そこには自己否定の因が生じます。運勢は弱くなるのです。

人は、この世に生まれ出たからには、生涯にわたり、先祖への感謝と供養を忘れてはいけません。これをおこなって初めて、人生のスタートラインに立つことができます。

残念ながら、まだスタートラインにも立てずに、木の葉のように揺れる人が多いです。


人は現状を嘆く前に、それでも誕生できて人生を味わうことができている奇跡を、先祖霊に感謝しなければいけません。先祖に感謝する心境になれると、この世でのいろいろな悩みごとは、根本的に改善に向かい始めます。

逆に、目先の苦しみにばかりに囚《とら》われて、先祖霊への感謝を忘れることは、自分の霊体を弱める原因の一つになります。霊体が弱まると、肉体には病気となって現れて来ます。そして、生きる気力が低下します。


人は先祖霊に対して感謝の気持ちを捧げることで、未来の自分の人生を好転させることが可能です。

あなたの未来は決まってはいません。

感謝の先祖供養は、人生のスタートラインです。

先祖供養は自分で出来ます

先祖供養をするには、本当は僧侶に頼まなくても良いのです。あなたの先祖霊には、他人である霊能先生や僧侶ではなくて、先祖に遺伝子と霊線でつながる子孫のあなたからの供養が、一番良く届くのです。

そもそも、私の供養に関するアドバイスは、読者からの、

- 先祖供養を「供養のプロ」と称する先生に依頼するには、ものすごくお金がかかる。
- 中には、依頼しないと霊障が起きると脅す先生もいる。
- お金がない人は、先祖供養ができないのが実情だ。
- 何とか、お金をあまりかけずに、先祖供養ができないか？

という相談を受けたことが始まりです。

私はそうした相談について、あの世から聞いた方法を無償で提示しているだけです。昔からある伝統仏教を、すべて否定しているわけではありません。

伊勢白山道式の供養は、お金のかかる仏壇や位牌《いはい》などがなくても、短冊《たんざく》と線香さえあれ

ば、誰でもすぐに自分で始められ、しかも本当に先祖霊に届きます。このことは私自身の長い実践《じっせん》と経験で確認してきました。

親は子どものことをあの世からも気にかけているものです。そして、その親の安らかな成仏を一番に願っているのは子どもです。自分の親のことを、自分なりに供養ができないはずがありません。子孫がする供養は、あの世に一番良く通じます。本当の供養は家族にしかできないのです。

なぜなら、先祖供養は人間が生まれてくる縁、家系の霊線を利用してするからです。

実際に、感謝の供養を実践した多くの方々が、先祖霊へ気持ちを向けることによって、先祖霊とのつながりが感じられるようになったと、その効果を実感していらっしゃいます。先祖霊が癒《いや》され、安心していくにつれて、供養する人はその反映を受けて、穏《おだ》やかで安心した気持ちになります。

先祖供養の方法は、世の中に色々とあるでしょうが、私は感謝だけを捧げる方法をお勧めしています。

先祖と子孫は一対一

先祖供養は跡継《あとつ》ぎの人だけでなく、子孫全員が個人個人でおこなうものです。長男の家に仏壇があって供養をしているから、次男はしなくても良いということはありません。長男も次男も、それぞれの家で先祖供養をしたほうが良いのです。

先祖と子孫は一対一の関係です。兄弟二人がいて、霊線上に迷える先祖霊がいると、迷える先祖霊からの苦しみの波動は兄弟二人ともに影響を与えています。

兄が感謝の先祖供養をして、その迷える先祖霊を安心成仏させたとしても、供養をしていない弟も兄の恩恵を受けて、その迷える先祖霊の影響を受けなくなる、ということはないのです。同じ先祖霊の負の磁気は、分かれて複数の子孫に同時に影響しています。しかも、誰かが分かれた迷いの霊の一つを成仏させても、もう一つの分かれた霊はそのまま存在して、他の人は霊障《れいしょう》（霊からの悪い影響）を受け続けるという、不思議な現象が初期の期間だけですが、あります。

つまり、子孫の一人ひとりに先祖を供養する責任があり、兄弟でも、先祖とは一対一で向き合っているのです。

ただ、兄からの供養が進んだあとに、弟が先祖供養を始めますと、兄よりも早い時期に自分に寄る迷える先祖霊を安心成仏させることができます。供養の効果が早く現れるようにはなります。

先祖と子孫をつなぐ「霊線《れいせん》」とは

私たちと先祖霊は「霊線《れいせん》」でつながっています。

私たちが生まれる時には、親が妊娠時に住んでいた地域の産土神の結びの働きにより、自分の魂と内在神（神さまの分霊）とが融合します。この融合したものが、過去の因縁に応じた生まれるべき縁のある家系を借りて生まれて来るのです。その時に、私たちの魂が通って降りて来るのが、家系の「霊線」です。

家系の霊線とは先祖と子孫をつないでいる血管のようなものです。誕生してからも、霊線を通って、根源からの霊的エネルギー、生命エネルギーが血液のように子孫に流れて来ています。

そのため、霊線の状態は子孫の運気、健康、誕生に関係しています。霊線の中に迷える先祖霊が残っていますと、エネルギーが霊線を通って流れにくくなります。

このような状態ですと、子孫は健康や運気にマイナスの影響を受け、精神も不安定になります。

霊線をつまらせるもの

霊線の流れを妨《さまた》げるものは、迷える先祖霊だけではありません。幽界存在につながる教団や有料ヒーラーに関わると、霊的な垢《あか》、穢《けが》れが付いて、根源からのエネルギーが流れて来にくくなります。

すると、先祖霊からの加護が受けられなくなり、生命力も弱っていきます。

このほかに、霊的垢は本人の生き方や行動、他人から受ける恨み、日常の思考などによっても付きます。霊的な汚れ、マイナス磁気の堆積《たいせき》と言えます。

これからの太陽からの霊的電磁波が強くなる時代には、このような霊的な穢れがある人は、心身共に大変つらい状態になるでしょう。

「霊線」の全体図

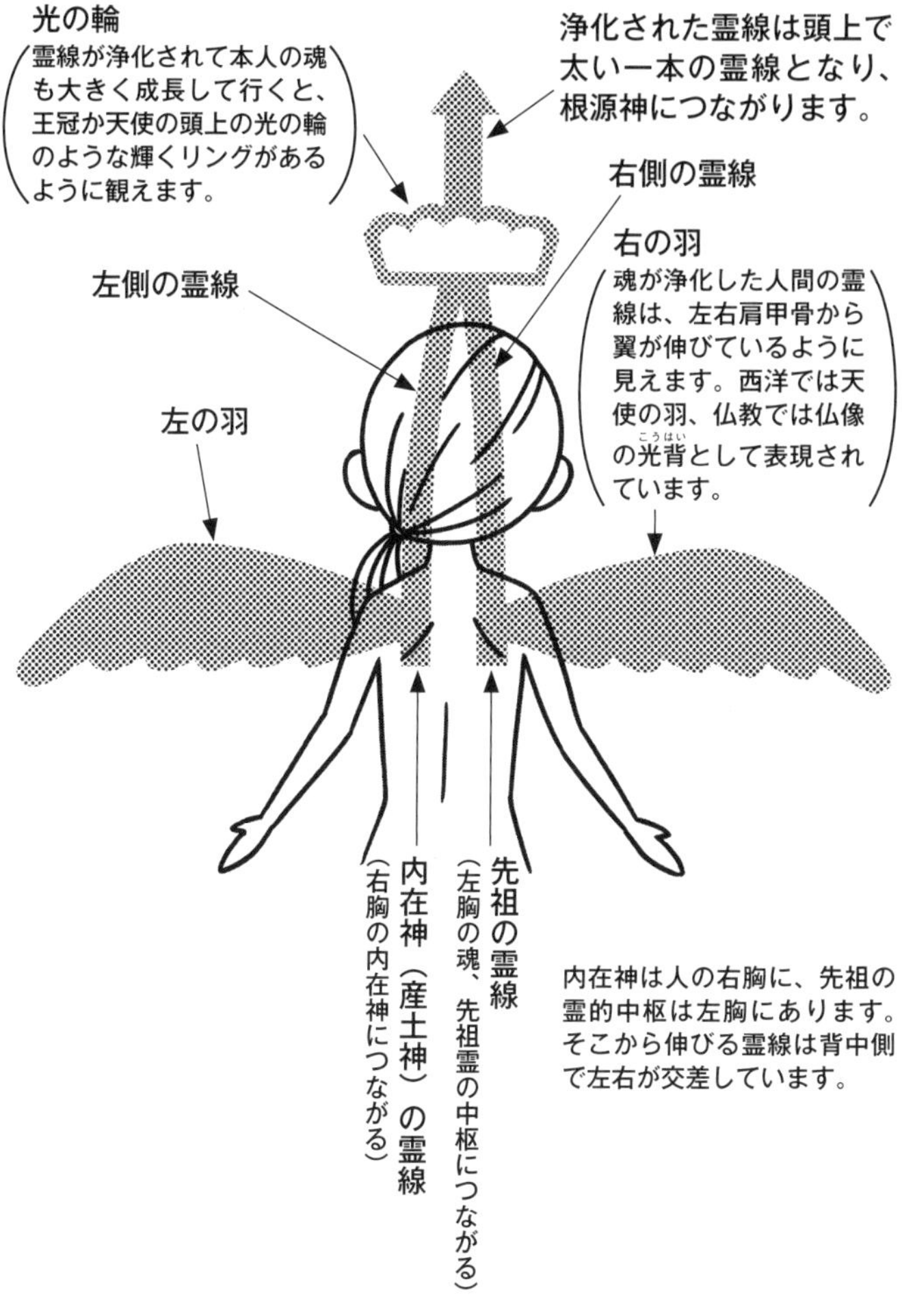
光の輪
（霊線が浄化されて本人の魂も大きく成長して行くと、王冠か天使の頭上の光の輪のような輝くリングがあるように観えます。）
浄化された霊線は頭上で太い一本の霊線となり、根源神につながります。
右側の霊線
右の羽
（魂が浄化した人間の霊線は、左右肩甲骨から翼が伸びているように見えます。西洋では天使の羽、仏教では仏像の光背《こうはい》として表現されています。）
左側の霊線
左の羽
先祖の霊線
（左胸の魂、先祖霊の中枢につながる）
内在神（産土神）の霊線
（右胸の内在神につながる）
内在神は人の右胸に、先祖の霊的中枢は左胸にあります。そこから伸びる霊線は背中側で左右が交差しています。

［背中側から見た図］

内在神と魂の位置

（上から見た人間の図）

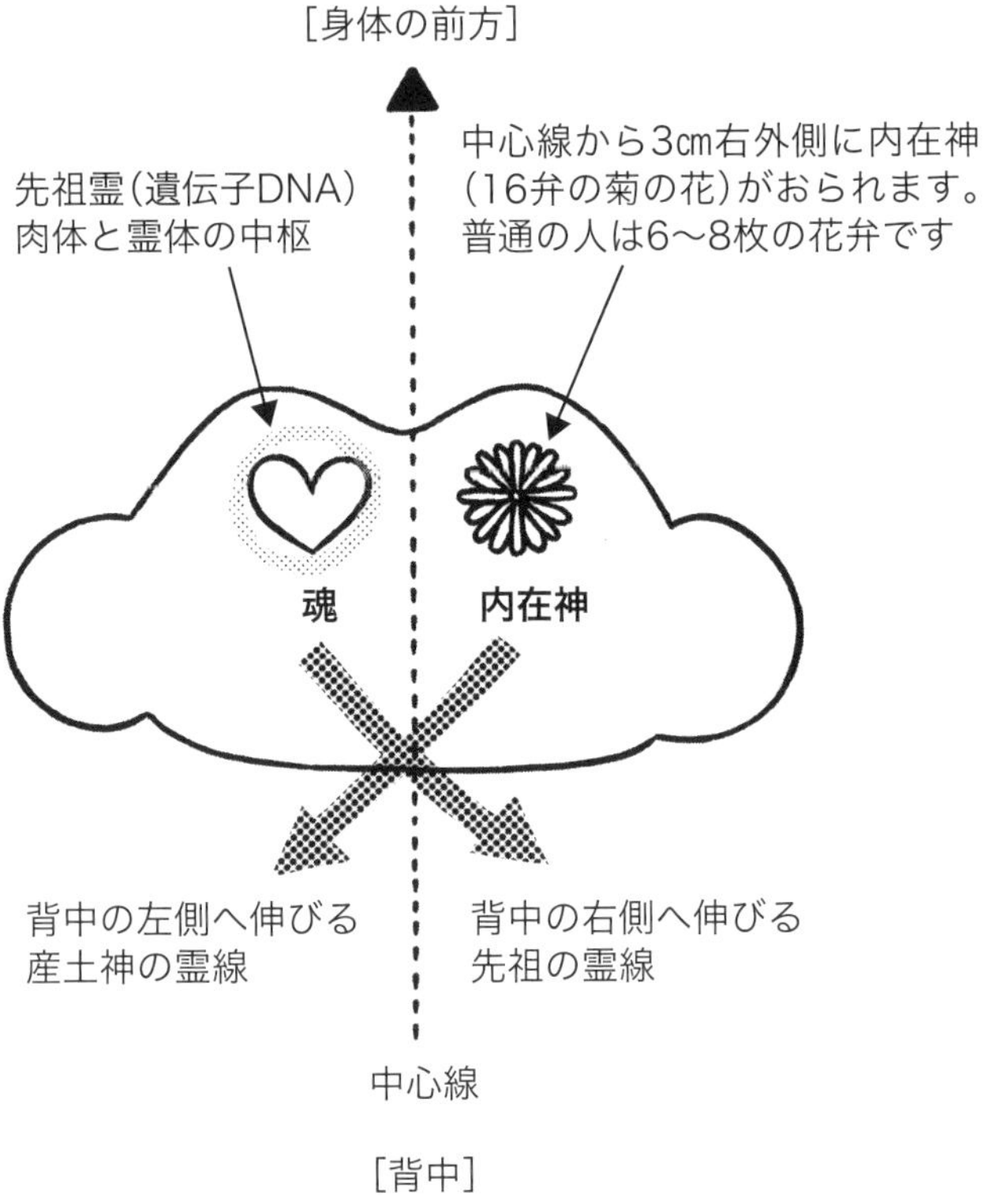

霊線は体内で交差して、背中から空に伸びています。
浄化すると天使の羽に視えます。

霊線をつまらせる霊的垢は、感謝の先祖供養の三本の線香により、昇華させることができます。家系の霊線に留まる霊を癒《いや》し、過去に付けてきた霊的垢をきれいにしますと、この世の苦労があっても、自然に笑顔で頑張れるようになります。

また、知らないうちに、現実の環境も良い方向に変わってくるものです。

ただし、先祖供養はあくまで「先祖のために」しないと供養になりません。効果を期待しないことが、一番供養が良く届き、また結果として子孫にも良いのです（「霊線」の全体図は一四五ページを参照）。

先祖供養は、思いやりが試される行為

先祖供養というのは、これをおこなう人自身が試される行為です。

- その人に優しさと慈悲心があるのか。
- その人は、他への思いやりの心があるのか。
- みなに忘れ去られた故人たちを、今も忘れない人なのか？

が試されます。

先祖供養の良い点は、

● しても、しなくても、同じ。
● 供養しても、何の見返りも見えないこと。
● 一人で供養をしても、誰からも褒められもせず、評価もされないこと。

これが良いのです。

それでも、あなたは先祖供養をしたいのか？

「はい」、と思える人は素晴らしい人間です。弱者を見捨てない、忘れない人でもあるわけです。

こういう人を神さまは、頼まれなくても見捨てません。

神さまが選ぶ人とは、このような人たちなのです。

神さまに「あれが欲しい」「これをして欲しい」と、わざわざ遠地からでも必死に祈願ばかりしに来る、見るも恥ずかしい人々とは、神さまから見ると大きな差があります。

何のために祈るかで、人間が持つ露骨な我良《われよ》しのサガ（自分だけ良ければいいという利己的な性質）の大きさが良くわかります。

つまり、感謝だけの先祖供養は、人間の本心をテストする公平な道具、試金石として、最適なものなのです。

誰からも評価もされず、してもしなくても自由。

それでも、先祖供養をしたい人なのか否か。

実際に行動する人か否か。

これが神さまにより観られています。

供養を始める前に、大切な心構え

一、感謝の気持ちだけを捧げること

お願いは先祖霊を悲しませます

先祖霊は子孫を、親が子を見るように見守っています。我が子は可愛いものです。現実の世界でも、親は子どもの願いをなんとか叶えてやりたいと思っても、金銭的に難しいこともあります。たくさん子どもがいて、全員が親に要求ばかりしたら親はたまりません。心労から病気にもなるでしょう。不注意から事故を起こすかも知れません。

逆に子どもたちがいじらしく泣き言も言わずに頑張っていれば、その姿を見た親は、自分も頑張らなくては、と勇気が湧きます。

この親子の関係は、私たちと先祖霊との関係とまったく同じです。子孫が先祖に向かって、お願いごとや泣き言ばかり言っていたら、先祖の気持ちはどうなるでしょうか？

先祖霊にお願いをすれば、先祖霊も可愛い子どものために悩み、迷います。自分以外の家族のためのお願いも同じです。家族の健康など、先祖の力が及ばないことを子どもは願うかも知れません。

悩みや苦しみがあっても、私たちが頑張って逆に感謝を捧げたら、先祖霊は安心します。私たちと先祖霊は霊線でつながっているので、先祖霊が安心するとその安心した波動が子孫に来て、子孫の心もなぜか安定するのです。先祖にお願いを一々《いちいち》しなくても、感謝をして安心させてあげると、この世では嬉しい現象が現れます。

先祖霊を一番安心させる祈りと思いは、

「生かして頂いて　ありがとう御座います」

の言霊《ことだま》です。

先祖霊には、自分なりの感謝を表す言葉を捧げることが、一番の供養になります。

あの世では生きている人からの感謝が高評価

あの世は、故人が自力で成仏することが大変難しい世界です。

迷える霊が、安心して昇華して成仏するには、

- 生きている人から、良い意味で思い出してもらうこと。
- 供養されること。最も良い供養になるのは感謝を捧げることです。

これらが、霊界では最も高く評価され、成仏の助けになります。

霊界では、死後にも感謝をされるということは、その人が生きている時に良いことをたくさんして、人々に尽くした実績があるからだとして評価されるのです。

これは、実際に故人が生前に良いことをしていなくても、感謝を捧げると同様の効果があります。

感謝の念が、迷える霊に与える効果

幽界や地獄にいる霊にとって、現実界にいる縁ある人から感謝の念が届くと、線香の煙

が今一番欲しいものに変化します。

痛みに苦しむ霊ならば、感謝を捧げられた時だけ痛みが治まります。

空腹ならば、感謝を受けた分量だけ、線香の煙が好みのご馳走に変化します。

この一時的な休息の間に、霊の反省と向上が促されます。

この世での肉体の記憶が残っていて、あの世でも激痛の中で苦しんでいる霊や、飢餓《きが》に苦しんでいる霊には、何を諭してもムダです。どんな説教もお経も効きません。

まず、感謝の念で捧げた線香で一息ついてもらい、すでに肉体をなくしていることを自覚して頂き、現世への執着を解いていきます。これらが認識できるにつれて、苦痛や飢餓感から徐々に解放されます。

「早く成仏してください」と願うよりも、何も思わずに「生かして頂いて　ありがとう御座います」と、感謝の言葉だけを捧げるのが最善です。

「成仏を思う」のは、迷える霊を排除する気持ちではなく、「安らかになるように」と思いやりの気持ちから思うのであれば、問題ありません。

二、故人を特定せず全体へ捧げること

限定供養はモレが出ます

特定の故人を指定しないで、先祖霊全体を供養する意識が大切です。霊の世界は型と礼儀の世界です。「誰々のために」と故人を指定して供養をしますと、供養者の知らない霊が、供養の対象から漏《も》れてしまい、供養が届かなくなります。

今一番供養者に影響をしているのは、供養者が知らない故人かも知れないのです。誰と特定しないで、先祖全体への感謝の供養を重ねていきますと、自分が知らない供養を必要としている霊にも届き、なぜか自分の心が安心していきます。

亡くなった人は、あの世では助けが必要な赤ん坊

人は死んだらすぐに仏さまになって、子孫を見守ってくれるのではないのです。人は亡

くなると、向こうの世界では生まれたばかりの赤ん坊です。

人はこの世に生まれた時は赤ん坊で、誰かに世話をしてもらわなければ、生きていくことができません。同じように、人が死んであの世へ行くと、最初は新しい世界での身体（霊体）に慣れるまで身動きがとれないので、赤ん坊と同じなのです。

次元が違う世界に慣れるまでの手助けが必要になるのです。亡くなったばかりの故人の魂のお世話をしてくれるのは、安心している先祖霊です。

先祖霊全体への感謝の供養を捧げますと、迷える先祖霊だけでなく、すでに安心している霊へも感謝の念が届きます。すると安心している先祖霊は、より自由に活動ができるようになります。すでに安心成仏している先祖霊が、亡くなったばかりの故人や未成仏の先祖霊を援助して、現実界の供養してくれる子孫を守ることも可能になります。

縁ある霊全体への感謝が大事

先祖霊だけでなく、人間は他にも縁のある霊が必ずあります。自分が幼い時にお世話になった人や、仕事関係などでも、影で知らずに助けてくれた人がいるものです。

そのような方々も、供養をしてくれる子孫が居なければ、生前の縁を頼って寄ることがあります。その方々も感謝の念で楽にしてあげると、困った時に陰で応援してくれるようになります。お返しを期待してはいけませんが、良い徳を積んだことになります。

供養で、先祖霊とその他の縁のある霊へ感謝の念を送り、その上に線香という霊界での食物とご褒美を捧げることは、実践的な力を呼びます。

先祖霊への感謝の気持ちは、先祖をさかのぼって神界へも通じます。

とにかく、「生かして頂いて　ありがとう御座います」というこの感謝の言葉が、これからすべてのカギになります。

三、効果を期待しないこと

不安は効果を期待する気持ちの裏返し

もし過去にした間違った信仰や、スピリチュアル依存などによる背後の影響が大きければ、供養することに反発したり、不安に思ったりすることになります。

- 供養による霊障がないか心配だ、とか、
- この供養方法に違和感を覚える、などと、

少しでも思う人は、無理に先祖供養はしないでください。

効果を期待して自分のための先祖供養をする人は、何か良くないことが起きた時に、何でも「供養のせいではないか？」と結んで心配することになります。

そのように心配する気持ちでの供養は、良くありません。それらのことは、供養を止めても起きることです。供養の目的が「自分のため」がある間は、止めれば良いです。

もし先祖供養を始めて、毎日は継続できないで止めても、問題はありません。供養を休んでも反動などはありませんので、休み休み続けても大丈夫です。

これは伊勢白山道式の先祖供養が、今までの般若心経《はんにゃしんぎょう》などの霊を封じる型の供養ではないからです。休止しても弊害《へいがい》がないのは、迷える霊に対して感謝をしているからです。

供養をしてもしなくても、成仏していない霊の影響はあるものなのですが、怖いと思う場合は、先祖供養は止めてください。

先祖供養は、自己判断と自己責任でおこなうことです。

般若心経について詳しく知りたい方は、『伊勢白山道事典　第3巻』をお読みください。

素直に先祖供養が出来る人は、幸いなる人

伊勢白山道式の先祖供養は霊的実践力があり、本当に霊界に作用します。身代りとなる依《よ》り代《しろ》を設《もう》けますので、霊的な弊害《へいがい》はありません。

供養をすることに抵抗感がある人は、自分のできる生活努力をしながら、先祖への感謝を普段の中で想起しながら静観をしましょう。「できる生活努力」とは自分の生活態度、

掃除、仕事、勉強などへの真面目な取り組みのことです。先祖への感謝の磁気を貯めることが、物事を改善させる力となります。

これにより浄化が進めば、「自分のため」ではなく、「先祖のため」の供養をしたくなるものです。

その時まであわてずに、供養をすることを待てば良いです。

まずは日常の生活の中で、先祖への感謝を想うことから始めましょう。

素直に先祖供養ができる人は、「幸いなる人」です。

伊勢白山道式　先祖供養の方法

伊勢白山道式感謝の先祖供養の行為には、「言霊《ことだま》と所作《しょさ》」に霊的な法則のすべてが凝縮《ぎょうしゅく》されています。伊勢白山道式供養をしますと、見えない世界では大きな作用と変化が起きています。

伊勢白山道式の供養は、今名乗っている名字（苗字《みょうじ》）を使ってする供養です。同じ名字を受け継ぐ子孫が実行する供養は、同じ家系の霊線にいる先祖に一番通じやすいのです。先祖霊を命が来た元に還《かえ》すことが本当の供養です。

幼い子どものような心で、素直に先祖を思い実践することが大切です。細かいことは気にしなくても良いです。

先祖供養とは、自分が授かった肉体に対して感謝をする行為でもあります。先祖供養をすると心身共に若返り、今を楽しむ気持ちが育ちます。

準備と実際の方法

準備するもの

一　「○○家先祖代々の霊位」と書かれた位牌か、短冊と短冊立て
二　三十から五十cmの高さの木製の安定した供養台
三　長さ十cm以上で、香りと煙がある線香
四　灰を入れた線香器（どんぶりで代用可）と下に敷く皿

先祖供養の方法

最初に、線香三本に火をつけ、上下に軽く振って炎を消します（線香は灯火しています）。
※線香の火のつけ方は最初に線香二本に点火して、以下の①②をおこない、その後に一本

に点火して③をしても良いです。または、一本ずつ点火して①②③も良いです。大切なのは、線香三本を感謝の気持ちで捧げることです。

線香を手に持ったまま、そのうちの一本を片方の手に持ち替えて、

①一本目の線香を、名字は言わずに父方・母方も含めた「男性の先祖霊全体」に向けて、「ご先祖の皆々様方《みなみなさまがた》、どうぞお召し上がりください」と声に出し、線香器の左奥に立てます。立てましたら、

「ご先祖の皆々様方、生かして頂いて　ありがとう御座います」と数回発声します。

②二本目の線香を、名字は言わずに父方・母方を含めた「女性の先祖霊全体」に向けて、「ご先祖の皆々様方、どうぞお召し上がりください」と声に出し、線香器の右奥に立て、

「ご先祖の皆々様方、生かして頂いて　ありがとう御座います」と数回繰り返します。

※一本目と二本目は先祖霊「全体へ」向けます。特定の故人に向ける時は、祖父母や父母でも三本目で意識します。

③三本目の線香を、

「その他の縁ある霊の方々、どうぞお召し上がりください」と声に出し、手前中央の▽

三角形の頂点の位置に立て、

「その他の縁ある霊の方々、生かして頂いて　ありがとう御座います」

と繰り返し唱えます。

※三本目の「縁ある霊的存在」とは、亡くなった実家や親族の霊、家系の水子、亡くなった知人の霊、生霊《いきりょう》、縁ある動物の霊、住む土地の霊、その他の自分では認識していない縁ある霊的存在が対象です。
※「家系の水子」とは、流産した子どもだけでなく、幼くして亡くなった子どもを含めています。すべての家系には、十代もさかのぼれば、ものすごい人数の無念な水子がいます。肉体を持たない縁ある子どもを供養する気持ちが大事です。運勢にも影響します。
※生きている人へは三本目ではなく、普段の生活の中で感謝想起を思うようにします。供養はあくまでも死者のためのものです。生きている人への線香は縁起が悪いです。

④三本全体へ向けて、「生かして頂いて　ありがとう御座います」と、手を合わせて繰り返します。

⑤三本全体へ向けて、手を合わせたまま、「アマテラスオホミカミ　アマテラスオホミカミ」と二回ずつを、すべての霊が根源なる母性に還るイメージを持ちながら、心ゆくまで繰り返し発声します。「アマテラスオホミカミ」を唱えることに違和感がある方は、唱えなくても良いです。大事なのは、「生かして頂いて　ありがとう御座います」の言霊です。

三本の線香を捧げて手順を終えましたら、その場を離れて構いませんが、火が消えるまでは外出はしないこと。時間がない時はしなくて良いです。途中で消したりすることは厳禁です。

※三本目の線香については、当初は「その他もろもろの霊の方々」としていましたが、「もろもろの」と呼びかけると無縁霊を集めるのではないかと心配されるかたもいますので、もろもろは言わずに、「その他の縁ある霊の方々」とします。
伊勢白山道式の供養方法は、供養する名字も一つに限定して短冊に文字で明記しており、無縁霊を徹底的に避けた供養方法であるのが真相です。今までの呼び方に慣れているかたは、そのままそれを継続しても問題ありません。

●神棚がある場合は、先に神棚の榊《さかき》と水玉《みずたま》の水交換と参拝をしてから、先祖供養をしましょう。

●線香の煙が自分に流れてきても問題はありませんが、気になる場合は、供養を始める前に一度だけ「依り代にお寄りください」と念じます。

●供養の時に怖いと感じる場合は目を開けたままが良いです。目を閉じると、不要な感応《かんのう》を招きやすいからです。気持ちが安定している時は目を閉じれば良いです。目は閉じても開けたままでも、どちらでも問題ないです。

供養の方法は、「感謝の気持ちだけを捧げる」という基本さえ守れば、あまり細かくこだわらなくて良いです。

先祖供養の方法　解説

一　依《よ》り代《しろ》の短冊や位牌について

依り代の短冊について

依《よ》り代《しろ》とは、神霊などが依《よ》り憑《つ》く対象物のことです。

先祖霊の依り代としての短冊《たんざく》は、文房具店で長さ三十cmぐらいの無地で厚みがあるものを購入し、切らずにそのまま使います。金色の縁取りがあればなお良いです。

名乗る名字で「〇〇家先祖代々之霊位」と、黒マジックか筆ペンを使って自分で書きます。「之」は「の」「乃」「ノ」などどれでも良いです。

「〇〇家先祖代々之霊位」と書かれた位牌《いはい》がある場合は、それを仏壇の一番下の手前に置きます。位碑に「位」の文字がない場合は短冊を作り、仏壇の中の一番手前に立てます。

先祖供養の図解

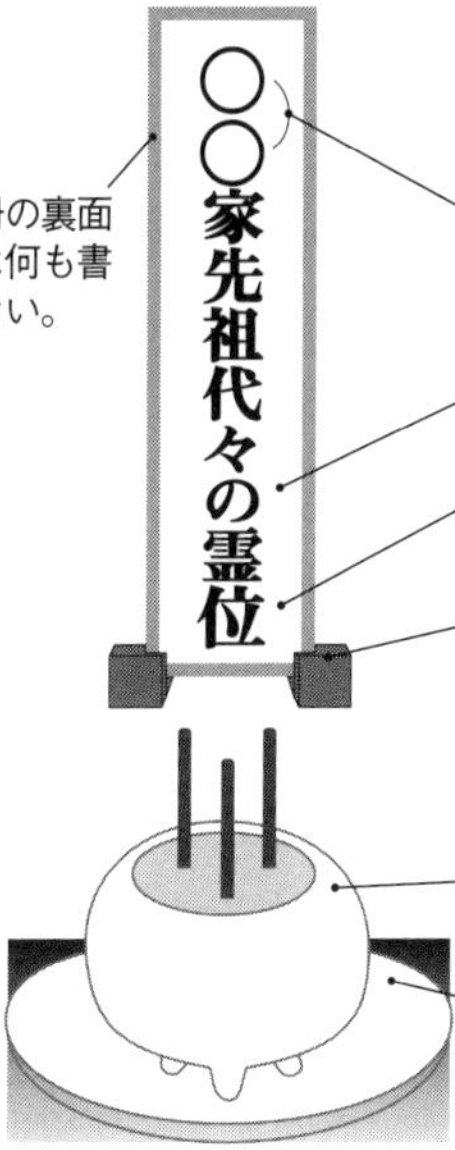

短冊の裏面には何も書かない。

字は自分で書きましょう。
黒マジック・筆ペンでも可。
金色のマジックも可。

〇〇は現在名乗っている姓。
（一七九ページからを参照）

「の、之、ノ、乃」など、どの文字でもよい。

「位」の字は大きく書く。
短冊立てで隠れないように注意。

短冊は必ず短冊立てにはさみ、
直立するように固定します。
安定して真っ直ぐに立つ姿が
供養者に反映します。

線香立て（香炉）は、茶碗などで代用も可。
無地で白っぽいほうがよいです。

安全のために、下にお皿をしきます。
埋もれ残った線香はこまめに捨てましょう。

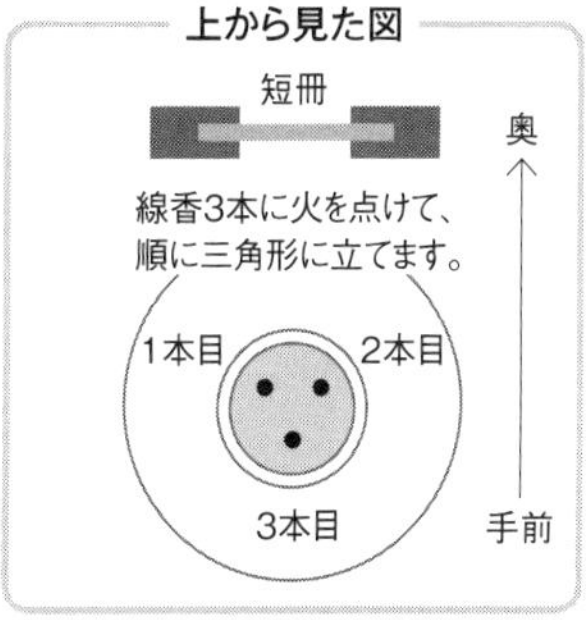

- 先祖供養には、先祖霊が寄るための依り代（位牌や短冊）が必須です。
依り代なしの供養は厳禁です。
- 自宅に「〇〇家（自分の現在の苗字）先祖代々の霊位」と記された位牌があれば、それを使ってよいです。
ない場合は、短冊を用意して図のように自作しましょう。
- 先祖供養は自己判断と自己責任でおこなうことです。

◆火災に注意！ 線香が消えた後に後に時間差で、線香残が灰の中で再燃焼することがあり、危険です。燃えやすいもので包んだり、燃えやすい場所に保管しないこと。

ブログ　伊勢－白山道 http://biog.goo.ne.jp/isehakusandou/より引用

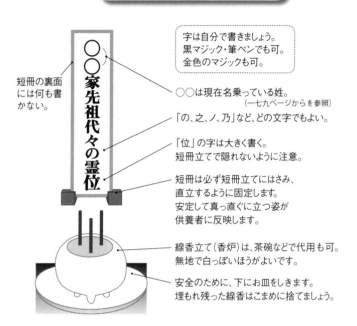

短冊が仏壇の中に入らない場合は切ったりせずに、仏壇の前に台を置いてその上で供養するか、別の場所でも良いです。

短冊立ては自然素材で安定が大事

短冊立ては、木製などの自然素材が良いです。霊が寄りやすく、宿ることができます。短冊を壁に斜めに立てかけたり、貼り付けたりするのはダメです。短冊の両端をしっかりとはさんで、まっすぐに立てられるものを用意します。

私の短冊を立てる道具は、竹筒を半割りしたものに切れ目が入り、両側から短冊を挟んで立てる単純なものです。竹も寄りやすいです。

短冊立ては自作しても良いです。木片を二つ用意して、切り込みを入れて、両側から短冊を挟《はさ》みます。短冊がしっかりと安定して、「位」の文字が隠れないようにすることが大事です。自分でいろいろ考えて工夫することも、先祖への思いやりの気持ちの発露ですから、工夫すること自体が良い供養の一環になります。

短冊がしっかり固定されて安定していると、供養する人の心も安定します。

「霊位」の依り代が大事な理由

短冊は霊の依り代となります

先祖霊と子孫は霊的につながっていますが、供養をする時に短冊や位牌などの「依り代」がないと、先祖霊は、そばにいる供養している人などに寄ることになります。

短冊は鳥が木の枝にとまるように、先祖霊が寄るために必要不可欠なものです。霊には肉体がないので、この世の次元の供養を受けるには、仮の肉体が必要なのです。

これに依り代（位牌や短冊）という止まり木が、その役目をします。

この時に、「霊位」という霊界の理《ことわり》に従った場所の意味を示す文字が短冊にあることで、より先祖霊が寄りやすくなります。

短冊は紙であることが大事です。麻入りの短冊はさらに寄りやすいです。

汚れないようにラップで覆《おお》うことは良くありません。また額などガラスの中に入れてはダメです。依り代として機能できず、霊が寄れなくなります。

短冊の強度が大事な理由

短冊には先祖霊が寄りますので、強度が大切です。最低でも市販の短冊の厚みがないと、ペラペラの紙では寄れません。

人間の霊魂には重さがあります。西洋での実験で、臨終間際の病人を体重計付きのベッドに寝かせて、死亡前後の体重の変化を測ったところ、数十グラム軽くなったそうです。このことから、やはり魂には重さがあると結論づけられています。

私の感覚では、霊は質感のある煙状のものですから、そこまでの重さはないと思いますが、触れると肌に感触が残りますから、微量な重さがあるのは確かです。

厚みが薄いと供養する人に霊障（霊的な障《さわ》り）が起きます。肉体に転写されて、ふらつきます。色紙を細長く切って代用するのはダメです。また、段ボール紙は、中に空洞があるので良くありません。

短冊は供養者の身代わりとなります

雑多な現実界では、生きるゆえにいろいろな人との接触、トラブルもあります。意図せずに恨みを買って、他人からの恨みや攻撃の思いの磁気が自分に巻き付くこともあります。短冊には、このようなマイナスの磁気を供養者の身代わりになって受けて、アース放電する役目もあります。

このような意味からも、短冊は常設が理想ですが、事情によりしまう場合は、線香が消えてから一時間はそのままにしておくのが良いです。

短冊の変色、汚れについて

短冊は線香の煙で変色しても問題はありません。短冊は紙ですので、汚れても水拭きなどはせず、触らないほうが良いです。

私の短冊は何十年も使っていますので、全体が薄茶色です。短冊は、古いほうが先祖霊は寄りやすいのです。子孫の磁気でコーティングされるからです。たびたび新しく作り直す必要はありません。

霊が昇華する時に水を残すことがあり、短冊に水滴のようなシミが付くことがあります。汚れが「なんとなく気になる」という時は、先祖が交換するように教えているサインです。続けて使用して、来週になっても供養をする時に気になるようであれば、交換します。長く使った短冊を交換する場合も、書き損じの短冊と同様、白い紙に包んでゴミに出せば良いです。霊は供養の際に一時的に短冊に寄るに過ぎないので、普通に破棄して大丈夫です。

先祖供養の短冊は、転居をしても同じものを継続して使います。第六章で後述する「床《ゆか》供養《くよう》」の短冊は転居する時は、新しいものに交換します。

参考までに、神社のお札は新しいほど良いです。新しくすると家の穢《けが》れを祓《はら》うことになります。お札は、頂いた神社にお返しすることに意味がありますが、遠方の神社の場合は、近くの氏神神社でも良いです。

神札や神社について、詳しく知りたい方は、『伊勢白山道事典　第3巻』をお読みください。

位牌《いはい》について

先祖全体への位牌が必要

「○○家先祖代々之霊位」と霊位の「位」の文字が書かれている木質のものであれば、依り代として供養は届きます。ただ、新興宗教や霊能者由来のものや、梵字《ぼんじ》などがあるものはダメです。

個人の位牌《いはい》はあっても「○○家先祖代々之霊位」と書かれた先祖全体への位牌がない場合は、供養が故人に届きません。亡くなったばかりの故人の魂には、先祖霊の助けが必要だからです。ない場合は、先祖全体への短冊か位牌を作ります。

新しく位牌を作るとき

位牌には、「○○家先祖代々之霊位」として、必ず名字が必要です。名字がない位牌は、対象が無縁霊になり危険です。位牌の裏側には名前など何も書かないほうが良いです。個人名は過去帳に書きます。

材質は、木質に黒の漆塗り、金文字などが良いです。ガラス、クリスタル、プラスチックは良くないです。仏壇も黒茶色系で木質でないと、先祖は寄れません。

位牌の大きさは、先祖への気持ちの表れですから、なるべく大きいほうが良いです。先祖全体の位牌ですので、個人位牌よりひとまわり大きいもの、例えば個人位牌が二十二cmならば、先祖全体の位牌は、台座と札の部分を合わせて二十五cm以上はあると良いです。ちなみに、短冊は三十六cmはあります。

形は、長方形で長い形ですと子孫が伸びます。足元は飾り化粧の穴などなく、どっしりした足元が理想です。また、位牌の上部がひし形の角のように尖っているものは、刃物を呼ぶので避けましょう。

位牌は他人が作りますから最初は他人の磁気がありますが、使用しているうちに、供養する人の磁気で上書きされますから問題ありません。御魂入れ(みたまいれ：位牌に魂を入れる儀式）などを僧侶に依頼する必要はありません。

神道の霊璽《れいじ》（位牌に相当するもの）でも良いです。大き目のものに、ご自分で文字を書けば良いです。子孫が文字を書きますので、初めから先祖霊が寄りやすくなります。

短冊から新規に位牌に変更する時

これまで短冊の依り代で供養をしていて、新しく先祖の位牌を作る場合は、短冊を新しい位牌の後方に置いて、一週間ほど供養すれば良いです。その後に短冊は紙に包んでゴミの日に出します。

新しく仏壇を購入する場合も、御魂入れなどは必要ありません。また、すでに御魂入れをしてあっても、使っているうちに供養する人の磁気で上書きされていきますので、問題ありません。古い仏壇を処分する場合も、儀式はなくて大丈夫です。

個人の位牌は不要です

仏壇の中に知っている個人の位牌がすでにある場合は、先祖代々の霊位の位牌の後方に立てたままで良いです。知らない古い故人の位牌は、そのままでも良いですが、仏壇に引き出しがあればしまうのも良いです。これが故人のためにもなります。

「○○家先祖代々之霊位」一つがあれば、やがては先祖霊はそこにみな寄れるので、大丈夫なのです。

もし家族が亡くなるたびに新たに個人位牌を作りますと、将来知らない位牌ばかりが増えて、子孫が困りますから、個人位牌は作らなくて良いです。

夫が亡くなった時に、同じ位牌に妻の戒名を赤文字で記入する「生前位牌」という風習がありますが、これは霊的には良くない風習です。生きている人間の生命力にはマイナスです。

個人の位牌は作らないで、過去帳に名前を書いても良いです。

過去帳について

「〇〇家先祖代々之霊位」の依り代があれば、過去帳は不要ですが、参考までに書いておきます。

過去帳は、依り代の短冊や位牌の横に寝かせて置きます。書いてある故人の命日でも、常に閉じたままで良いです。

書き方は死去の順番で、亡くなった順が多少前後しても問題ありません。旧来の過去帳の形式にこだわらずに、個人の名前と命日、履歴などを書きます。命日がわからなければ名前だけ書きます。流産した水子でも、陣痛があって流産した場合は過去帳へ記入しても良いです。

過去帳には、供養者が知っている「親族の」故人だけを明記しましょう。先祖に無礼になりますので、他人は書かないことです。親戚ならば、名字も混ざってもかまいません。

女性の既婚者の場合などは、前半を旦那家関係者、後半を実家。このように分けても良いです。わざわざ自分が知らない過去の先祖の名前まで調べて書く必要はありません。

どんな家系にも、戸籍ではわからない供養すべき同じ霊線の先祖霊がおられます。細かく調べて書くと、逆に書かれていない霊への供養に漏れが出て不公平を生みます。また、全体への供養がおろそかになり、供養の実践力が低下します。

家に受け継いできた古い過去帳があれば、それはそのまま供養します。知らない先祖が書かれていても良いです。大切な過去帳です。

過去帳は、和紙が先祖の霊的磁気が乗りやすいですが、大学ノートやきれいな日記帳でも良いです。また、自分が作った過去帳を書き換えなどで捨てる時は、紙に包んでゴミとして捨てて問題ありません。

短冊や位牌に書く文字について

文字は太くはっきりと

迷える階層にいる霊ほど不自由で、視界も制限されていますので、短冊に書く文字はよく見えるようにマジックなどで、太くしっかりと書いてください。

文字は自分で書くと先祖がすぐに寄りやすいので、下手でも良いのです。下書きをしてなぞらずに、一回で直に書きます。思うようにかけなくて気に入らなかったときは、書き直します。供養者の脳内のイメージが大事だからです。

書き損じた短冊は、白い紙に包んでゴミとして捨てて良いです。

「霊位」の「位」の文字は、少し大き目にしっかり書きましょう。「位」の文字が放つ、霊的な形象の影響があるからです。

「位」の文字がある短冊、位牌をこの世で設けますと、あの世では先祖の立派な墓、または家が出現しています。「位」の文字は、短冊立てで隠れないように注意します。

名乗る名字（苗字）が大事

先祖霊と私たちは家系の霊線でつながっています。一つの名字を元にした先祖霊の家系の流れ（霊籍）があります。

女性は結婚して姓が変わると、夫の家系の霊籍に入ります。同じように、婿養子の場合も姓が変わると霊籍が変わります。血のつながり、肉体の遺伝子は重要ではありません。今名乗っている名字で先祖供養をしていけば良いのです。

名乗る名字の家系の先祖と言いましても、最初の線香二本には同じ名字だけでなく、供養者の父方・母方の先祖霊全体が含まれます。

三本目には、名字が違っても妻の実家や婿養子のかたの実家の先祖、その他の供養者に縁がある霊のかたも寄られます。

夫婦で依り代は一つが良い理由

依り代は名乗る名字の短冊一つが良いです。

夫の姓の短冊の他に、妻の実家姓の短冊を作って二つの家系を同時に供養すると、夫婦仲が悪くなります。

実家の先祖への供養は、三本目の線香で届きますから心配はいりません。今名乗っている夫の姓だけで良いのです。

一つの姓の短冊だけで供養を続け、そこから多くの先祖にさかのぼって供養をする方法が、結局は一番効率が良いのです。

さかのぼると、やがては、すべての根源につながります。

夫婦別姓についての霊的な考察

夫婦で名乗る名字が違えば、夫婦でもつながる霊線は違います。妻が実家の姓のままの場合、実家の霊線のままですから、妻の霊体が受けるエネルギーは実家の家系の霊線のパイプを通ったものになります。霊線を通じて、実家の善悪両方の因縁を受けます。何かに付けて実家のことが気になり、実家の用事をする破目《はめ》にもなります。

一方、夫は夫の家系の霊線からエネルギーを受けますので、夫婦であっても違う霊的背景の影響を絶えず受けることになります。

このため、共同生活者という関係以上のつながりを持つことが難しくなります。違う霊的背景の者同士は、ケンカをしてもお互いに退くことができずに、溝《みぞ》もできやすいです。真の夫婦、ツガイにはなりにくく、離婚する可能性が高くなります。

これに対して、妻が夫の姓になりますと、妻も夫と同じ家系の霊線を通して根源からのエネルギーを受け取ることになります。長く一緒に住んでいますと、夫婦は雰囲気が似てくるものです。妻の顔つき・体型・健康・性格・食べ物の好みまでも変わってきます。

これは夫婦で同じ霊線になるために起こることです。

霊的な見地からは、このことは病気についても起きると感じます。医学的には考えられないことですが、結婚して同じ霊線になると、妻が夫の家系と同じ傾向の病気になることがあります。これは、遺伝子が今の医学でいう二本だけでなく、霊的遺伝子の三本目があると考えると理解できます（霊線については一四三ページからも参照してください）。

「三本目の遺伝子」について詳しく知りたい方は、『伊勢白山道事典　第２巻』をお読みください。

名字がなかった時代の先祖霊は？

ある占い師が、「数代前には名字というものがなかった。先祖には〇〇家の先祖という認識がないので、墓参りや先祖供養は無意味だ」と主張しているそうです。

名字ができる以前は、名字の元となる屋号がありました。名字はその屋号に縁のある漢字を取り入れており、霊的には連綿《れんめん》とつながる霊籍となっています。

では屋号が作られる以前はどうかといいますと、それくらい古い時代の場合、すでに成仏して家系の霊線を離れている先祖霊が大半です。

自分が名乗っている名字の先祖の流れの中にいる、まだ成仏できていない先祖霊を癒すのが先祖供養です。自分の家系から始まってさかのぼって供養をしていきますと、本当にたくさんの諸霊を癒すことができます。

恋愛中や同棲している場合

恋愛中で同居していない場合は、あくまでも自分の姓一つで供養します。恋人をつなぎ止めるために、恋人の名字で先祖供養をする、などという御蔭《おかげ》目的の供養はいけません。先祖のための供養でないと先祖には届きません。

同棲《どうせい》を始めたばかりの場合も、実家の名字での先祖供養を勧めます。このようにすると、実家の先祖が彼の悪い部分を見せて、あなたを引き戻そうとすることがあります。これで別れるならば、それは結婚してから別れて後悔することを、回避できたことになります。同棲が長い場合は、彼の名字一つで感謝の先祖供養三本をすれば良いです。実家は三本目の「その他の縁ある霊の方々」で供養されます。

同棲中の彼の名字ですると、彼の家系に受け入れられるかどうか、結婚をしたらどうなるかを、疑似体験して試すことができます。彼の先祖に、女性が別れさせられることもあります。これも、将来結婚してから離婚することを回避したことになります。

離婚歴のある女性が前夫の姓を名乗っている場合、同棲中に前夫の姓での供養をしていますと、今の同棲中の彼との仲が悪くなります。この場合は実家姓か同棲中の彼の名字でも良いです。

離婚後の名字と依り代の姓

離婚した場合の短冊や位牌の姓は、実家の姓に戻った時は実家の姓に変更します。

離婚して元夫姓のままでも実家からの経済的援助を受けている場合は、供養は実家の姓一つで良いです。恩恵を受けるのも縁なのです。その場合は三本目で、元旦那姓に感謝します。

また、自分が実家姓に戻っても、子どもが元夫の名字のままならば、元夫姓で供養しても良いです。自分の実家の先祖は三本目で供養できます。

夫婦で妻の実家に住んでいる場合

夫婦で夫の姓で妻の実家に同居している時は、実家の仏壇に世話になっている挨拶《あいさつ》の意味で線香一本を捧げてから、別に自分たちの部屋で、夫の姓の短冊による三本供養をすれば良いです。

神棚がある時は、神棚に参拝してから、実家の仏壇、夫婦の姓の短冊の順に参拝します。

もしも、夫が妻の実家の家業を継ぐなどの場合には、遺産と共に家系の因縁を継ぐことになりますから、夫婦共に妻の実家姓仏壇で三本供養をしてから、別の部屋で夫の姓の短冊で挨拶の一本供養をします。

海外在住や外国籍のかたの場合

外国の人と結婚して外国姓になったかた、またはその国の法律により夫婦別姓のかた、逆に日本に帰化したかたの供養方法を霊的見地から考察します。

「位」の意味の言葉を入れること

短冊に書く文字には、最後に付ける「位」の文字の意味を表現することが重要です。「位」とは、霊が留《とど》まる位置、場所を意味します。これがないと霊が来ても寄ることができません。位置とか場所を意味する言葉（Placeなど）を自分なりに翻訳して使用します。供養には脳波を使用しますから、ご自分が一番しっくり来る表現が良いのです。

夫の名字の短冊一つで供養

外国の法律で夫婦別姓の場合も、先祖供養は夫の名字一つで供養するべきです。夫婦間で別々の家系を供養しますと、どうしても霊的に一つにはなれません。他人行儀のままだったり、いざこざが絶えなくなります。

夫の姓で先祖供養をしていくことが、夫婦和合へとつながります。女性の実家や、その他の縁ある先祖霊は、すべて三本目の線香で供養されますから、心配はいりません。

短冊を自作する場合

海外在住で短冊が入手困難な場合は、自作しても良いです。

先祖霊が寄りやすいように、しっかりした硬さのある白い厚紙で短冊の形を作り、黒か金色の太いペンで濃くはっきりと文字を書きます。供養短冊は厚みが大切です（二ミリぐらいが理想）。

段ボール紙は、適していません。色付きの厚紙しかない場合は、表面に白い紙を貼ると良いです。

供養短冊は、一九〇〜一九一ページのイラストを参考にしてください。短冊の大きさはだいたいの目安です。言葉や書き方はご自分に合うもので良いです。紙を貼り合わせて作る場合は、ご飯粒をつぶして糊《のり》を作って使うと良いです。自然素材のほうが先祖霊は寄りやすいのです。

短冊の表記は、外国姓をその国の文字で何行かに分けて横書きするか、外国語で一文字ずつ縦書きにします。供養者が日本語を理解する場合には、外国名はカタカナなどで書き、「〇〇〇家先祖代々之霊位」と縦書きします。要は、供養者の脳を通して供養していきますので、ご自分がわかる文字、言語が良いです。

自作の場合も、供養短冊は、短冊立て（木片に刻みを入れて自作で良い）で直立するように挟んで固定してください。

十字型にする場合

イラストのように好みで十字型でも良いです。

横棒部分に「○○家先祖代々之霊位」にあたる言葉を横書きにします。
英語文例：The Memorial Place for the Ancestors of the ○○○s（○○○には名字を入れます）

十字型の短冊の形象については、私自身はキリスト教を意識しておりません。

十字形象は、伊勢神宮伊雑宮《いざわのみや》の参拝において、「縦の流れを、これから横にします」という神示と共に、神気の朱色の日輪の中に十字形を霊視したことから使用しています。

これを授けた太陽神は、人類創生にも関係する超太古から存在する神霊ですので、日本だけではなく外国でも同様に霊的な働きと影響をします。

もちろん十字型ではなく、一九一ページのように日本の普通の細長い短冊でも良いです。

外国籍の場合の、床供養の短冊の書き方

後述します住む土地と家にかかわる霊の方々へ感謝をする「床供養《ゆかくよう》」の短冊には、
The Place for the Spirits of the House and the Land
と書きます。

外国籍のかたの十字型短冊

十字型の場合

短冊の大きさ、文章はご自分に合うものでOK

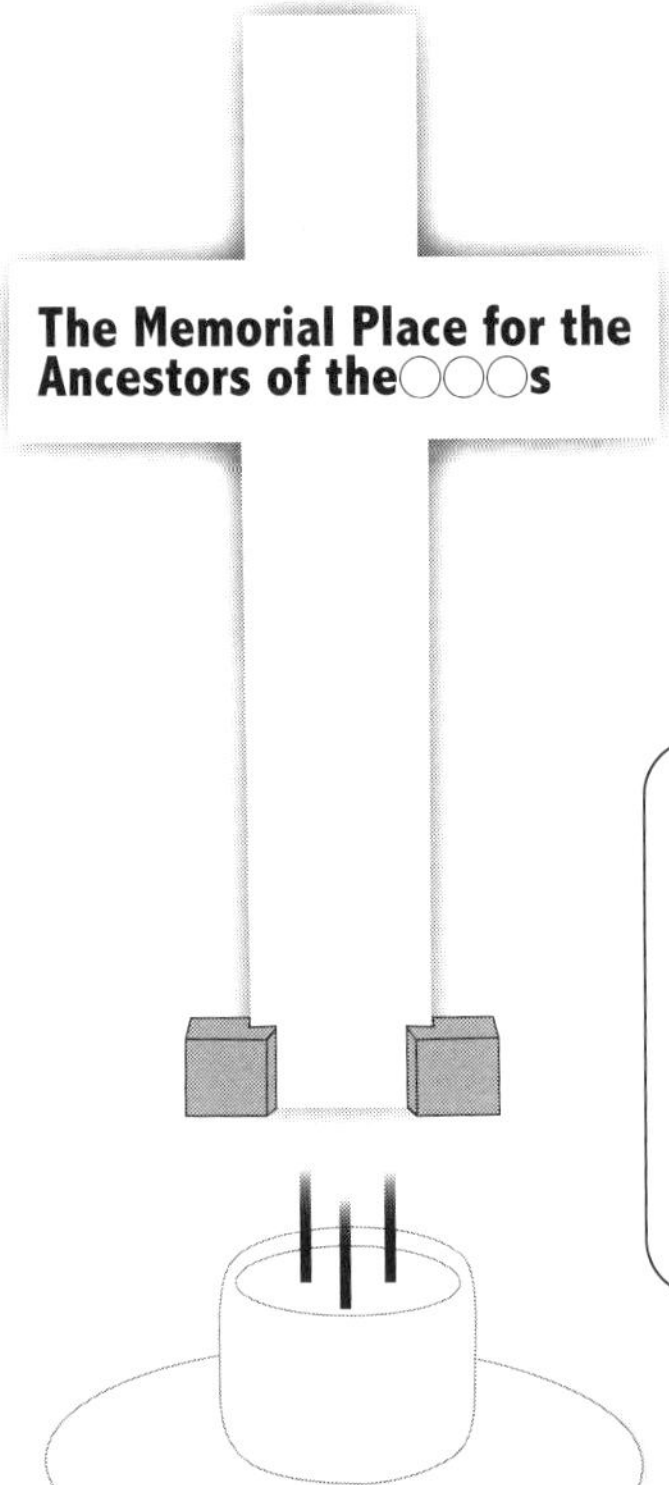

上から見た図

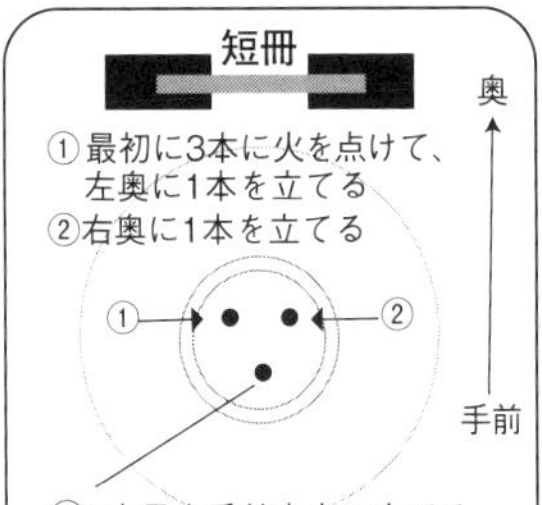
①最初に3本に火を点けて、左奥に1本を立てる
②右奥に1本を立てる
③3本目を手前中央に立てる

（○○○your legal last name
○○○には名字を入れる。）

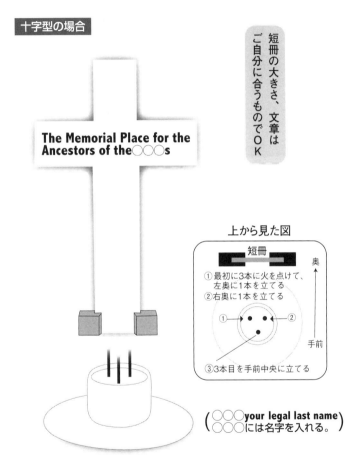

たてなが型の場合

●短冊がない時は、硬さのあるしっかりとした白い厚紙で作ってください。

●文字は、黒または金色の太いペンで濃くはっきりと書きましょう。

●短冊の大きさは目安です。言葉、書き方は、ご自分に合うもので良いです。

●短冊立てで挟んで直立させてください。

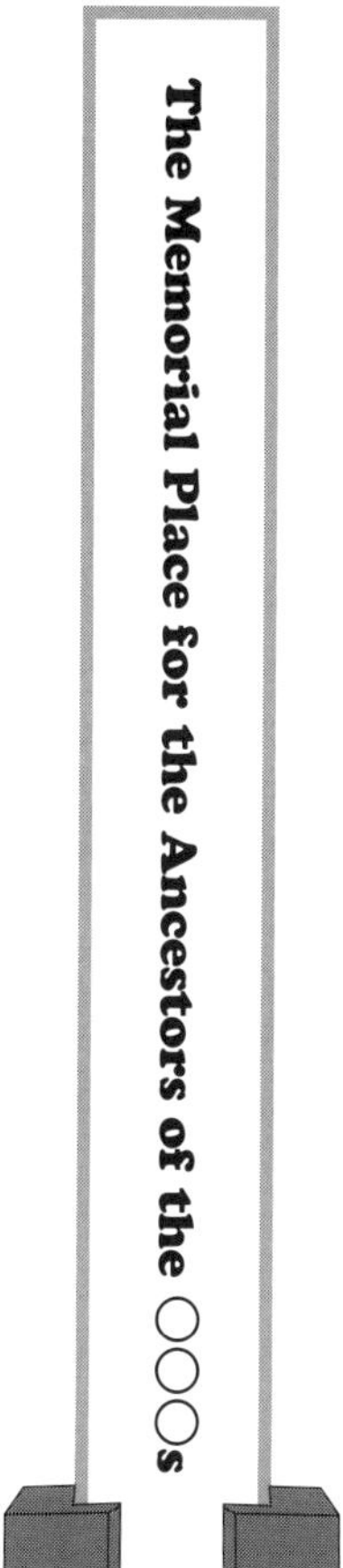

十字型

全体の大きさは、縦30㎝、横20㎝、横棒・縦棒の幅は5㎝ぐらい。

たてなが型

大きさは縦30~36㎝、幅が6㎝~7.5㎝ぐらい。

床供養は、短冊による伊勢白山道式先祖供養が、一年以上継続していることが条件です（床供養については第六章で解説します）。

帰化して姓が変わった場合

帰化したばかりで、新しい名字では死者がいない家族の場合も、まずは「今の新しい名字」一つで感謝の先祖供養を始めてください。現在の新しい姓の短冊一つのみの供養でも、旧姓の外国名の先祖は、三本目の線香で供養されますので問題はありません。

もし、このようにして供養から手応えが感じられずに、旧姓の外国名の先祖が気になる場合は、もう一枚旧姓の短冊を用意して、最初に旧姓の短冊で三本供養し、続けて今の姓の短冊へ三本供養をされれば良いです。

線香器も二個用意して、少し離して並べて供養しても良いです。

または、最初から元の外国姓一つで供養して、期間をおいてしばらくしてから帰化後の今の姓に移行しても良いです。臨機応変に自分なりに合う形で試しましょう。

伊勢白山道への理解度に応じて、自己判断されて決めれば良いです。短冊がしっかり立つ安定性があれば、霊的な問題はないです。

供養の言葉は自分の国の言語で良い

捧げる感謝の言葉は、その国の言語で「自分が生かされていることへの感謝」の内容を自分なりに認識できれば、それで通じます。

自分がしっくり来る言葉が大事である理由は、供養する本人の思いと心のエネルギーが「霊的な形式」（依《よ》り代《しろ》による感謝の先祖供養）をおこなうことにより、実践的に霊を慰める力を、空間に磁気として刻んでいくからです。「この言葉でいいの？」と違和感がありますと、やはり供養者から出る御霊《みたま》へ通じる磁気は減少してしまいます。

もしできれば、「生かして頂いて　ありがとう御座います」という九文字と十文字の言葉をそのまま唱えます。

また、違和感がなければ、「アマテラスオホミカミ　アマテラスオホミカミ」という二十文字の言葉を唱えることは、先祖霊を上の世界へ引き上げさせる言霊ですので、良い効果があります（詳しくは第七章に解説があります）。

とにかく先祖への感謝の想いを捧げることが大切です。

伊勢白山道式先祖供養は、民族・宗教の違いを超えます

私たち人間はすべて先祖霊につながり、今も先祖と共に生きています。

先祖が子孫からの思いやりと感謝を受け取る嬉しさは、どの国の御霊《みたま》も同じです。

国や民族、宗教や文化の違いを超えて、伊勢白山道式の先祖供養は先祖霊に届き、癒《いや》します。

二、供養台と供養の場所について

依り代をのせる供養台について

安定感が大事

供養台は、三十から五十㎝の高さの木製の安定した台が良いです。安定性と材質、形が供養者に転写します。

ガラスのテーブルは避けます。集成材は継《つ》ぎ接《は》ぎで、縁起が悪いので避けます。使う場合は、上に一枚板を置くか、不燃性の布を敷いて集成材が見えないようにしても良いです。

足が折れるタイプは、「折れる・不安定」が自分に反射しますので良くありません。

キャスター付きの台は、ストッパーがあっても「滑る」という転写になるため不向きです。キャスターを外せば使って良いです。

台は先祖供養専用にして、台の上や台の下には何も置かないほうが良いですが、物が下にある場合は不燃性の布を敷いて前に垂らすなどして隠して、とにかくまずは、できる場所で始めれば良いです。

供養をする時は正座をします。神祭りも、参拝する時は正座が理想です。参考までに、神具店にある座八足《ざはっそく》という低い足が八本ある台は良いです。

専用の台を置く場所がない場合は、一時的に、三十~五十㎝の高さの台の上であれば供養をしても良いです。高さは高すぎないこと。その場合、供養時は供養道具だけを置き、他の物は片付けましょう。

供養をおこなう場所はきれいに片付け、掃除をしましょう。

供養台の高さと意味

依り代を置く高さは、現在は最初から三十㎝から五十㎝位を勧めています。仏壇があり、その中に短冊を置く場合は、高さは気にしなくて良いです。一番下の前に置けば良いです。

ただし、仏壇が新興宗教由来の場合には、必ずその仏壇から離れた場所で、別に短冊と台を用意して供養します。

神棚がある場合は神棚より低い位置に置きます。神棚の下方手前に置いて供養するのは理想です。

依り代が高い位置にあると、ある程度安定した先祖霊が寄ります。低い位置にするほど、苦しい状態の先祖やその他の縁のあった霊が寄られます。

多くの迷える霊を救うには低い位置が良いのですが、あまりに低い位置で供養を始めると、心が辛くなることがあります。三十cm以下は避けましょう。また、五cm以下は人間の先祖霊には失礼になります。動物の供養になりますので、良くありません。

安定した先祖霊から困っている先祖霊まで、一番多くの階層の縁ある霊が寄れる高さがこの高さです。

なお、後述する「床供養《ゆかくよう》」により、先祖供養の台の高さには寄れない床を這《は》う地縛霊《じばくれい》まで、すべてを網羅《もうら》することができます。

床供養には専用の供養道具と短冊を使用します。先祖供養を一年以上継続して、もっと迷える霊を助けたいと、慈悲の心から自然に思えるようになった人は床供養をしても良いですが、無理にすることは良くありません(床供養については第六章を参照してください)。

供養する場所について

方位より大事なのは供養をすること

供養の部屋の方位や置く向きなどは、あまり気にする必要はありません。理想は短冊を北から東方向（北東の鬼門）を背にして立て、人が北東に向かって拝む形です。南半球では南から東に向かって拝む形が理想です。

短冊は西を背にして置くことは、できれば避けます。西は日が沈む方向を拝むことになり、縁起が悪いです。

でも変更できなければ、たとえ西向きでも、しないよりは十倍良いです。

ベランダや屋外は厳禁。窓についての注意

供養をする場所は、ベランダや屋外は、無縁霊が寄るので厳禁です。また、短冊の背面は、出窓など透明なガラスは、外に向けての供養になるのでダメです。カーテンがあれば少しは良いですが、壁が理想です。側面がガラスは、問題ありません。

供養する時には窓は閉めましょう。風で短冊が倒れると危険ですし、縁起が悪いです。線香が消えれば換気をして良いです。

階段の下はダメです。上を歩いて踏むことになるからです。

他に場所がない場合は台所でも良いですが、供養をする前の掃除が大切です。供養中は、換気扇などは回さないほうが良いです。無理に供養は不要です。

近くに置かないほうが良いもの

仏像や人形、祈願のお札、水晶などがあると先祖霊が寄れません。瓢箪《ひょうたん》も「霊を吸い込む」という伝承もあり、良くありません。これらのものは供養の邪魔になりますから、供

養の場所ではなく別の部屋に置くか、短冊から一m以上は離します。

鏡は、短冊が映り込む位置に置くことは避けましょう。鏡に短冊が映ると、異界のものが出入りしやすくなるからです。移動できない場合は、普段は鏡に布などを被《かぶ》せれば良いです（水晶や仏像については七五ページからを参照してください）。

周囲の片付けと掃除は、供養者に反映します

短冊の周囲が散らかっていますと、それが供養者に反映してイライラすることがあります。片付けましょう。短冊が置かれている一m四方の環境、掃除の状況や汚れ具合が、供養する人の精神と肉体に反映します。

例えば、ホコリが多い中で供養しますと、子孫に反映するのは、肺に関する問題や、皮膚の状態に転写して皮膚病などになることもあります。これは、家庭の宗派での仏壇供養でも同様な現象が起こっています。

「ホコリがあるな」と知りながら、そのままで供養をするのがダメなのです。自分ができる片付けや掃除の配慮をしていれば、何も問題はありません。

いつも供養の場所を掃除してきれいにしていますと、この思いやりの気持ちも届きます。生きている人間は立派な家を好みますが、霊的世界は「配慮する気持ち」に最も価値がある世界です。

このように短冊の厚さや供養台などの道具、置かれている環境が、生きている人間の身体に反映するなどということは、「科学的ではない。迷信だ」と思われるかも知れません。しかし、現代科学が次元の相関性を解き明かし、革命的に進歩した時には、このようなことが「普通にあることだ」と認識される時代が来ると私は感じています。

神棚と供養台の位置　神棚下方手前は理想

同じ部屋の場合は、神棚のほうが短冊より高い位置になるようにします。別の部屋の場合は、上下は問題ありません。また、神祭りが一階で先祖供養が二階でも問題ありません。
神棚の榊と水のお世話をして参拝をしてから、先祖への線香供養をします。

神棚の下方手前に供養台と短冊を置いて供養をおこないますと、先祖霊の浄化が早まります。これは神さまと先祖を合わせて祭る理想の形になります。

神祭りについては、第七章で詳しく解説しますが、人が北から鬼門の北東に向いて参拝する形が理想です。床の間の場合は、方角は関係ありません。床の間に八足台などを置いて神祭りをし、床の間から一段下がった畳に供養台を置きます。

神棚を置く台は高さが一mぐらいあれば良いです。二段式の八足台であれば上段に神棚を、下段に榊と水玉を置きます。神札を上位に下位にお供えを置き、次元を表現します。


図の左側のように壁に取り付けた棚の上や、壁に吊るす神棚は理想ではありません。空中に浮いていて、不安定感が転写します。足が床に付く台が良いです。最善は八足台ですが、木質の三段ボックスや低いタンスでも良いです。神棚の階段部分が、棚から少し飛び出しても問題ありません。

神棚の真下で供養する場合は、短冊の上部が五十cm以上空いているようにしましょう。短冊の上部空間は、自分の心の広さに反映します。

神棚と供養台の位置関係（横から見た図）

空中に神棚を祭ることは、お勧めしません。台にのせるほうが良いです。（下図は、真下に置く場合の参考です）

神棚の下方手前に供養台を置くことが理想です。台は普通の棚でも良いです。

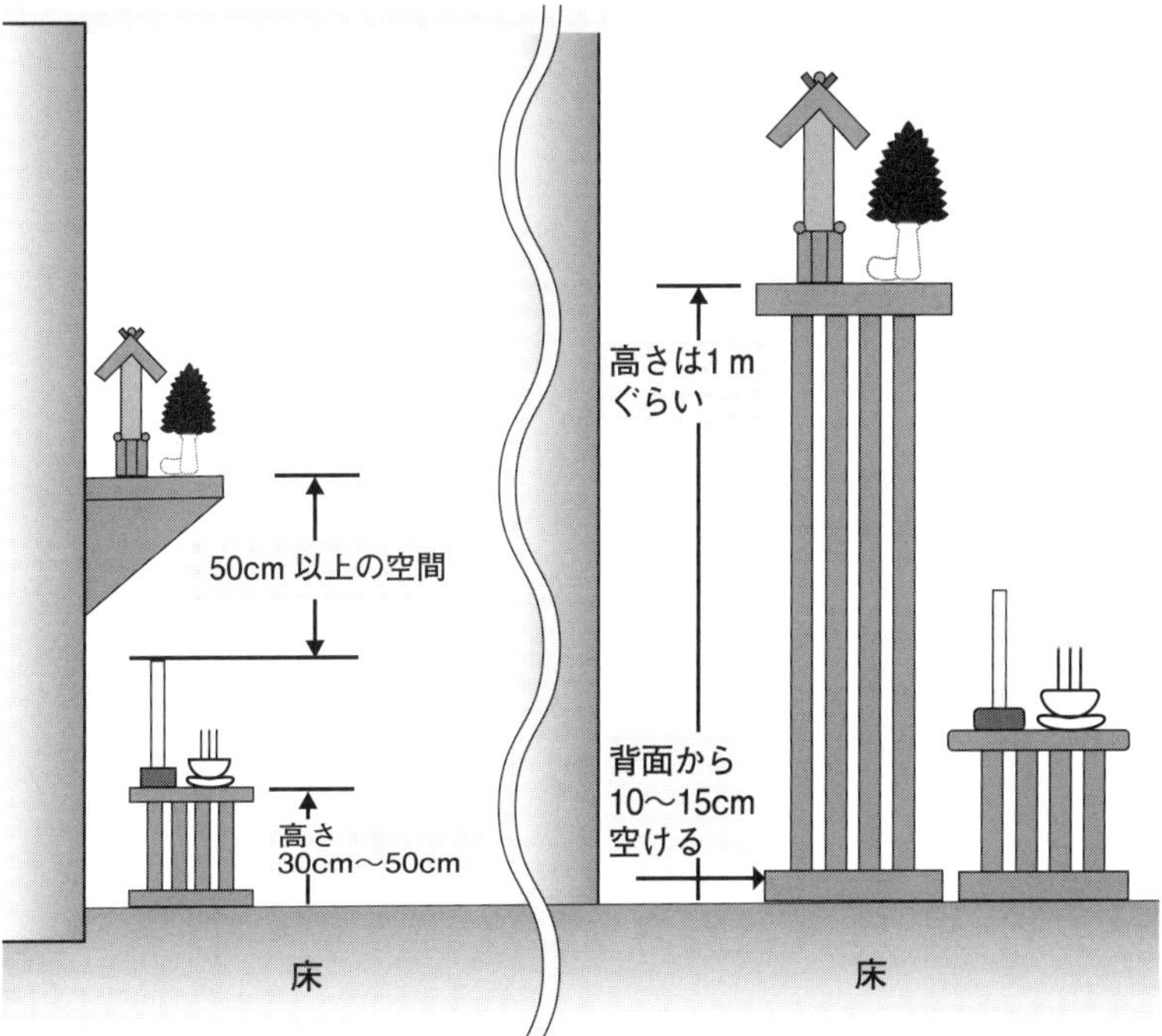

この配置は、神さまとご先祖さまを合わせて祭る理想の形です。伊勢白山道式先祖供養の神髄です（第七章を参照）。

三、線香と線香器（香炉）について

線香器（香炉）と灰について

線香器（香炉）について

線香器は、白の模様のない無地が良いです。大き目のどんぶりなどでも良いです。安全のために、必ず線香器の下に大き目のお皿を敷いてください。

灰について

線香器の中に入れる灰は市販の線香灰が最善です。珪藻土《けいそうど》や火山の灰は、吸い込むと肺に悪いので良くありません。コーヒーかすや穀類、小麦粉は可燃性なので危険です。また、砂や小石、金属・ガラスは不向きです。

塩は低層の迷える縁者が寄りにくくなるので、ダメです。

重曹も、炭酸水素塩で塩気には霊が寄り難いので避けます。以前は海外などで灰が入手できない場合は、重曹で代用可としていましたが、変更します。

どうしても灰が入手できない場合は、森などに落ちている小枝を集め、ベランダか外で、フライパンの上で燃やして灰にしましょう。キャンプファイヤーの灰は良いですが、どんど焼きの灰などは霊障の可能性がありますので厳禁です。

線香器は、線香の火が消えた後に、時間が経ってから線香残が灰の中で再燃焼して高温化することがあります。

必ず不燃性の環境で保管をしてください。燃えやすい物で包んで保管したり、燃焼性のある場所での保管はダメです。

なお、灰の中の燃え残った線香は灰の中で燃えることがあり、危険ですのでこまめに捨てましょう。

供養直後の灰は、磁気を帯びている

次の話は、伊勢白山道式先祖供養をされている男性読者のかたが体験したことです。元気な息子さんが線香器を落としてしまい、供養した後の灰が飛び散ったそうです。こぼれた灰を集めようと灰に触った時に、手に静電気のような衝撃を感じたそうです。指先のビリビリ感ではなく、腕を通過して肩まで駆け上る強さだったそうです。息子さんもやはり強い違和感を感じて、灰に触れられませんでした。困った男性が奥様を呼んで来られたところ、奥様は何も感じなくて、平気で灰を片付けられたそうです。

これは大変興味深い話です。霊的な残存磁気の現象だと感じます。

やはり現実に短冊に寄られた縁ある霊は、線香の煙を頂いた後も、しばらくは線香器に磁気として留《とど》まっているからです。

線香が消えたあとも一時間は、短冊を立てたままの状態が良い理由です。

偶然に灰に触れて、感謝の先祖供養で発生している強い静電気に触れたことで、先祖供養の実際的な効果が確認されたことになります。

先祖供養をしていない奥様は、灰に触れても何も感じなくて、家系の霊線に深い縁がある長男が触れると、磁気を感じたのは興味深いです。あくまでも供養実践者を中心として、霊的磁気の関与と守護が広がって行きます。ちなみに男性は、先祖供養を始めてから仕事が順調に回り出して、環境が大きく改善されたそうです。

ロウソクは禁止です

ロウソクは不要です。火事の原因になり危険ですので、伊勢白山道式供養では厳禁です。

線香について

線香の選び方

個別の神社や寺院の特製線香ではなく、一般の市販の線香が良いです。

線香の長さは市販の仏前線香の長さ（十㎝以上）にします。それより短い線香は先祖供養には不向きです。命日やお盆などの記念日には、長い線香を捧げても良いです。その場合は三本とも同じ長い線香にします。線香は香りと煙のあるものが、霊に喜ばれます。香りは供養する人の好みが大事です。供養する人の脳内のイメージが届くからです。

線香一つを買う時にも、先祖を思う気持ちから選ぶことが大事です。あまりお金を出し惜しみせずに選びましょう。

線香は折らない、寝かせない、触《さわ》らないこと

先祖供養の時に霊前でおこなう行為は、子孫に反映します。

宗派によっては、線香を折って寝かせて使うこともありますが、線香を折ることは厳禁です。線香を「折る」という行為を空間に刻むことは、あの世で何かを「折る」因子になり、それがこの世に反射します。

一本を三つに折る風習には、宗派の理由があるのでしょうが、「もったいない」という気持ちが根底にあるのでしょう。それでは先祖に感謝の気持ちではなくて、「もったいな

い」という気持ちを送ることになってしまいます。先祖に捧げる線香を節約する貧しい気持ちは、現実界での子孫の貧乏を招きます。

たまたま折れて短くなった線香は、三本目に使用しても良いです。

また、線香は横に寝かせるのではなくて、立てることが大事です。三本を三角形に立てることに意味があります。

火の点いている供養中の線香には、先祖霊の邪魔になりますから触《さわ》らないことです。途中で消したりすることは厳禁です。灰の中の線香カスが燃えることがあり危険ですので、供養中だけでなく、火が消えてから三十分は外出しないこと。消火確認の時間がない時には、無理に供養はしなくて良いです。

線香の煙は次元の壁を通過する

線香は先祖霊や縁ある霊に、癒《いや》しを与えます。霊界と現実界の次元を橋渡しするのは、煙です。霊界における魂の様相は、煙のような分子の集合体（エクトプラズム）であり、線香の煙の粒子の形態は、これに大変近いのです。

私たちが捧げた線香の煙は、子孫の発した感謝というエネルギーの波動に乗って、次元の壁を通過して届きます。

線香の煙は迷える霊に、その霊が欲しがっているものになって届きます。煙の粒子は欲しい物体の形に、そして香りはその物体の中身になります。

日本酒が欲しい霊には、煙の粒子がお酒の「お銚子《ちょうし》」になり、香りがその「中身のお酒」になるような感じです。

迷える先祖霊は、線香供養を受けることにより、現世での思い、執着を少しずつ叶えていきます。執着が解けるにつれて霊体が軽くなり、徐々に霊界の高い所へ行くことができます。

執着がなくなると線香を受ける必要がなくなり、供養の煙は次に待つ先祖霊に順番に渡されていきます。

煙もいずれは「消えて行く」という学び

供養が必要な存在とは、本来ならば現実界からはすでに消えているべき存在です。それなのに現実界への未練、心配事があるために、この世に近い世界に残っているのです。

この世への未練をできるだけ早くなくして、次の世界へ旅立っていかないと家系の霊線のパイプの内側に停留して、霊線を詰まらせて、現実界で生きる子孫に迷惑がかかります（霊線については一四三ページからを参照してください）。

線香の煙は迷える霊にとっては癒《いや》しとなり、欲しいものに変化するかけがえのないものです。この日々捧げられる線香の煙が「消えて行く」姿を見ることにより、どんなに大切なものもやがては「なくなる」という気づきを、霊にもたらすことになります。この世への執着を解くことに役立ちます。

これが消え行く線香の煙からの学びです。

悪い磁気を祓う作用

線香の煙には、悪い霊的磁気を中和する作用があります。この悪い磁気を祓《はら》う力は、「切断」「切る」という表現がしっくりきます。大変大きな効力があります。

中国の道教でも、線香の煙が重要視されています。長さも三十cmほどの大きな線香を、必ず三本単位で捧げます。

現在、神道からは線香の秘儀が消されていますが、道教を取り入れた当時は、線香は神事にも使われていました。皇室では香道の原型となる作法として伝承されています。

神霊に対しては線香の煙は意味がありませんが、下の次元の霊には大きく作用します。

三本目の「その他の縁ある霊の方々」への線香では、悪い霊的磁気が寄るのを防ぐだけでなく、供養する本人が元々持っている悪い霊的磁気を焙《あぶ》り出し、消去しているのです。

線香の火は炎となり、あの世を照らします

あの世では、供えられたものは何でも巨大化して現れる法則があります。

先祖霊に捧げられる線香の火は、現実界では小さいですが、見えない世界では大きな炎となり、縁ある霊の世界を十分に照らします。

三角に並んだ線香の火が、飛行機の滑走路を示す誘導灯のような役割をします。ですから線香を捧げたあとは、部屋の電気は消しても良いです。

線香の先の小さな火は、霊的には火山であるとも感じられます。三つの火口がある火山

です。あらゆる物事をこの火山の炎で浄化することができます。

現実界での供養の行為は、それほどの重要な意味を持つのです。

現実界でする他の行為も同じように、霊的には巨大化して、大きな意味を持っているのです。

自分がこの世でした行為は、良いことも悪いことも一切のムダがありません。

自分では今はまだ知ることができませんが、霊的にはすべてが大きな意味を持ち、時間を経過してみると必ず別の形になってでも、良いことも悪いことも結果を伴《ともな》って帰ってくるのです。

人間の運命が現実界で好転するには、霊的な小さな革命がやはり必要です。人間は生きる限り、色々な霊的磁気の影響を全員が受けています。

別に先祖供養をしなくても生きて行けますが、日々受けている霊的なハンディ磁気の処理をするのと、しないのとでは運命が変わります。

身近な次元にいる先祖霊の干渉能力は、神霊を凌駕（りょうが：上回ること）します。

高次元の神様ほど個人の利益には干渉できません。

短い人生、怖がってばかりいては損をしています。

何事も明るく実践して行きましょう！

三本の線香の意味

三本線香による伊勢白山道式供養方法は、私の魂の永い輪廻転生《りんねてんしょう》の生まれ変わりの中から得た独自の方法です。

「霊位」文字のある依り代を使うこと、三本線香による供養の手順、感謝の言霊と太陽神への言霊のすべてに、霊的な意味と実践力があります。

実際に先祖霊に届いて、大きな効果のある供養方法を提唱しています。私の本やブログに縁のある方が、ご自身の判断で実践しますと、ご自分でその価値はわかります。

最初の二本は男性先祖霊と女性先祖霊へ

最初の二本を「男性」霊と「女性」霊へと意識して捧げます。これは供養が必要な先祖には、まだ個人の意識が残っていて性別もあるからです。

最初の一本目の線香は「名字は言わずに」男性の先祖霊全体へ、二本目は女性の先祖霊全体へ捧げます。これは、短冊の名字の父方、母方を含めた先祖霊の男性と女性の意味です。夫の母方の実家は夫の短冊名とは姓が違いますが、その家系の先祖の方々も入ります。また、夫の父の母方も姓が違いますが、初めの二本に入ります。さらにそれぞれのその父母とさかのぼりますと、膨大《ぼうだい》な先祖霊の数と名字になります。

名乗る短冊名字の家系の霊線を入口として、それらの男性先祖霊はすべて一本目、女性先祖霊はすべて二本目となります。

依り代の名字が夫であれば、妻の実家の先祖は三本目になります。

ただ、親子で供養する場合は、短冊の名前は夫姓でも、最初の二本には、子どもからすると子どもの母親（妻）の家系の先祖＝妻の実家の先祖も含まれることになります。

つまり、最初の二本は子どもの父親（夫）の家系だけでなく、子どもの母親（妻）の実家の先祖へも届きます。

先祖霊へ線香二本を先にする意味

最初に短冊の名字の先祖霊へ供養を捧げてから、最後に三本目でその他縁ある霊を供養するという区切りは、大事なことです。これは、供養者との縁を重視する順番になります。

短冊の名字の先祖霊に、三本目の縁あるその他の霊を供養する手助けをして頂くことになります。

三本目にはペットの供養も含まれます。

先祖は動物への供養もサポートをしてくれています。

最初の二本はイザナギ神とイザナミ神

初めの二本の男性先祖霊と女性先祖霊の意味は、厳密に説明しますと、無限の広がりを意味する二本なのです。

先祖供養は家系の先祖を通してさかのぼっていくと、人類の始祖にまでたどり着くわけですから、細かく個人を特定して思わなくて良いのです。

日本神話でも、イザナギ神とイザナミ神の夫婦の二神から、無限に広がる八百万《やおよろず》の神々が生まれています。

最初の二本は、究極には根源の神へ「生かされている」感謝の気持ちを捧げる意味があります。

三本目の線香はスサノオ、子ども、内在神を宿す人間を意味するとも言えます。

三本目の線香について

三本目の線香は、供養者に縁のあるすべての霊的存在に届きます。

家系の未成仏霊、家系の水子、妻の実家家系の先祖、亡くなった親類や知人の霊、生霊《いきりょう》、動物の霊、土地の霊、その他自分では気がついていない霊的存在が寄ります。

住んでいる土地の因縁や精霊から影響を受けている場合も、この三本目で意識しなくても知らずにマイナスの磁気が溶かされます（床供養については第六章を参照）。

供養する人が生まれてから知らないところでお世話になった、すでに故人となった方々にも、縁のあった動物にも届きます。

ただ、自分からあれこれ故人を思い浮かべて供養することは良くありません。供養は親族までが良いです。

ニュースで知った事件の被害者や場所を思い浮かべるなどは、もし怨霊化していれば来ます。甘くないです。

家系の水子を意識すること

三本目の線香を捧げる時には、家系の水子の霊を意識することが大切です。これは流産した水子だけでなく、乳児や幼児も含みます。

個人的に流産などの思い当たることがなくても、どの家系にも水子や、幼くして亡くなった子どもがいます。

そのような霊へも感謝をしますと応援されます。

たくさんの人々を視《み》ていまして、二十歳ぐらいまでの若い人に影響を及ぼしている霊体で一番多いのは、家系の霊線にいる水子と乳児の存在です。しかも、一番強く影響しているのは流産した水子ではなく、誕生してから亡くなった幼児の魂です。

この世に短期間でも肉体を現して、幼くして亡くなった場合は、供養により魂が安心成仏していましても、成長するための大きなエネルギーを授かっているのです。この残存するエネルギーが、家系の霊線の中に留《とど》まってしまいます。

子どものことで悩みを持つ人は、先祖供養の三本目の時に「家系の水子の霊の方々、生かして頂いて　ありがとう御座います」のように自分なりに思うことが良いです。

幼くして亡くなった子どもや水子の霊の残留磁気が、感謝の供養により昇華されますと、今まで強い影響を与えていた霊ほど、供養をする人を応援してくれるようになります。

迷える霊とマイナス磁気を昇華する

迷える霊は、「祟《たた》ってやろう」とか、「苦しめてやろう」などという意思を持っているのではありません。家系の霊線とはパイプのようなものです。家系の霊線にこのような成仏できていない残留霊体がありますと、パイプが詰まり、細くなります。そうなりますと、根源存在から霊線を通じて生きる子孫に流れて来る生命力エネルギーが、少ししか通らなくなります。未成仏霊による家系の霊線の詰まりが、子孫の健康・運勢・気力に悪い影響を及ぼすのです。
また、家系の先祖霊以外の縁ある迷える霊からも、供養者は知らずにマイナス磁気の影響を受けています。家系の霊線の詰まりも、その他の縁ある霊からのマイナス磁気も、正しく先祖供養をしていれば、昇華していくことができます。

線香の三本目には、供養する人に現在一番影響している生霊《いきりょう》も含まれます。人は仕事や日常で知らずに恨まれたり、妬《ねた》まれたりして、相手から生霊が来て霊障（霊による障《さわ》り）を受けている場合があります。

生霊は、相手が生きていますので、供養時に三本目で意識はしないで良いです。でも、もし相手からの生霊が実際に来れば、三本供養をすることで、意識しなくても自動的に対応されます。

個人名を特定しないで感謝をしていますと、供養者の慈悲の心に触れて、攻撃の念を持つ生霊は元の相手のところへ帰って行きます。怒りの念は、慈悲と感謝の思いには絶対に勝てません。

他家では線香は一本で良い

他人の家を訪れた時には、線香は三本ではなくて一本を捧げます。これは訪問した先の家が伊勢白山道式先祖供養をしている人でも同じです。来訪者はその家の短冊の名字の家系ではないからです。

なお、夫婦で妻の実家に同居している場合については一八五ページを参照してください。

「継続は力なり」と言いますが、継続できることが大事なことです。三本線香の意味については、一度にすべてを理解できなくても、供養を継続していきますと、自然と導かれて自分自身でわかるようになります。

感謝の思いを先祖へ向けることができれば、それで大丈夫です。

四、線香以外のお供え　食べ物や飲み物、花について

捧げた気持ちの分だけ届きます

線香の煙と香りが霊の欲しい物に変化しますから、食べ物などはなくても良いのですが、命日には故人の好物などを供えて良いです。ただし、肉は避けましょう。水や、心を込めて淹《い》れた湯気の出るお茶を、供えても良いです。供える時の気持ちが大事です。

仏壇や短冊に寄る霊体は、供養が必要な方々が多いです。喉《のど》の渇《かわ》きで苦しむ霊体は、与えられた水やお茶を飲もうと何度でも触ります。ところがあの世では、霊は「お供えをした生きる人間の捧げた気持ちに見合った分しか飲めない」という法則があります。気持ちを込めずに、ただ機械的に供えられたものは、届かないのです。

感謝の気持ちで捧げられたものは届きやすいという仕組みが、異なる次元の間には存在します。

供える容器は先祖供養専用に

先祖霊へ供える皿や茶碗は、同じ器を生きている人が使うと、使った人の体調にマイナスです。供える容器は別にしましょう。

アジアでは、お供えしたあとに燃えるものは燃やします。これは、燃やすことで先祖に届けるという意味もありますが、死者は「鬼」と考えて、生きている人間と厳格に区別しているとも考えられます。

お盆やたまに使ったお皿などは、普通に再使用しても問題はないです。またはお供えには紙皿を使い、使ったら捨てます。

食べ物について

食べ物は長時間置いたままにしないこと

食べ物は供えた時点で役割を果たしますので、長時間供えたままにする必要はありません。一時間を超えたものは、食べずに廃棄するのが理想です。ただ、線香に火が点いている間は、食べ物には触らずにそのままで良いです。

長く供えたままですと餓鬼霊《がきれい》が触り、霊的に変化しています。執着が強い霊体が寄った食べ物は傷《いた》むのが早いので、お腹をこわすかも知れません。そのまま捨てるほうが良いです。

供えた物を食べる場合は、供えて拝めばすぐに下げるか、線香が燃焼中でも十五分以内に下げたものなら、食べても良いです。

命日などの故人の区切りの日には、故人への感謝の思いが届きやすいので、好物を一品でも供えると良いです。ふだんは、線香の煙が故人の好物に変化することを思って、線香だけを供えれば良いです。

「おはぎ」について

お彼岸には、ご先祖様にお萩《はぎ》をお供えする風習があります。「おはぎ」とは、小豆《あずき》と餅《もち》米《ごめ》やうるち米、きなこや砂糖などの大事な収穫物の合算でできる和菓子です。

まさに秋の収穫祭を兼ねた、大自然の聖なる霊力のカタマリですから、ご先祖様への供物として最高に贅沢な和菓子です。

また小豆は古来、邪気を祓い、魔除けの効果があるとされています。あの色が、霊的には独特の力を持ちます。

小豆の色には、旧約聖書にある「過《す》ぎ越《こ》しの祭」として、門柱に子羊の血液を塗り、魔除けとした故事との共通点も感じます。血液の色は魔術的にも特殊な色であり、血液とは霊力の象徴なのです。

ご先祖様に「おはぎ」と熱いお茶は喜ばれますが、食べ物は、ひんぱんに供えることで餓鬼霊を呼ぶこともあります。やはりお彼岸やお盆、命日などの特別な日に供えるのが良いです。

「おはぎ」も他の食べ物と同様、一時間以上も供えた場合は廃棄が理想です。

飲み物について

供えた飲み物は捨てましょう

供養に捧げた飲み物を飲むことは厳禁です。水の分子は、霊的波動を溜《た》める性質があります。そのまま流して捨てましょう。

飲み物も、供養する人が捧げた気持ちの分しか飲めませんので、苦しむ霊体の「飲みたいのに飲めない」という執着の想いを受けた水には、霊的な負の波動を宿しやすいのです。

もし、水が感謝と共に供えられて、無事に苦しむ霊に届いたとしましても、迷える霊が霊的に食した水やお茶を、お下がりとして生きる人間が飲むことは、やはり霊的な垢《あか》があるので、良くありません。

コーヒーやジュースは、線香が点いている間はそのままでも良いですが、消えたら下げましょう。水やお茶は翌日交換するまで供えたままでも良いです。

供えた水は減ることがあります

執着が強くて、現実界に留《とど》まる霊体に捧げられたお水は、実際に量が減ることがあります。これは、その霊体の迷いと苦しみが大きくて、霊体の粒子が粗いために起こります。食べ物もこのような霊体が寄ると早く傷みます。

この世に近いために、現実的な影響をこの世へ及ぼすのです。

このような奇異がなくなるまで、供養を続ける必要があります。もちろんその霊体が成仏しても、たくさんの未成仏霊が待っていますから、供養に終わりはありません。

供える花について

お花を供える時も気持ちが大事

先祖に花を供える習慣は、先祖を思うがゆえの心遣《こころづか》いからです。先祖霊に届くのは、花を供えて喜んでもらいたいという思いやりの気持ちです。霊的には、お花を用意するためにお店に行った行動や、野原に花を取りに行った行動により発生した、空間に刻まれた霊的磁気の痕跡を、先祖へ供えることになります。

供養をサボっていると思われたくないので、嫌々買ってきた花を先祖へ捧げますと、先祖霊に届くのは美しい花ではなくて、「面倒だなあ」という思いです。花を買いに行く時の気持ちも、生き物である花に磁気として付くのです。

ただ、磁気ですので、途中で反省し、「面倒だなどと思って申し訳なかった。先祖を喜ばせたい」と思い直しますと、良い磁気に上書き修正することができます。

先祖供養の本質は、物を供えることではなくて「先祖に気持ちを向けること」なのです。

造花、トゲのある植物、真っ赤な花は避ける

線香があればなくても良いですが、花を供える場合は依り代の意味もありますので、理想は左右に一対《いっつい》(二つ)が良いです。仏壇の場合、中に入れるのではなくて下段に置きます。先祖に供える花は生花が良いです。造花ならば、飾らないほうが良いです。枯れるという暗示になり、縁起が悪いです。

好きな花で良いですが、色の理想は白です。真っ赤な花は避けるほうが良いです。トゲのある植物も先祖が寄れませんので、避けましょう。

また、彼岸花《ひがんばな》は、先祖へ供えることを避けるだけでなく、家に飾ることもよくありません。彼岸花を家に持ち込むと、子どもや家族が熱を出したりすることがあります。お墓の周りにも植えないほうが良いです。特に赤い色のものには地獄の存在が寄りますので、良くないです。彼岸花や庭の植木について、詳しく知りたい方は『伊勢白山道事典　第2巻』をご覧ください。

五、供養の時間と回数　同居する家族について

供養の回数と時間帯

線香供養は一日一回が良い

先祖が早く楽になるように、一日に何回もしたいというかたがいます。元々の習慣であれば、二回までは良いですが、それ以上したいという気持ちには、効果を期待する気持ちがあるものです。私は一日一回です。

先祖も子孫が日常の家事や勉強、仕事などをしないで、供養ばかりしていたら心配します。日常生活を頑張って、日常に先祖への感謝を思うことが良いです。

供養時間の理想は午前中

理想は午前中、できれば十時までが良いです。

先祖供養は、夕方の日没の前後一時間は、霊的に不安定な時間なので避けます。また深夜の十二時から午前四時までの間も避けるほうが良いです。これは無縁霊が活動する時間帯だからです。

第六章で解説する「床供養《ゆかくよう》」の場合は、時間はいつでも問題はないです。

旅行や出張、単身赴任の場合

旅行や出張中の場合

旅行や出張などに、短冊や線香器を持って行く必要はありません。ホテルや旅館では無縁霊も寄りますので厳禁です。

旅行中などは、太陽に向かって感謝をすれば良いです。

「生かして頂いて　ありがとう御座います」と「アマテラスオホミカミ　アマテラスオホミカミ（二回繰り返しのセット）」は、どこで唱えても良いです。

なお、神社では、二拝二拍手の後に「生かして頂いて　ありがとう御座います」だけを唱えてから、一拝して参拝を終えます。神祭りや神社参拝について詳しく知りたい方は、『伊勢白山道事典　第3巻』をお読みください。

どこにいても、太陽に向かって感謝をすることは、先祖霊だけでなく、太陽神と太陽に生かされている地球の生き物すべてへの感謝をすることになります。

単身赴任の場合

長期に単身赴任する場合は、単身赴任先で短冊などを用意して供養をすることは問題ありません。その間、留守宅の家族も供養をして良いです。

先祖供養は同じ先祖を何カ所で供養しても、同時であっても届きます。

家族と同居している場合

家族で先祖供養をする場合

例えば、家族三人で一緒に供養する場合は、一本目を子どもが、二本目を母親が、三本目を父親がすれば良いです。または、お子さんは手を合わせているだけでも良いです。座る位置は特に意識しないで、横並びに座って良いです。

家族で時間が違う場合は、先にした家族の線香が点いている間は、そのまま手を合わせて、感謝の言葉を捧げれば良いです。

もし時間がたって線香が消えている時は、もう一度線香を三本立てて供養します。その場合は一日の回数が何回になっても良いです。

家族が反対をする場合

家族とケンカをしてまで、伊勢白山道式先祖供養をするのはよくありません。親元で暮らしている間は、親の信仰に従いましょう。隠れてすれば、見つからないかとびくびくしている気持ちを先祖に届けることになります。

霊位の文字がある短冊や位牌は必須です。依り代なしで線香供養をしますと、先祖霊が留《とど》まるところがないために、供養している人の身体への影響を懸念します。依り代がない場合は、線香は使わずに「ご先祖の皆々《みなみな》さま、生かして頂いて　ありがとう御座います」と先祖への感謝を日常に思えば良いです。二十四時間、いつでも良いです。

湯気供養　線香が使えない場合の供養方法

家族が線香を嫌がる場合、それでも短冊や位牌を置くことができる場合は、「湯気供養《ゆげくよう》」をすると良いです。湯気供養の場合も、依り代となる短冊は必須です。

湯気供養のやり方は、先祖への感謝を思いながら熱い湯気が出るお茶を淹《い》れて、霊位文字のある短冊の前に置きます。湯気が線香の煙の代わりの働きをします。

湯呑みは一つでも良いですが、三つ用意して、線香供養と同じように三角形に置きますと、先祖とその他の縁ある霊への思いやりの形になります。

心を込めてお湯を沸かしお茶を淹れる、その気持ちが先祖霊に届きます。お茶の種類は何でも良いです。また、捧げたお茶は捨てます（水やお茶など供えた液体は必ず捨ててください）。

線香供養と同じように、「ご先祖の皆々さまがた、どうぞお召し上がりください」と唱えてお茶を供えてから、「生かして頂いて　ありがとう御座います」と複数回唱えます。

そのあとに任意ですが、太祝詞（フトノリト）である「アマテラスオホミカミ　アマテラスオホミカミ」を複数回唱えて、最後にもう一回「生かして頂いて　ありがとう御座います」と唱えます。

これらの言葉は声に出さないで、心の中で思うだけでも良いです。

ただ、湯気供養の霊界への効力は、線香を使う供養に比べますと三割ほどで、初期の段階の効果しかありません。それでも、できる供養をして、先祖へ感謝の気持ちを向けることは良いことです。

湯気供養や線香三本供養ができなくても、食事をする時に「いただきます」と先祖にも届くようにと思いながら食べることも良いです。

六、供養の仕組み　供養が霊に「届く」と、霊が供養に「寄る」の意味

先祖供養は個々の霊を意識しないで、先祖霊と縁ある霊全体に向けてしますので、どの霊が供養に寄っているのか、誰に供養が届いているのか、などと細かく気にする必要はありません。全体へ向けて供養をすれば良いです。依り代の意味を理解していただくために少し解説をしておきます。

供養が霊に「届く」とは？　霊界の安心した霊について

【届く】（線香の煙が→霊界の先祖と縁ある霊へ届きます）

供養者から、あちら側に届けることです。

最初の二本の線香は、亡くなった個人の霊を含む先祖全体に届きます。線香の煙は次元の壁を超えてあの世へ届きます（線香の煙については二〇九ページからを参照）。

成仏した先祖は供養の線香には寄りません。線香の煙を食べ物などに変えなくても、霊界では霊界の太陽から直接エネルギーを得ることができるからです（あの世の太陽については二八九ページからを参照）。

あの世で安心した先祖たちや縁ある霊は、普段は霊界におられます。線香の煙や供養者の感謝の思いが、この世の供養の場からあの世におられる無数の霊の元に届き、先祖全体と個人霊を同時に癒《いや》していきます。


あの世の安心した境地にある縁ある霊の方々が、この世にわざわざ来られるのは、お彼岸や命日などの「記念日」だけだという認識で良いです。ですから、普段はこの世から、あの世へ向けて供養を届ける感じです。

成仏した先祖霊は先祖供養の時には、供養が必要な未成仏霊が線香を受け取れるように、順番を采配《さいはい》して助けてくれています。

成仏した先祖は、子孫をいつも見守って守護する存在になっています。

供養に霊が「寄る」とは？　迷える霊について

【寄る】（個人霊が→三本目の線香へ寄ります）

供養に「寄る」とは、あの世から個人の霊体がこちら側にやって来て、供養の場に寄ることです。線香の三本目は亡くなった個人が対象であり、霊界に行けていない迷える先祖と縁者の霊が寄ります。迷える霊とは、この世とあの世の中間にある幽界に滞在している霊のことです。「彼岸」に渡ることができずにいる、浮かばれない霊のことです（彼岸についてはニ八七ページからを参照）。

供養を必要としている霊は、依り代霊位のある場所一メートル以内ぐらいの限定された供養台近辺に、一時的に滞在して煙による癒しと安心を得ます。線香を立てた瞬間に寄っていると思っても良いです。

依り代が必須という意味は、このような霊が「寄る」場所を提供するためです。依り代がないために周囲の人に影響することを避けます。

伊勢白山道式供養に寄る霊は、あくまでも供養者本人に「縁ある」霊の方々です。供養をしなくても、影響を受けているものです。

特に供養が必要な故人の霊から一人ずつ順番に寄ります。供養が進みますと、寄れる霊の数も常に変化していきます。三本目に一日に十人もの魂が寄る供養者もいます。

何人の霊が寄るかは個人差が大きいです。効率を心配しないで、一人でも助けたいという、いちずな気持ちが通じます。

霊は場所と時間を超えて寄ります

外国にいて供養をしても、日本の霊の方々も瞬時に寄ることができます。距離はまったく関係ないのが霊の世界です。

また、同じ時間に別の場所で同じ先祖名で兄弟が供養をしていても、同時に寄ることができます。次元が変われば、そうなります。

現実界は三次元ですが、幽界は四次元であり、次元が違いますので時間も場所も関係なく寄ることができるのです。

供養の場所に寄れない霊

供養が必要な迷える霊といいましても、地獄のような所にいる霊は寄りたくても寄ることができません。お盆には昔から「地獄の釜《かま》のフタが開く」といって、地獄の鬼も罪人の呵責《かしゃく》（責め苦しめること）を休むと言われますが、これは霊的に意味があります。普段は先祖供養の場に来られず、お盆の時にだけ赦《ゆる》されてこの世に来る霊がいます（お盆については三一二ページからを参照）。

ただ、供養の場まで来ましても、床を這《は》うことしかできない霊体は、供養台の高さに寄ることができません。伊勢白山道式先祖供養が一年継続できれば、「床供養」をすることで、これらの霊も直接、線香の煙と供養を受けることができます。

また、床供養ができなくても、通常の先祖供養の三本目の時に思うことで、地縛霊や自殺者の霊へも癒しにはなっていきます。床供養については後述します（第六章を参照）。

供養に「寄れない」多くの霊にも供養は「届き」ます

供養に実際に「寄る」霊体が誰であるかは、供養者からはわかりません。ある故人を思って三本目を捧げていても、依り代のその場に来ているのは、順番を待っていた別の故人かも知れません。それでも、もちろんその時に供養者が思った故人にも、煙に乗って感謝の思いは「届き」ます。

基本的に、供養に寄る霊の数に関わらず、三本の線香が無数の全体に届きます。例えて言えば、供養台の前の座布団には一人しか座ることができなくても、焚《た》かれている線香の煙は、座っている人だけではなく、家中の人が感じることができます。供養の場で発せられている煙の粒子は次元を越えて、人間の目に見える量以上に、大勢の霊的存在が供養を受け取ることができます。

つまり、供養の場に「寄る」霊だけでなく、そこに寄らない多くの霊にも供養は「届く」と考えて良いです。

供養者が思えば、その場に寄っていない故人にも供養は届いています。

七、個人霊ではなく全体へ

供養時には名字も個人名も言いません

○○家と名字を書いた短冊を用いますが、供養の時には名字を言わずに「ご先祖の皆々《みなみな》さまがた」と言って供養します。

名字を言わない理由は、先祖霊でも父方・母方の先祖霊となりますと、違う姓の先祖も含まれるからです。それらの知らない先祖霊へ対しても、命をつないでくれたことへ感謝をし、自分自身の精一杯の慈悲心をもって、思いやる心が大事です。

供養の時に個人名を呼ぶことも良くないです。理由は、個人の名前を呼んで特定しますと、供養がその個人だけに限定されてしまい、その他の供養が必要な人には届きにくくなるからです。

実際には自分の知らない浮かばれない霊が供養を待っていて、生きている供養者がその影響を受けていることが多いからです。

ですから名前を呼ばずに、霊の世界のことは霊の世界にお任せするのが良いのです。必要な方から順に供養が届いていきます。

個別の指定は親族までが良い

三本目の線香で、自分側の先祖よりも、遠い親戚や息子の結婚した嫁の親族など、あれこれと知る個人を思い、供養したがる人が多いです。それは霊界への影響を軽視して、安易に思っている証拠です。

自分の家族を放置して、他人の家庭を応援する感じになります。供養が必要な先祖たちは、何を思うでしょうか。

いつも見守ってくれている自分自身の先祖を一番に供養するべきです。そのほうが、結果としてその他の縁ある霊へも届きやすくなります。

とにかく、早く効果を上げようと急ぎ過ぎの供養に注意しましょう。

三本目は、縁ある故人全体へ捧げて、個別の指定は家族と、親しい親族だけに限定すること参考にしてください。

他人の因縁を受ける想定と覚悟がない場合は、親族以外の他人を指定することは止めましょう。

供養中に思い浮かぶ故人は、供養が必要な人です

供養の時に特定の故人が思い浮かぶ場合、思い浮かぶままに任せて大丈夫です。名前を呼ばなければ良いだけです。名前は供養の時ではなくて、普段の生活の中で思い、感謝想起をすれば故人に通じます。

その故人が成仏したかどうかが気になる間は、供養が必要な状態だと考えて間違いありません。供養が進み、故人が安心すると、思い浮かぶことも少なくなり消えて行きます。

家系の霊線に魂が留《とど》まっている間は、霊体の容姿《ようし》は生きていた時の姿が残っています。この生きていた時の姿は、いずれは消えるべきものであり、昇華（成仏して上の次元に行くこと）すると、やがては性別も超えて魂のみになります。

また、故人の魂が実際には成仏されていても、子孫の心に残る故人の霊が成仏していないことがあります。供養している人の心の中では、まだ昇華していないのです。理解しがたいかも知れませんが、ここに宇宙の秘密の片鱗《へんりん》（ほんのわずかな一端《いったん》）があります。すべての時間と空間は並行して存在しているのです。過去も過去の思いの磁気も同時に残存しています。

故人への感謝供養を続けていきますと、成仏している魂に対しては、故人が成仏したのだろうかと心配する気持ちも起こらなくなります。

代わりになぜか故人を思うと、良い思い出と安心感が浮かぶようになります。

未成仏霊を助けているのは安心した先祖霊です

未成仏霊が供養を受けられるように助けてくれているのは、あの世の安心した境地にいる先祖霊です。供養者が知らずに、迷える霊からの波動を受けていることがありましても、供養者に一番影響している霊から順に供養を受けられるように、采配して助けてくれています。

先祖供養を継続していますと、最初の二本の線香により、すでに成仏している先祖霊は、より自由に動けるようになります。その意味でも、助けてくれている先祖霊全体への感謝と礼儀を尽くすことが、大切なのです。亡くなった故人にも助けになります。

基本は、誰が供養に寄っているのか、誰にどのように供養が届いているのか、などは、供養者は意識しないで、とにかく霊のことは霊の世界にお任せが良いのです。

生きている人への線香は厳禁です

生きている家族や病気の知人のために、三本供養の場で名前を呼んで、線香を立てたら良いのではないか、と思うかたがおられます。これは縁起が悪いです。線香は死霊のためです。

生きている人へは線香を立てるのではなく、供養時以外の日常に、「○○を生かして頂いて　ありがとう御座います」と感謝を思うことが良いです。

困っている家族や、入院している知人がいたら、何よりも具体的にできることをして助けてあげましょう。

供養者は、あの世の霊には貴重な観音様

供養が届くかどうかもわからない中で、亡くなった方々を思って供養をするこの世の供養者とは、あの世の縁ある霊にとっては、信じられないほどの貴重なありがたい存在なのです。

供養される側（霊）からは、供養する人が誰なのかは見えています。家族が正しい供養をしていない故人は、遠い縁を頼ってでも来ます。苦しいからです。

あの世の未成仏霊にとって、供養者はあの世の霊が住む世界を良い世界へと引き上げてくれる、奇跡の存在になっています。

本人にはわかりませんが、まさに貴重な観音様となっているのです。

正しい供養をしていた人が死にますと、死後に自分でその供養の価値の大きさに驚きます。その恩恵を、供養した本人もあの世で受け取ることになります。自分が生きている間に先祖に「心を向けた」事実は、死後に必ず「心を向けて頂ける」ことになるのです。

ただ、このようなことを知っても、自分のためではなく、「先祖のための」「感謝の」供

養をすることが大切です。

自分は、はたして先祖のために供養をしているのかどうか、と心配する必要はありません。

供養を継続できていれば、それが答えです。

八、先祖供養の継続により起きる変化

生まれ変わりと家系の先祖とのつながり

先祖供養とは、私たちが生まれるにあたって、肉体を借りることができた今の家系の先祖へ感謝を捧げることです。

人間の魂が転生する時には、今と同じ家系に生まれるとは限りません。新しい家系を選んで生まれてくる時には、以前の家系の先祖との縁はリセットされます。前世での「善悪両方の」因縁を消化・昇華するために、私たちは自分にふさわしい家系の霊線を選んで生まれてきます。

「悪い因縁」があれば、それを昇華するためにマイナスの因縁がある家系に生まれます。

新しく借りた家系の霊線に留《とど》まる迷える先祖霊を、先祖供養で安心成仏させますと、自分の持っている悪い因縁の昇華も楽にできます。自分を縛っていた悪い因縁がなくなると、この現実界では夢が叶いやすくなります。

「善の因縁」の場合、例えば前世で自分のお金を多くの人のために使ったとしますと、このお金を得るべき「善の因縁」を昇華するために、次の人生では、なぜか苦労せずにお金が手に入る豊かな家系に生まれることになります。

この場合も、家系への感謝をすることが大切です。

先祖供養とは遺伝子へのケア

霊線について

先祖とこの世の人間をつなぐ霊線は、背中の左右の肩甲骨《けんこうこつ》の下から一本ずつ伸びています。その二本が頭上で合体して、一本の霊線となって空に伸びています。

背中右側の霊線は名乗っている名字の家系の霊線です。背中右側の霊線は交差して、左胸の心臓のあたりにある、肉体と霊体の霊的中枢《ちゅうすう》に結ばれています。魂と先祖（遺伝子DNAのつながり）の中枢とも言えます。

背中左側の霊線は産土神《うぶすながみ》（内在神）の霊線です。背中左側の霊線は交差して、右胸に在る内在神（自分の中の良心）に結ばれています。

霊線とはパイプのようなものです。背中右側の先祖につながる霊線は迷える霊があれば詰まってしまい、先祖からの霊流（エネルギーの流れ）を受けることが難しくなります。

生まれるべき魂がそこを通って来ることも難しくなります。

背中右側から外に伸びている先祖につながる霊線は、感謝の先祖供養で、きれいに掃除してパイプを太くすることができます。

背中左側の産土神とつながる霊線は、日常生活での感謝想起と氏神神社への参拝など、神さまへの感謝をすることできれいにすることができます。ただ先祖の迷える霊をほうっておいては、いくら神さまにつながろうとゴマすりの参拝をしても正神は相手にしません。

困っている先祖を助ける人には、正神は頼まれなくても寄って来ます。困る先祖霊を助ける一番の方法は、生きている私たちが先祖から肉体を借りることができたことへの感謝を捧げてあげることです。二つの霊線は頭上で一つになっていますから、あまりどちらと限定して思う必要はありません。

霊線内部のデコボコの影響

以下は医学的な見解ではなく、霊的な次元での話ですが、遺伝による病気には、家系の霊線による影響があると感じます。

生まれ出る魂が内在神に導かれて母体に宿る時に、この家系の霊線の内部を何度も行ったり来たりして、同調しようとします。この時に、霊線内部のデコボコで魂に印が付きます。同じ家系の霊線を通って生まれる魂は、同じ個所に印が付くのです。この印が家系に伝わる肉体の特徴、遺伝病、性格、嗜好《しこう》などの原型となり、魂に刻まれます。

印が付いた魂が発する霊的磁気の波動は、現実界の肉体の遺伝子に影響して、型に取られるように反映します。

名字が変わると霊線も変わる

私たちは、今も家系の霊線から流れてくる根源からのエネルギーを日々受けており、その霊的波動が肉体に反映しています。

先祖の霊線の中に霊的垢《あか》（穢《けが》れ）などのデコボコがありますと、霊流エネルギーにデコボコの傷がついて受け取ることになります。

結婚して異なった家系から来た、血のつながりがない妻は、異なった遺伝子情報を持っているはずです。それにも関わらず、夫婦はだんだんに顔つきが似てきたり、婚家の家系にある同じ病気が現れることがあります。

これは、結婚して名字が変わり同じ霊籍になり、同じデコボコがある霊線からの霊流を受けるようになるために起きる現象です。

産まれる魂は霊線を通って来る

妊娠をするということは、先祖の家系の霊線を利用して、誕生しようと望んでいる縁ある魂が降りてくることです。妊娠を望んでいる女性と先祖霊を結ぶ霊線が、先祖供養がされていなくて細くなっていますと、誕生したい魂も降りてくることができません。

妊娠するためには、先祖供養は霊線のケアとなり、赤子の魂が通りやすくなるので大事です。ただ、先祖霊には子孫の願いはわかっていますから、赤ちゃんを授かりたいとお願いをするのではなく、ただ感謝を捧げるのが良いのです。

また、先に述べたように、産土神への感謝の参拝も大事です。

妊娠について詳しく知りたいかたは、『伊勢白山道事典　第2巻』をお読みください。

先祖供養は霊線と霊的遺伝子のケア

人間の身体は、細胞が日々更新されていて、数ケ月ですべて新しく入れ替わります。感謝の先祖供養で、霊線の中にあるデコボコや詰まりをきれいに修復することができれば、家系の霊線の詰まりから現れる現象の病気の場合は、改善が起こることがあると感じます。

また、私は遺伝子は今の医学で言われるような二本ではなくて、霊的な三本目の遺伝子があると考えます。この遺伝子が肉体的な遺伝子二本に影響を与えています。三本線香は、この霊的な三本目の遺伝子を改善させると感じます。その結果として遺伝的な病気も改善する可能性があります。

これらは、あくまでも霊的な見地からの解説です。

先祖供養は、病気の治療などの効果を期待してするものではありません。「先祖のため」という思いで供養をしなければ、供養は届かないことを忘れないでください。

病気については、あくまでも医師の診断と指導、治療を優先させてください。

先祖霊が安心すると起きる変化

供養で問題が解決するわけではない

先祖供養をしているからといって、先祖霊が悩みをすべて解決してくれることを期待してはいけません。人生には、いろいろと問題は起こるものです。

人間は困難や不自由を体験して、その中で自分を試すために生まれて来ているからです。起きている問題を解決するのは、今生きている、自分自身です。

例えばお金が欲しければ、先祖にお金持ちになれますようにと頼むのではなくて、一生懸命に努力して働けば良いのです。

人間には無限の可能性があります。自分の願いがあれば、それに向かって努力をすれば良いだけです。

供養者の心の安定感が増します

線香による癒しと、執着を解く効果、祓《はら》いの作用により、先祖の霊線の中に留《とど》まっている迷える先祖霊が、一人また一人と成仏していき、マイナスの磁気も祓われると、霊線がきれいになっていきます。霊線が太くきれいになると、子孫は根源からのエネルギーを受けやすくなります。

このようになると、子孫は先祖の安心した波動を受けて心が安定し、現実界の苦労にも明るく対処できるようになります。正しく通じる先祖供養の実践により安心した先祖霊を増やしますと、その反映を受けて自分の心の安定感が増していきます。

自身の心が不安定ですとすべてが辛《つら》くなり、楽しいはずのことも心から楽しめなくなります。心が不安定ですと胃腸の活動も弱り、不健康になっていきます。何をしてもダメな悪循環になります。

逆に、自分の心が安定してさえいれば、困難に遭《あ》っても正しい判断ができて成功しやすくなります。問題にも前向きに対応して努力していくことができます。

安心した先祖霊による子孫へのサポート

大変に厳しい人生を経験されているにも関わらず、いつも楽しそうに目が笑っている人がおられます。

そのような人を観ますと、必ず先祖霊がそばにいます。だいたいが、二代から五代ぐらい前までの、安心されている先祖の方々が見ています。

安心した先祖霊がそばにいますと、辛い状況でも私たちの精神も安定して、すべてを楽しんで人生を生きることができるようになります。

さらには、実際に現実界の問題が改善することもあります。先祖霊が陰で応援してくれるからです。ただし、そういう良い効果を期待してはいけません。先祖供養はあくまでも先祖への思いやりと感謝の気持ちだけですることです。

「先祖のための」供養をするために「効果を期待しないように」と書きましたが、実は安心成仏した先祖霊は、子孫への手助けをすることも許されています。先祖供養で安心した先祖霊は、新たな旅に出るために家系の霊線を離れるまでは、生きている子孫を我が子のように支えてくれますので、現実生活にも実際に良い変化が起きてきます。

先祖霊は、神さまよりも現実界に近い次元にいるので、現実的な助けをすることができます。人生経験も近い年代なので、時代に合ったサポートができます。

神さまは個人をエコヒイキしません

「人間である先祖に感謝するよりも、神さまのほうがもっとパワーがあって、すごいご利《り》益《やく》があるのでは？」などと思うのは間違いです。

神さまは、依《え》怙《こ》贔《ひい》屓《き》をして個人の利益のために何かをすることはありません。高度な次元の神霊ほど、現実界とは波長が合わず干渉できません。

また十年前に去った魂と、古い数千年前に生きた魂を比べれば、今の現実世界に合ったサポートができるのは、十年前に去った先祖の安心した境涯にいる魂です。子孫の日常生活のすべてを見ています。

迷える先祖霊のことは放置して知らんぷりで、良いことがありそうだと神さまにお願いをするような人間を、神さまは助けることはありません。

親と先祖霊を助けた人は、先祖に助けられます

苦しんでいた先祖霊は、感謝の先祖供養により楽になりますと、供養をしてくれた子孫を懸命に守って恩返しをしようとします。

日々の供養を続けていくにつれて、十人、百人と先祖霊が安心していき、供養をしている人を守護する霊団になります。これは霊能者や新興宗教教団などとは違い、駆け引きや交換条件で、あとから何かを取るなどということのない、正しい守護です。

神さまは苦しい現実界を生きる人間に、親と先祖霊を助けた人は、自然に助けられる法則を造ったのです。

守護霊とは先祖霊全体です

自分の守護霊は誰かと知りたがる人がいます。守護している存在を聞いて、その一人の故人だけを特定した供養をしようとすることは間違いです。

守護霊を特定したがると、他の先祖霊の守護が受けられなくなるので、逆にマイナスに

なります。

今日の行動次第で、守護霊も守護神もどんどん変わるからです。ずっと守護を受けられるという永久免許などはありません。今日の自分の生活が決めて行きます。

ですから、生活努力と先祖への感謝を普段の日常生活の中でしていけば大丈夫です。先祖への感謝磁気を貯めることが、物事を改善させる力となります。家系の水子にも感謝をしましょう。応援されます。

先祖供養をすれば、その時に適切な先祖霊が担当して守護霊になります。つまり先祖霊全体が守護霊です。ですから、先祖全体に感謝する人には、加護が強い人が見られます。

素直な心と才能の開花

霊線がきれいになるにつれて心は素直になり、肉体の新陳代謝《しんちんたいしゃ》が良くなり若返ります。子どもは明るく健康で、勉強に集中できるようになります。

また、霊線がきれいになると根源存在からの息吹が、霊的なエネルギーの流れとして流れやすくなり、いろいろな才能が開花します。

優れた芸術家は霊線がきれいな人が大半です。根源のエネルギーを自然に感じています。その芸術を見聞きする人も、霊線がきれいな人は、同じように根源存在に触れている人の話や作品には理屈抜きに好感が持てます。

霊線が詰まっていると、本物に触れていてもわからないのです。どうでも良い細部にとらわれて、本物とわからずに離れることになります。

これは伊勢白山道の本に触れた時に、どう感じるかでも同じことが言えます。

供養についての質問

供養が先祖に届いているかが気になる

Q 私がする先祖供養は、ちゃんとご先祖さまに届いていますか？

A 先祖供養が続けられているということは、先祖に届いているということです。継続できていることが答えです。そうでなければ、人は必ず止めることになります。

また、「届いているかどうか分からないけれど供養する」ということにこそ、意味があります。

必ず届くと分かっていてするのならば、「何日働いたら給料がいくらもらえる」というように、仕事と報酬のような関係になってしまいます。思いやりの気持ちで、届くかどうか分からないけれど感謝を捧げることに価値があります。

届いているかどうかが気になって聞く間は、「供養をしてあげた」「何か良い効果はあるかな？」と、自分への利益を期待する気持ちがあるものです。見返りの期待をしている、自分のための供養になっているのです。

届いたかどうかと心配しないで、たんたんと先祖のための供養を続けましょう。

期待しない、与える一方の感謝の先祖供養に価値があります。

供養時に過去のトラブルの相手を思い出す時

Q 先祖供養を始めたら、供養時に過去に自分が大変迷惑をかけた人のことを思い出しました。相手の方へ謝罪を思えば良いですか？　謝罪をして、二、三日すると、また別の人のことをなぜか思い出します。

A 亡くなった方の場合はそれで良いです。謝罪と感謝を思うことが良いです。

生きている人の場合は、供養時ではなくて、日常の思い出した時に謝罪と感謝を思うのが良いです。思い出すたびに、「○○さんを生かして頂いて　ありがとう御座います」と唱えます。相手にも無意識下で伝わります。

供養をすると、順番に昇華するべきことを思い出します。この経過をたどらないと、自分の垢として残ってしまいます。こうして昇華できることが大切なのです。

線香供養をすると、逆に自分に対して嫌なことをした人のことや、意地悪されて辛かったことを思い出す方もいるでしょう。これも同じように、昇華する時に起きる自然な流れです。

辛かったことを無理に忘れるだけでは、心の中に閉じ込めてしまい、昇華できないのです。嫌なことは自然に思い出すに任せておけば良いです。

継続しているが、何の不思議も変化も感じられない

Q「継続が答え」とおっしゃられ、私はほぼ毎日供養をしておりますが、何もそれらしい不思議なことも感じられません。生活に特に変化もありません。


A何も感じられなくても継続されているなら、それは良いことです。先祖供養が継続していることは、先祖のための供養なのか自分のための供養なのか、を判断する一つの基準です。

ただ、もしも奇異や手応えを感じることを期待しているなら、それは誰のために供養し

ているのか？　自分のための供養になっているのではないか？　ということが言えます。

また、長く供養を継続していても、自分が良くなりたいために神祭りや先祖供養をしているると、そのワレヨシの欲心が神仏に通じる気を妨害します。神仏に通じなくしているのは、「自分のために」神祭りや先祖供養をするからです。

これでは十年も神祭りや先祖供養をしても、「何も自分が良くならない」と文句が出ることになります。

先祖に対してや供養に関して不満や文句が出るか否かで、間違った心掛けで神祭りや先祖供養をしていたかどうかが分かります。

こういう人は、やることと為すことが裏目に出やすい心境の人です。効果を期待すれば、それは先祖のための供養ではなくて、自分のための供養になるので注意してください。

とにかく、「先祖のために」する先祖供養が大事です。十年継続しても、先祖に感謝の思いしか思わない人は、それは正しい先祖供養であり、素晴らしいです。

先祖のために供養をして行くと、実践が自分に教え、先行きを導きます。慌てないことです。

死後に自分を供養してくれる人がいない場合

Q 生涯独身だったり、結婚しても子どもに恵まれなかったりした場合は、自分の死後に供養してくれる人がいません。その人の死後の供養はどうなるのでしょうか？

A 先祖供養をしていても、家に跡継ぎがいなくて絶家《ぜっけ》になる場合はあります。供養してくれる親族がいない方はなおのこと、生きている今、先祖供養をしたほうが良いです。生きている間に先祖を慰める行為をした人は、死後に必ず導かれて成仏しやすくなるので心配はいりません。自分がしたことは必ず自分に返ってきます。現実界で供養を実践することが大事です。

また、先祖供養は霊線をさかのぼれば、全人類に縁ができます。人類が生きる限り、絶家になった人への供養も、他の人からの供養で届きますから大丈夫です。

家系の先祖供養を継続してさかのぼって行けば、やがてはすべての人類を癒すことになります。だからこそ先祖供養は、人類のために必要なのです。

間違った方法でしてきた供養はムダだった？

Ｑ母は父が亡くなってから長年、線香を折って立てずに寝かせて供養しています。先祖の位牌もなかった場合、まったく供養は届かなかったのでしょうか？　霊位短冊は最近私が置きました。せめて今までの朝晩に水やお花を捧げる行為だけでも、先祖と父に届いていると思いたいです。

Ａ読者の母親がおこなう供養の気持ちは、届いています。一番大事なことは、亡くなった人と先祖霊の存在を忘れない気持ちです。故人と先祖霊を思うがための行為ですから、供養をしていないご家庭と比較しますと、十分に良いことをされています。

ただ、これでは死者への供養で終わります。死者だけではなく、現実界に生きている私たち自身を向上させるほどの実践力を呼ぶことはできません。

伊勢白山道式供養のめざすところ

伊勢白山道式の先祖供養の方法は、先祖霊の依り代となる霊位短冊を用いて、

＊供養の時は悩みがあっても我慢して、感謝の気持ちだけを捧げ、先祖霊や亡くなった家族にも願いごとをしません。

＊先に二本あとから一本の、合わせて三本を、それぞれ供養先を意識して、横に寝かせず立てて供養をします。

＊神界、霊界、冥界すべてに通じる神霊から降ろされた言霊である、「生かして頂いてありがとう御座います」を唱えます。

ただ、これだけです。

でも、この中に霊的なエッセンスが凝縮されているのです。

伊勢白山道で先祖供養を重視するのは、縁のある迷える諸霊を癒《いや》し、安心させることと、毎日の供養という他者へ与える行為により、自分の中に思いやりの心を育てることにあります。これにより、自身の内在神を前面に出すことが可能になっていきます。

迷える先祖霊を抱えたままでは、神霊と通じることはできません。自分に関わる迷える諸霊が安心するにつれて、内在神が徐々に発露して来ます。前面にやっと出て来ることができるのです。

そうなると、人は神霊の依《よ》り代《しろ》と成ります。生きて歩き回る依り代です。カンナガラ（神と共に）の人間です。

日本の国土に、カンナガラ状態の人間が沢山居ればその人間たちが思うことは、現実界へ転写されます。世界を助けることができます。

すでに、地球舞台は動き出しましたから、とにかく早く日本から、人類を癒し、地球と神霊への感謝を捧げ、内在神と一体になる方法を発信しなければ生けません。

この章のまとめ▼感謝の先祖供養をする人は観音様

あの世へ届く供養とは、
＊お願いではなく、感謝だけを捧げること。
＊特定の個人ではなく、先祖霊全体への感謝を捧げること。
これが大事なポイントです。

あの世があるのかどうか、先祖へ届くかどうかもわからない状態ですることにこそ、その人の本心が出ます。それを神さまから試されています。

確証もなく、霊など見えない状態でも、それでも先祖への感謝の供養をするということは、素晴らしい善行です。あの世でも来生でも使える大きな善徳貯金となります。

あの世の迷える霊にとっては、供養をする人は、信じられないほどの貴重なありがたい存在です。

忘れ去られた存在を供養する行為は、供養者自身の「思いやりの心」を呼び覚まし、それは知らずに供養者を観世音菩薩へと、供養の瞬間だけでも化身させていると感じます。

先祖に見返りを期待しない、愛情の一方通行からの供養が継続できる人は、実は、その人自身が愛情深い観音様となっていた。

このことに、死後に気づかれることでしょう。

誰もが、自分自身を観世音菩薩へと仕上げるために、この世に来ていると言えます。

未来にはきっと、この世界で観音様ばかりが遊んでいる時代が来ると感じます。

自分の生活の中で、「思いやり力」を意識して頂ければ幸いです。

第四章

死後の世界について

臨終と四十九日間の「バルドォ」

「先祖のお迎え」について

人が亡くなる時に、ご先祖さまがお迎えに来られるというのは本当です。

人が生まれてくる時には、魂は先祖の霊線を通って来て、一番身近にいる先祖である母親から生まれますが、同様に、死ぬ時にも先祖霊に導かれてあの世へと旅立つのです。

先祖霊のお迎えを受けた人の死に顔は、安らかな顔をしているものです。たとえ事故などで悲惨な死に方をしても、一瞬の間に救われて安心した死に顔になります。

人が死ぬ瞬間に、先祖霊は光の球体となって、亡くなる人の意識の中にリアルに現れます。

この発光体が、知っている先祖の一人に見える人、会ったことはない人なのに先祖だと明らかにわかる人、発光体のままに見えて人の姿には見えない人など、人によっていろいろな場合があるようです。

先祖供養をして、たくさんの先祖霊を癒《いや》した人が死ぬ時には、大勢の先祖霊が集団でお迎えに来ます。ですから、仏教の阿弥陀如来《あみだにょらい》のお迎えの絵図も、決して嘘《うそ》ではありません。ただ、先祖霊は仏さまのようなお姿ではないのです。先祖霊の姿は通常、光の固まりか、形があったとしても先祖の生前の姿で現れます。これは人類共通のことです。集団で先祖霊がお迎えに来た時の金色の光は、とても明るく眩《まぶ》しいものです。この光に包まれると、亡くなる人は大安心《だいあんしん》の心境になり、何も恐怖を感じません。肉体から魂が離れる時も、痛みもなくスムーズに離れることができます。

なお、通常は内在神が、肉体から離れた魂を霊界へ連れて行き、その後に内在神はその人の魂と離れて、神界へ帰ることになっています。しかし、大勢の先祖霊のお迎えを受ける人の場合は、先祖霊が、内在神の代わりに亡くなった人の魂を霊界へ連れて行くことができるのです。

生前に徳が少なく、先祖供養もしていなかった人の場合は、自由に動ける先祖霊が少ない可能性があります。少ない先祖霊のお迎えでは光の量が少なく、肉体から魂が離れる時に痛みを感じるかも知れません。

お迎えを認識できないと、この世に留まることになる

普通の人生を送っていれば、特定の宗教を信仰していなくても、必ず先祖霊が一名は迎えに来るものです。

問題は、生きていた時の悪行のせいで、先祖霊のお迎えが来ても先祖の光を認識できない場合です。この場合は魂が肉体から無理に離れるために、死んだ時の苦痛がそのまま残ります。また、あの世の行き先がわからないので、死後もこの世で縁のあった場所に留《とど》まることになってしまいます。

死後にこの世に留まった魂は、最初は自分の意志で霊体のまま好きな場所に行けますが、時間が経つにつれ、だんだん移動ができなくなります。やがて一年も経つと、限定された場所に縛られた状態になります。

このようになった魂は、生きている人に憑依《ひょうい》するしか移動する方法がなくなり、この世でさまようことになります。

バルドゥ期間に起きていること

亡くなった人がこの世に留まる四十九日間とは、あの世の行き先の次元を自分自身で決める、死者にとって特別な期間です。チベット密教では「バルドゥ」(中間の状態)と呼ばれるこの期間は、世界共通の期間であり、一回の人生で一度だけの神聖な時間です。

バルドゥ期間には、故人は現実界と霊界が重なる空間にいます。人は死後に、肉体と同じ形の「霊体」となります。しかし、霊体となったばかりの時には、生きていた時の苦痛などの感覚が残っています。これをバルドゥ期間に消し去り、霊体による移動の方法を学ぶのです。

日数が経つにつれて、霊体から肉体の感覚が消えて意識が明瞭《めいりょう》になり、故人の魂は、人生で感じた喜びや悲しみを、今の私たちの十倍ぐらいの強さで感じるようになります。

この世に留まると地縛霊になる

四十九日を過ぎても現実界に留まりますと、一年間は好きな場所へ自由に移動できますが、だんだん重りを付けられたように霊体が動きにくくなり、最後は特定の場所から動くことができない地縛霊《じばくれい》となってしまいます。

このような霊体が家系の中にいますと、家系の霊線の障害物となり、子孫や縁者の現実の世界にマイナスの影響が出てきます。このような霊線の子孫には、病気・不運・心の不安定がつきまとうようになります。これらの迷いの世界にいる霊を癒すには、やはり感謝の先祖供養の三本線香がもっとも効果があります。

死後の行き先を決めるのは自分自身です

死後の行き先は「閻魔《えんま》さまが決める」などと言われますが、このバルドォの期間に、人は自分の人生を鮮明に思い出します。生きている時にした良いことも悪いことも、自分自身の良心（内在神）がすべてを見て知っていますから、ごまかすことはできません。

そして、自分が他人に与えた「苦しみ」を、自分自身が感じ始めます。生前に、知らずに他人を苦しめた行為に関しては、罪の意識も軽く済みますが、知っていて他人に害を与えた行為については、罪の意識がより強く拡大されて感じます。

また、他人に与えた「喜びや感謝の気持ち」も、同じように拡大されて、死後の自分の意識に強く感じられるようになります。

この他人に与えた「苦しみの思い」と「喜びの思い」が相殺《そうさい》（差し引き）されて残った思いの善悪の度合いにより、人は自分にふさわしい死後の行き先を自《みずか》ら選ぶのです。自分が悪いことをしたと思った人は、自ら地獄へ行くことを選択します。その逆に、嬉々とした世界を堂々と自分で選択できる人もいます。

過ぎ去った人生を回想した魂は、自分の良心に恥じない生活をすることが、人生での守るべき最大事だったことを、死後に思い知ることになります。

そして、自らの良心に従い、霊界か地獄へと引き寄せられるように進んで行きます。

あの世へ帰れない魂

内在神《ないざいしん》（自分が持つ神性＝良心）を大事にしない生き方をしていますと、肉体をなくした時に、魂は内在神と共にあの世に帰ることができません。内在神が痩《や》せてしまって力がないので、亡くなった人の魂を霊界（彼岸）へ連れて行くことができないのです。

また、この世に心配や執着を持っていると、内在神と共に霊界に帰らないで、この世界から離れることを自《みずか》ら拒否して、この世に残ることがあります。

自殺者も同じように内在神が離れるため、自ら選んで地縛霊となります。

生きている時に一緒だった内在神が魂から離れて、内在神だけが先にあの世に帰ってしまいますと、魂は「もぬけの殻《から》」のようになってしまいます。その姿は生前の肉体に似た霊体として観えますが、放心状態で目の焦点が一点だけを見ている感じです。

供養が届いて「成仏する」とは？

生きている人からの感謝の思いが供養として届きますと、魂は自らが持っていた迷いと執着から離れることができるようになります。また、この供養は先に行った内在神にも届いて、内在神を太らせ、力づけることになります。

内在神が元気を取り戻すと、この世に留まっている未成仏霊を迎えに戻って来ます。未成仏霊は、その迷える霊体を内在神の力で引き上げてもらうことで、霊界（彼岸）に帰ることができるようになります。これが成仏するということです。

迷える霊が無事に霊界に帰りますと、内在神は神界に帰り、親神に帰神《きしん》（親神の元に帰り一つになること）します。

内在神とは、生きている間だけ一緒にいてくださる根源神の分神です。この世に存在するすべてのもの、万物の中で、一番高位な存在です。

内在神と共にいることができるのは、この世だけの貴重な時間です。

あの世の様子

あの世は、似たもの同士が集まる世界

バルドォ期間を過ぎると、亡くなった故人の魂は、自分と同じ心境を持つ魂が集まる次元へと引かれて行きます。

あの世は完全に似たもの同士が集まる世界です。そこでは国境も人種も性別も関係ありません。これは差別ではないのです。

例えば、掃除が嫌いな人だけが住む町。殺人者だけが住む町。他人をイジメたり陰口を言う人だけが住む町。一方で、掃除好きな人だけが住む町。他人を助けることに喜びを感じる人だけが住む町があったとします。それらの町を第三者が眺めますと、どのように見えるでしょうか？

天国も地獄も、その違いは、そこに住む魂による違いなのです。

地獄とは

地獄の中にもいろいろな世界があります。

あの世は、この世にはある「時間」が経つことによる「変化」が起こらない世界ですから、地獄は本当に「無限の」地獄です。

この世で自分が犯した罪を、あの世では逆転して自分が被害者の立場となって、無限に繰り返して体験します。

また、昔はめったになかったことですが、近年は遺体をバラバラに切断する殺人事件が多く見られるようになりました。このような事件で遺体を損壊した犯人をテレビで観ますと、共通して、地獄のある階層の存在が、深く憑依して関与していることがわかります。

このバラバラ殺人を人にさせる霊的存在がいる世界とは、本当の地獄です。そこでは互いに殺し合い、相手をバラバラにしています。身体を切り刻まれたほうは、直《じき》に再生して、また互いに殺し合う同じ行為を永遠に繰り返しています。

今の時代は、現実界に神界から地獄界までの様々な次元の霊的存在が移動して、この現実界の人間に憑依しています。

憑依するには、その存在と人間の霊体の振動数が、互いに引き合い同調する必要があります。つまり、同じ波長の者同士しか合体できません。

生きる人間が「依り代」となり、似た者同士が合体するのです。その結果として、地獄の霊的存在の影響を受けた人間は、この世でも地獄界でおこなわれるような行動を起こすことになります。

天国とは

では、地獄と対極にある天国とは、どんな世界なのでしょうか?

あの世の良い霊界は、良い香りがするものです。神界は高貴な香りに満ちています。

逆に魔界などは、ドブの臭いや腐敗臭がします。

あの世とは似たもの同士が集まる世界ですから、天国とは、感謝の思いを抱いて、良い心境で亡くなった魂が集まるところです。

この世でどんなに苦しい環境に居ても、その中でニコニコと楽しんで自分なりの感謝を置いて生きた人は、人生の勝利者と言えます。

そして、そのような良い心境で魂があの世へと渡って逝《い》きますと、同じような心境の仲間の魂ばかりがいる世界へと進むことになります。この世でいつも努力をして行動する自分でいれば、同じように前向きに、進歩・向上したい魂ばかりがいる世界に進むことになります。それこそが、自分にとって本当に楽しい極楽の世界であり、天国なのです。

ちなみに、あの世からの故人のコンタクトが非常に少ない理由の一つは、故人がいる霊界が良い世界で、故人が死後の世界を楽しんでいることにあります。「自殺者以外は」死後の世界が楽しいので、わざわざこの世へのコンタクトをとらない、という実態もあるのです。

ただし、直接的なコンタクトがなくても、良い世界にいる先祖は、この世の同じ霊線で結ばれた家族たち（子孫）への見えないサポートは、常にしてくれています。

「三途《さんず》の川」と「彼岸《ひがん》」について

臨死を体験した人には、死にかけていた時に「流れる川」を見たという人が、東洋でも西洋でも、文化や宗教、民族を問わずに多くあります。

仏典では、この世とあの世の間に流れる川は「三途《さんず》の川」と呼ばれ、それは因果の川と考えられています。この因果の川を渡りきってたどり着く「向こう岸」が「彼岸《ひがん》」であり、成仏した霊が行く理想の境地とされています。

同様に、西洋では、古代ギリシャ人は黄泉《よみ》の国《くに》にある川のことを「レテ（忘却）の川」と呼び、死後に故人がその川を渡ることで現生の記憶を忘れる、と考えていました。


こうした境界としての「川」は、本当にあります。そして、川を渡ることは死んだ魂が肉体から離れてあの世へ行くことを意味します。

ただ、「彼岸」とは死ねば誰でも行かれる世界と思われがちですが、真実は違うのです。

実際には、肉体を離れた魂の中には、向こう岸の「彼岸」に渡りたいと思いながら渡れずに、三途の川のこちら側の岸にある「賽ノ河原《さいのかわら》」という迷いの世界に留まっている魂が多いのです。これは供養が必要な魂です。

供養が届いて「成仏する」とは、すなわち「彼岸に渡ること」です。長く伝わる俗信には霊的真相が反映されています。

「賽ノ河原《さいのかわら》」について

賽ノ河原《さいのかわら》では、死者が石を積み上げて塔を作ろうとしますが、積み上げると鬼が来て塔を壊してしまうという民間の俗信があります。

これは、成仏できない死者の魂が、自分の過去の後悔の思いを、河原で何度も繰り返して積み上げることを意味しています。

自分の「思い」が、「重い」石（いし＝意志）という比喩《ひゆ》で表されているのです。

「彼岸（ひがん）」という言葉は、このような成仏できない霊が思う向こう岸に渡りたいという切なる願い、「悲願（ひがん）」と同じ響きで、意味も重なります。

あの世の太陽について

あの世にも太陽はあります。あの世のどの次元の世界にも、太陽は一定の場所に常駐《じょうちゅう》しています。霊界では、魂は太陽から直接にエネルギーを受け取ることができます。

実は人間は睡眠中に、あの世の幽界や霊界に霊体が行き、そこの世界の太陽から霊光を浴びて、疲れを癒《いや》しているのです。

ただ、あの世には、この世にあるような日の出と日没はありません。あの世には時間が無いのです。この世には昼と夜があること、これがこの世における時間の存在を意識させる、または錯覚させる、大きな原因かも知れません。

あの世を意味する「黄泉《よみ》の国《くに》」という言葉には「黄」の文字があります。多くの魂が行く幽界は、本当に黄色い世界だと感じます。黄昏（たそがれ＝夕方）時の日が陰《かげ》った黄色い感じです。

下の次元ほど太陽の光は暗く、一番下の世界では太陽がない、まったくの闇の世界もあります。地獄では太陽は見えません。

上位の世界ほど太陽は明るく輝き、そこは自由で喜びと感謝にあふれた世界です。

死ぬ時の心の状態は重要

インドで聖職者として活動をしていた故マザー・テレサは、道端に倒れて死にかかっている人を連れて来ては、介護して最期《さいご》を看取《みと》っていました。この行為は、霊的に見ても大変に素晴らしいことです。

人間にとって、人生の最期の心境はとても大事です。それまでがどんなに悲惨な人生だったとしましても、人生の最後の最期に、他人からの愛情に包まれて逝《い》くことができたならば、それまでの人生も祝福に変わります。

マザーの手を握って亡くなる人の瞳《ひとみ》には、マザーへの感謝の磁気があふれています。感謝の磁気を発しながらこの世を去る人は、感謝にあふれた世界へ引き寄せられていったことでしょう。

看取る人がなく、たとえ一人で死に際を迎えたとしても、「よく生きた。これで十分だ」と自分で本心から満足できれば最高です。問題はありません。

人間にとって、死ぬ時の五十日前から、死ぬ直前までの心の状態は、霊的にとても重要です。ある意味では、死ぬ前の五十日間を安らかな心で過ごせるようになるために、長い人生を経験していると言えるかも知れません。

あの世では固定される

あの世には、神界から地獄界までの次元世界があります。人間の魂が行く霊界・幽界・地獄界の中には、さらに種類の違う次元の世界が存在します。

重要なことは、死ぬ「直前」の心の状態です。人間は死ぬ時の意識に魂が固定化されます。人がこの世を去ると、魂はあの世の次元世界の中の一つに行き、その行った先の次元の中での移動は自由なのですが、他の次元には自由に行くことができません。これは個々の霊体の振動数の違いにより、いるべき場所が完璧《かんぺき》に決まっていくのです。

死後は時間が消えて、まったく成長も変化もない世界となります。

上の世界の次元にいる魂は、自分より下の次元に行くことは自由にできますが、下の次元にいる魂が自分より上位の次元に行くことはできません。

あの世で住む次元から、より上位の次元に行くためには、この現実界に生まれ出て、この世での人生を頑張ってやり直し、出直すしか方法はないのです。ですから、あの世にいる魂は、「どんなに辛い人生でも良いので、もう一度チャレンジさせてください」と、神さまに懇願《こんがん》して生まれてくるのです。人は皆、こうしてこの世に生まれてきたのです。

死後に良い世界に行くには？

死後の行先は、この世での生き方により固まっていきます。ですから、今から自分の生き方を、自分が行きたいと思う世界にふさわしい生き方にすれば良いのです。死後に良い環境に生まれることは確実に可能です。誰でもできます。今生きている最中にそのような原因（因果）を創っておけば良いのです。

清潔な環境に生まれたければ、今の自分の生活を清潔にすることです。そして、自分以外の他人を清潔にする手助けをすることです。

例えば、公共の場所を掃除することも、自分の良い因果となります。

過去の悪行には謝罪と善行で上書きを

最期の時には、自分の生き方のすべてが心に反映してきます。誰も自分の心に嘘はつけません。誰にも知られていなくても、後ろめたいことがあると、やはり後悔と懺悔《ざんげ》の思いが湧いてきます。

もし、悔やまれる過去があるならば、普段の思い出した時に、自分なりの謝罪の気持ちの磁気を置いて、嫌な過去の代わりに、何か自分にできる善行で上書きをすることが大事です。

このようにしていますと、人生の最期の時にも、自分のできることはしたという「潔さ《いさぎよ》」が出てきます。安心の境地になれるのです。

これは本当の自分＝真我＝内在神に自分のおこないを認められる、許されるということです。これは人が生まれて来た目的とも言えます。

今の行動が、死後の行先と来生を創造中

＊自分の良心（内在神）に恥じない生き方をしていること。
＊自分の仕事や生活、勉強へ日々継続して努力をしていること。
＊すべてのことに感謝をすること。先祖と神仏に手を合わせる気持ちがあること。

これらを実行できれば、絶対に大丈夫です。死後には楽しくて良い環境に行くことができます。

普段から「生かされている」ということを意識して、自分ができることを頑張って、現状への感謝を思いながら日々を過ごしていますと、感謝の磁気が自分に蓄積されていきます。

それまでの人生にどんな紆余曲折《うよきょくせつ》の失敗や辛い経験がありましても、いよいよ最期の死ぬ間際に、今までの感謝想起の磁気の蓄積により脳内麻薬が自然に出てくるために、肉体的苦痛は癒され、楽に死を迎えることができます。心は感謝に満たされた状態になります。

この状態で死にますと、「同類のものが寄る法則」により同じような魂が集まり、感謝に満たされた世界へと引き寄せられます。

大往生、間違いなしです。

葬儀と法事について

故人に喜ばれる葬儀とは

最近の葬儀は、少人数の家族葬などが多いかも知れません。葬儀は、参列者が多ければ良いというものではありません。また、お金をたくさんかけることが故人に喜ばれるわけでもありません。

大きな葬儀ほど、会社関係者などが大半で、死者のことを思い出している人は少ないものです。参列している人は、「いつ終わるかな」とその後の予定を考えていたりします。義理で仕方なく来た参列者からの「早く終わらないかな」という思いの波動は、死者には辛いものです。

故人が喜ぶ葬儀とは、例えば、家族と親しい人だけで故人の自宅に集まり、故人の好物を用意して、故人の良い思い出のみを語り合うことです。これが最高の供養になります。

お金のかかる儀式や戒名《かいみょう》もいりません。

ただ、親戚や家族の気持ちもありますから、予算に応じて、それぞれの家系の宗派のやり方ですれば良いでしょう。

葬儀の場では、決してケンカだけはしないようにすることが大事です。

遺体について

人の死に顔とは神聖なものです。ご遺体と生きる縁者が向かい合うことに深い縁があります。生まれる前に決めてきたとも言えるほどの意味です。

一人の人間の一つの個性の最後の顔とは、その人の生涯が凝縮された結果の姿でもあります。ただこの最後の姿も、また流れ去っていくべき姿なのです。

遺体にむやみに触《さわ》ることはよくありません。肉体から霊体が分離するのを、生きる人の磁気が干渉して、邪魔をすることになるからです。

火葬までの期間は、霊体が完全に抜け出るために、理想は死後二日間はそのままが良いです。ただ、事情により火葬が早くなっても、その後の日々の供養を継続することで大丈夫です。ペットの動物などは、死後一日たてば火葬にして問題はないです。

写真について

遺体の写真を撮ることは、絶対にしてはいけません。遺体と対面することは問題ありませんが、遺体の写真は霊界にも故人にもマイナスです。悪影響があります。

昔あるテレビ番組の心霊写真特集で、お棺がはっきり写っているのに、遺体の顔だけが白い霧で覆われて見えない写真が紹介されていました。これは、先祖霊が写真を写す無礼に対して、故人を守ったと感じます。

写真には、被写体のその時の磁気が固定して残るのでダメなのです。

写真が故人のこの世への未練を残し、死者の足を止めて「固定」してしまいます。もし親族の遺体の写真があれば、白い封筒に入れて廃棄しましょう。

なお、生前の元気な時の写真も、自宅の供養の場には飾らないほうが良いです。命日などの記念日だけ飾ります。ただ、写真を片づけることについて、家族の反対があれば、無理は不要です。

数珠について

仏式の葬儀には、数珠《じゅず》はエチケットとして必要なものです。百円ショップなどの安価なものでも良いです。

木系の数珠は、霊的磁気が長くこもらないので良いでしょう。水晶などは霊的に穢《けが》れを集めてしまうので良くないですが、葬儀などで一時的に使用するだけなら問題ありません。

依存や期待をしなければ霊も寄りませんが、依存すれば、数珠が霊を寄せる石になります。そのため、霊的穢れを集めやすい水晶などには、地縛霊が歪《ゆが》んだ顔で入っているのをよく視ます。

葬儀以外の毎日の先祖供養時には、数珠は不要です。また、常時数珠を身につけることは良くありません。運気が落ちます。魔界の有料スピリチュアル先生の影響で、何かの効果を期待して身につけるかたがいますが、逆に縛りが入り、運気は頭打ちになります。

そもそも、不思議な力を期待して「物に頼る」ことは、人間を外部のものに従属させ、内在神をないがしろにすることになるので、良くありません。

お経について

亡くなって、向こうの世界に生まれたばかりの故人にとって、お経はまったく無意味です。

お経とは、お釈迦さまが亡くなって何百年も経ってからできたものです。

お釈迦さまも知らない音の羅列《られつ》（並んだもの）に過ぎません。意味不明な外国語由来のお経ではダメなのです。

亡くなった故人にとっても、生前と同じで意味がわかりません。

それよりも、誰にでもわかる「話し言葉」で、感謝の気持ちを表す言葉が最良なのです。

生きる人間にも通じる普通の言葉が大事です。

自分の脳が理解する「先祖への感謝の言葉」は、脳波として先祖に通じます。感謝の内容であれば、どんな言い方でも問題はありません。

お経については『伊勢白山道事典　第3巻』に、般若心経の由来についてなど詳しい解説があります。

法事について

仏教では一周忌や三回忌、神道では一年祭、五年祭などの法要があります。

お坊さんや神主さんを呼ばなくても、親類縁者が命日などの法要に集まって、故人を偲《しの》ぶのは良いことです。ただ、経済的に厳しい中で、無理をしてまで親戚を大勢集めて法事をする必要はありません。

日を決めて、自宅で家族が集まり、故人の好物やご馳走を食べて故人を偲ぶことも供養になります。集まった人で、亡くなった方の良い思い出だけを語り合いましょう。思い出してもらえることは故人にとって嬉しいことです。

故人が思いを伝えやすい特別の「記念日」

昔のことですが、ある親類の既婚女性から「喉《のど》が詰まる感じがして変だ。ガンかも知れない」と、相談を受けました。

ふと思い浮かんだのは、その人の十年以上前に亡くなった母親でした。病院で痰《たん》が喉に詰まって、呼吸困難により亡くなりました。

「今日は亡くなったお母さんの命日など、何か縁がある日ではないですか？」

と聞いたところ、ちょうど母親の誕生日だと気がついて驚いていました。

ここ最近、母親のことを思い出すことがなかったそうです。

このような時には、「もう肉体はないから、何も苦しくはないよ。大丈夫だよ」と母親に対して、心の中で思えば良いと伝えました。

「翌日には、嘘のように喉の違和感が消えた」と喜んでいました。

もう霊線の違う嫁いだ娘の所まで頼って来るのですから、他には頼る所がなかったようです。彼女の兄弟には長男もいるのですが、他の兄弟は先祖供養を普段していません。

彼女は以前から旦那家の名字の短冊供養をしていましたので、彼女がおこなう三本目の縁ある他家の霊の縁で、誕生日が近くなったために寄られたのです。彼女はお母さんが大好きだったので、よくぞ自分を頼ってくれたと喜んでいました。

この世は、自分がしたことが反転して自分に帰る世界です。苦しんでいる親の霊を癒したことは、彼女に幸運として戻って来ることでしょう。

このことから、亡くなってからも苦しんでいる故人の霊にとっては、誕生日や命日、お盆やお彼岸などの特別な「記念日」が、唯一自分の思いを伝えることが霊界から許されている時なのだと、再認識しました。

つまり、こうした「記念日」は、供養する人の思いが届きやすい日でもあるのです。ですから、記念日に故人を思い出してあげることが供養になります。

なお、故人にとってはやはり、誕生日よりは命日のほうが大事なようです。命日には故人の好物を供えたり、縁者で集まり食事をして、故人を感謝の気持ちで思い出してあげると良いです。

個人名の位牌について

葬儀の後で、もし故人の名前が書かれた位牌《いはい》や霊璽《れいじ》を頂いた場合、個人名の位牌や霊璽だけでは、供養が故人に届きませんので、「○○家先祖代々之霊位」と記した依り代が必ず必要です。

亡くなって一年は「○○家先祖代々之霊位」の依り代の手前か、向かって右側に故人の位牌を置き、線香器は手前中央に一つ置いて供養してください。

成仏する場合は、早くて四十九日、長くても一年で次の世界へ移行されますので、一年が過ぎれば、個人の位牌は「○○家先祖代々之霊位」の後ろに置きます。そのままでも良いですが、しばらくしたらしまいましょう。

お墓について

釈尊の時代、お墓はなく自然葬だった

仏教の経典には、お墓については書かれていません。それにもかかわらず、仏教が隆盛した日本では、個人墓地にこだわる葬送の風習が今でも継続しています。

原始仏典の『スッタニパータ』を見ますと、釈尊が生きた二五〇〇年前のインドでは、ご遺体は川に流したり、近隣の森の中に放置して還《かえ》す自然葬だったことがわかります。

インドでは今も遺体は荼毘《だび》に付したあと、そのままガンジス川に流しています。

だからといって、お墓に意味がないわけではありません。お墓には先祖霊の存在を忘れないためのモニュメント（記念碑）としての意味と役割があります。

お墓には迷える先祖霊が寄りますから、年に数回でもお墓に子孫が来て気持ちを向けるだけでも、先祖霊には慰《なぐさ》めとなります。

ただ、やはり自宅における日々の先祖霊への感謝と線香を捧げる行為に勝ることはありません。年に数度のお墓参りで、子孫から気持ちを向けられるだけでも嬉しいものなのに、毎日気持ちを向けられる喜びには大きなものがあります。

日々の感謝供養をおこなえば、お墓参りの有無にかかわらず、迷う先祖霊を順番に成仏させることができます。

高額なお墓を持てない方もあるでしょう。その場合は、火葬場で遺骨全部を合同埋葬することを願えば良いです。遺骨は故人の肉体の一部に過ぎません。合同墓でも大丈夫です。ただ、すべての火葬場でお願いできるわけではありませんから、事前に確かめる必要はあります。

また、樹木葬や許可を得ての海への散骨も良いでしょう。

自宅の依り代がお墓よりも大事

立派なお墓を作るのも先祖への思いやりの形ですが、いくらお墓が立派でも、日々の生活の中での先祖への感謝を忘れて、供養をしていなければ、先祖は成仏できません。

本当に故人の霊のためになるのは、

●故人の子孫・縁者の住まいの中に置く、依《よ》り代《しろ》霊位です。

これがあってこそ、故人の霊は家に帰ることもできますし、依り代の「場所」で縁者からの供養を受け取ることもできるのです。お墓だけがあっても、家に依り代霊位がなければ、故人は供養を受け取れない状態だと思って良いです。

つまり、霊的な意味からは、お墓よりも、仏壇などの供養場所が故人には大切です。でも、仏壇に依り代霊位がなければ、これも未完成の供養状態です。仏壇はなくても、依り代霊位があれば良いのです。

●依り代霊位　＞　仏壇　＞　お墓

こうした重要性の比較が、私の霊的な世界観で感じられます。

お金がなくても、お墓も仏壇も買えなくても大丈夫です。短冊とそれを固定させる木片二個があれば、故人に十分に思いを届け、供養することが可能だからです。

遺骨を自宅に保管は厳禁

遺骨は通常、四十九日か一周忌などに墓地に埋葬されますが、埋葬せずにずっと自宅に置いて供養する「自宅納骨」「自宅墓」という考えかたがあるそうです。

遺骨は埋葬まで、一時的に自宅に置くことは問題ないですが、長く置くことはよくありません。故人の執着が長引いて、成仏の妨げになります。

遺骨の一部をアクセサリーに封入して身に着けることも、成仏の妨げになるのでやめたほうがいいです。故人のこの世への執着が継続します。

この世に執着した霊体が成仏せずに残る限りは、生前の肉体の苦痛が継続し、故人が苦しむことになります。

自宅で正しい供養をしていない場合

故人の霊にとって大切なことは、自宅での毎日の供養がすべてです。自宅で正しく依り代（位牌か短冊）を設けた先祖供養をしていれば、お墓の状態も、お墓があってもなくても、さほど重要ではありません。ただ、命日やお盆、お彼岸などの特別な日に、無理のない範囲でお墓参りをすることも、霊への思いやりの行為となります。

自宅で正しい供養をしていない場合、行き場所がなくて供養を必要とする先祖霊が、お墓に集まっています。迷っている先祖霊は必ずどんな家系にもあるものです。

その場合、霊の依り代となっているお墓の状態が悪いと、子孫は先祖霊の苦しみの反映を受けてしまうことになります。お墓の状態が子孫にも影響するのです。

ですから、家で供養ができない場合は、お墓で線香をあげることは大事です。

お墓の移動の方法などについては、『伊勢白山道事典　第2巻』を参照してください。

お墓参りの方法　線香は三束が良い

お墓には、線香を横に寝かせる形のものが多いです。

そのようなお墓では、できれば線香の束を立てられる線香立てを三個持参して、三角形に立てて置き、三束《たば》ですることが理想です。できない場合は、無理は不要です。

お墓では、三束の線香に火を点けて立ててから、手を合わせて、「生かして頂いて　ありがとう御座います」とだけ数回唱えれば良いです。

お彼岸について

日本では、春と秋のお彼岸には、お墓参りをする風習があります。春分と秋分には太陽が真東から昇り、真西に沈みます。この日を彼岸の中日として、前後の一週間ほどを「彼岸」と言います。

彼岸とは太陽の緯度と経度がゼロになり、昼と夜の長さが同じ日です。その日から夏に向かって日が長くなる、または冬に向かって日が短くなる「始まり」を意味する日でもあります。

お彼岸はこのような特別な太陽の影響を受けて、

- あの世に供養が届きやすい期間。
- 願い（悲願：仏の慈悲の心から人々を救おうとする誓いのこと）が届きやすい週。

と言えます。

お彼岸は、自分の願いではなくて、先祖が「彼岸（三途の川の向こう岸）」へ渡れるように祈る日とも言えます。

なお、「彼岸（ひがん）」という言葉の音（おん）には「日願（ひがん）＝日に願う」という意味も隠れています。

お彼岸は太陽の節目の時であり、太陽に感謝を捧げ、先祖霊の安心成仏を思うことで、自分も安心した心境に「願わなくても」なれる期間なのです。つまり、お彼岸とは先祖へのお墓参りだけでなく、太陽に感謝を向け、神社への参拝をすることにも意味のある日と言えます。

お盆について

地獄の釜のフタが開くというのは本当です

民間伝承では、「お盆には地獄の釜のフタも開く」と言われており、地獄の鬼も罪人の呵責《かしゃく》を休み、地獄の霊もこの世へ来ることが許される時と言われています。

伊勢白山道では地域を問わず、八月のお盆を霊的に重要視します。私には、八月のお盆の前後には空間が歪《ゆが》んでいるように見えます。お盆の期間が始まりますと、黄泉《よみ》の国《くに》（あの世）からの夕方の黄色味がかった光が差し始めるのを感じます。

八月十五日を挟《はさ》んだ前後の期間は、地獄の門も開きますので、普段はこの世に出てくることを許されない霊も来ます。幽界だけでなく地獄界からも、迷える霊が現実界へ帰省することが許されている期間です。お盆とお彼岸では、お盆の時期のほうがさらに広い範囲の祖先霊が来られます。

ですから、お盆は年に一度の重要な「先祖の供養期間」なのです。

霊界へ昇華して安心の境地にいる先祖霊は、普段でも自由に子孫の家や好きだった場所へも行くことができますが、亡くなってから年数が浅い先祖や、低い迷える世界にいる先祖霊は、お盆の期間だけこの世に来ることが許されています。

このような霊は、この世への執着がまだ残っていますので、子孫の身体を使ってその思いを果たそうとすることがあります。

例えば、食べたい物を子孫に憑依して食べようとするので、憑依された子孫は、あまり好みでない食べ物をなぜか食べたくなったり、飲まないお酒を飲んでみたくなったりします。また、普段行かない所へ行くようなことになったりもします。

お盆期間の良い過ごし方

八月のお盆の期間は、今でも実際に八月十二日夜ぐらいから霊界の門が開いて、普段はいない有象無象の霊たちが街に居ることを感じます。

お盆期間に地獄の門も解錠されるということは、危険な期間でもあります。ですから本

来のお盆は、旅行に行かずに自宅で、

• 御馳走やお酒、好物を故人になり代わって頂くこと。
• 静かに故人を「思い出す」こと。

以上が、最高の供養と成ります。

お盆には、親戚や友人たちと再会し、食べたいと思うものを食べて仲良く歓談すること。亡き霊たちの思いを代わりにかなえてあげることになり、それが供養になります。

決してケンカをしてはいけません。

迷える先祖霊の中には、ケンカをさせようとする霊もいます。嫌なことを言ったりする人がいても、霊に言わされているのだと思って、腹を立てないことです。本心ではなくて、霊に使われている気の毒な人だと思えば良いです。

迷える先祖霊には、子孫が立派に生きる姿を見せるだけでは供養になりません。子孫の幸せな姿を見せれば安心する、ということではないのです。

それは、飢えている子どもに満腹の人人が、「私の笑顔を見なさい。笑顔は素晴らしいよ」

と言うようなものです。
迷える先祖霊には実践的に、「食べ物や欲しいものとなる線香」を「感謝の想い」と共に捧げることが、最も楽にさせてあげて、気づきを与えることになります。

迎え火と送り火について

お盆の迎え火と送り火の方法を解説します。ただ、普段の先祖供養をいつも通りにするだけでも、先祖は十分癒されますので、心配なかたは無理にしなくても良いです。

【迎え火】

＊八月十二日夕方の日没時に、玄関の外で線香三本に着火して手に持ち、「縁あるご先祖の皆々さま、どうぞ家にお入りください」と発声または心中で思い、線香を手にしたまま家の中に入り、供養している場所の先祖供養の線香器（香炉）にそれを立てます。
屋外には無縁霊も多いため、迎え火の時は、ご先祖様にもあえて「縁ある」を付け、『縁

あるご先祖の皆々さま』と呼びかけます。

墓地での迎え火は厳禁です。例外として、毎年、地域の慣習で墓地から迎えている場合には、慣わし通りにおこなって良いです。そのような風習のない人が、個人的に墓地から迎えることは厳禁です。

迎え火の際に、唱える口上を間違えた、風で線香が途中で消えたなど、多少のハプニングがあっても問題ありません。迎え火をやり直したりしなくて大丈夫です。後日送り火をきちんとすれば問題はありません。

【送り火】

＊八月十六日の夕刻の日没時に、家内の先祖供養の供養場で着火した線香三本を手に持ち、玄関の外に出て、
「縁ある霊の方々、どうぞお帰りください。ありがとうございました」

と発声か心中で思い、線香を玄関先の外の地面か、金属バケツ、などに横にして置きます。
- 砂があれば、砂に立てても良いです。
- または地面に置かずに、手に持ったままで、

しばらく眺めてから、外にある水の入ったバケツに入れ、消火して放置します。翌朝、ゴミに捨てます。

送る時は、先祖霊と共に、本来家の中に居るべきではない霊も一緒に送り出すため、「ご先祖様」はつけずに『縁ある霊の方々』とします。

＊この「火による迎えと送り」は、霊が怖い人や心配する人はしなくて良いです。地域や家の風習と異なっているために、この方法に戸惑う人や人目が気になる状況では、無理してする必要はありません。
＊普段から伊勢白山道の線香と依り代霊位による先祖供養を一年以上していることが、必須条件です（湯気供養では不可）。

十二日と十六日の夕刻に、心中で「迎えと送り」を思うだけでも霊には届きます。
＊同じ日に迎え火と送り火をするのは意味がありません。迎え火から送り火までは三日間以上の期間があるのが理想です。
＊迎え火と送り火は、迎えてから送るまでの期間中も、先祖供養をすることが前提です。

＊迎え火と送り火をする日も、日々の先祖供養はいつも通りの時間にします。
＊在宅期間が数日間あり、自宅での供養がある程度できるなら、途中で外泊期間が多少あっても問題はありません。
＊線香が消えたあとも、供養一式を同じ場所に常設していることが前提です。お盆期間中でも、供養時以外は依り代を別の場所に移動して片付ける環境では、迎え火送り火は不要です。普段通りの先祖供養のみで良いです。
＊迎え火と送り火は、「迎え」と「送り」の両方をすることが大事です。迎え火だけをして送り火をしないのは厳禁です。迎え火をしないで、「送り火」だけをすることは問題ありません。家の中の祓いになります。
＊「迎え火」と「送り火」は同じ場所でします。
＊二〇一六年以前にブログ内で書かれていた、伊勢白山道式の方法で迎え火送り火をしていた人は、最新の方法に切り替えてください。不在期間が長い、依り代を常設していないなど、最新の方法でできる状況が整っていないと、霊的に不安定になりかねないからです。

お彼岸は「迎え火と送り火」は特にしなくて良いです。もし、するとしても「送り火」だけが良いです。迎え火は不要です。

普段通りの先祖供養だけでも、先祖は十分に癒されます。まずは、普段からの供養をお勧めします。

お盆に来た霊は、地縛霊を除いて、お盆の期間を過ぎれば帰ります。地獄の門が閉まるまでに、すべての霊が厳正に振り分けられ、それぞれの行くべき世界に帰ります。月の引力による潮の満ち引きや、重力のように逆らえないものです。霊も、あの世で重力に支配されます。

「神の力とは、重力である」という側面があるのです。

ムー大陸とお盆の因縁

八月のお盆の期間は世界中どこでも同じように、霊的な意味のある週になります。お盆を七月にする地方もありますが、霊的には八月の中旬に意味があるのです。

お盆の時期は、伝説の古代ムー大陸（紀元前一万二千年以上前）と関係があると感じられます。ムー大陸が一夜で海中に没したのが八月中旬です。この時に多くの死者が出たことに因縁があると感得します。

現在も八月のこの時期には、多くの死者が出やすくなるパターンが繰り返されています。二回の原爆の投下も、近年の飛行機事故で五百名以上の死者が出たのも、この時期です。ムー大陸との縁が深い日本には特に、その影響が強く作用していることが感じられます。ちなみに、白山と、伊勢の磯部町《いそべちょう》には、ムー大陸との深い縁を感じます。磯部町には、太陽信仰であったムー大陸の末裔《まつえい》（子孫）が来たのではないかと夢想します。

ムー大陸とは、私の観る所、海の上に巨大な昆布が密集した所に、鳥の糞《ふん》と風塵（ふうじん：細かいちり）が堆積してできた浮島であったと感じます。このような成り立ちの大陸ですので、地層分析でムー大陸が実在したことが証明されることは、難しいでしょう。

ムー大陸の沈没の原因は、人間のエゴによる環境破壊や、エネルギーを得る高度な技術の制御に失敗したことにあると想像します。

アトランティス大陸について

同じような古代の大陸としては、アトランティス大陸がありますが、これが没したのはずっと新しく、紀元前一五〇〇年ぐらいの五月であると感じます。

ムー大陸と比べて規模も小さいです。ムー大陸は、太平洋を覆うような巨大な浮島でした。ムー大陸の痕跡は浮島のためにないですが、アトランティス大陸は地中海にその遺跡が残存しているでしょう。

アトランティス大陸は､住民による戦争の最終兵器により没しました。この転写により、五月は世界的に紛争が起きやすい時期ですので、注意が必要です。

なお住民の霊性は、ムー大陸の人々のほうが、アトランティス大陸とは比較にならないぐらい優れていたと思います。

故人の善行を天に報告する

人は誰もが死ねば仏様《ほとけさま》

私は、「誰もが死ねば仏様《ほとけさま》に成る」という考え方がとても好きです。しかし海外では、この考え方が説明してもなかなか理解されないようです。敵は敵であり、悪人は死んでも、いつまで経っても悪人だという見方のようです。

日本では、例えば鎌倉時代には、元寇による日本人の犠牲者だけでなく元軍の兵士も、敵味方の区別なく弔《とむら》うために円覚寺を創建しています。

日本人は、どんな人でも亡くなればそれは仏様であり、過去のことは水に流す、という感じ方が馴染む御方が多いと感じます。

人間は生きている間は、喜怒哀楽、様々な思いが他人や家族に対してあるかも知れません。でも、どんな御方も、死ねば仏様なのです。

故人の良い思い出を語ることは、最高のプレゼント

お盆や法事の時に故人の良い思い出を語ることは、故人にとても喜ばれます。毎日の供養の時にも、故人の生前の良い思い出を思うことには、大切な意味があります。

亡くなった故人について、もし自分には良い思い出がなかったとしても、故人の悪い思い出は、「そういうこともあった」と笑い飛ばして、例えば、
- 故人が真面目に働いて、家族を養っていたこと。
- 故人が家族にはわがままでも、他人や親族に良いことをしていた。

など、故人の良い思い出や善行「だけ」を思い出して、線香を立てた後に感謝をしていくと良いです。

これがあの世には強力に作用し、故人を癒《いや》します。

もし自分の死後に、このように思ってくれる人が居れば、どんなに自分が嬉しいだろう、と想像をして欲しいのです。

故人の喜びがわかって頂けることでしょう。

親しかった故人を供養していて感じますことは、もし亡くなられて一年以内などの気になる新しい故人がおられるならば、

- その故人が、どんなに良い人だったか。
- どんな善行をした人なのか。

これを、天に向けて報告をしてあげて欲しいのです。

天は生きる人からそのような報告を受ければ、必ずそれを聞いています。そして、あの世での故人が居る環境を、より良いものにして行くことを感じています。

ただ、以上の話は、逆にも悪用ができるので注意したほうが良いです。

- 故人がいかに悪い人間だったか。供養時に故人の悪行ばかりを思えば、それは呪いとなります。

天はそれも聞いています。そして、それが事実の場合には、あの世の故人が居る環境が、段々と寒くなって行きます。

でも逆に、故人を悪く思う人のほうが間違っている、悪い、と天が判断された場合は、故人を呪った生きる人のほうにバチが当たり、あの世の故人は大丈夫です。

今日も、故人の善行を天に報告するつもりで、先祖供養をして頂ければ幸いです。これがどんな御経よりも、故人のためになると感じます。

自分と縁ある故人が安心すれば、自分もこの世で安心して行くようになる不思議がありますす。参考にして頂ければ幸いです。

思いやりはすべてを育てます

供養されるとあの世の故人は若返る

私の夢の世界での話だと思って読んでください。

死んであの世に行きますと、普通の生活をしていた故人は霊界へ、または善徳が有ればそれ以上の世界に行けます。

そしてもし、その故人が生きる家族や縁者から「正しい供養」を受けることができますと、

- 故人は、供養を受けるたびにあの世で若返り、最大で二十歳の若さまで戻ることができます。
- または、故人が生前に一番好きだった、楽しかった年代の年齢の容姿に戻れます。子孫から供養されることも、その故人が持つ善徳ゆえです。

ですから、「依り代供養」を継続していた子どもの夢に、亡くなって十年も経ってから初めて出て来た親が、最初は誰かわからないことがあります。

でも、子どもが相手を良く見ますと、写真で見たことがある若い頃の親の姿だとハッキリとわかります。消えない面影があるのです。

夢の中での若い面影の親は、ただ笑っているだけで消えて行かれるものです。

笑顔は、「大丈夫」のサインです。それ以上の情報を教えることは、生きている子どもには良くないことを死んだ親は知っているからです。

亡き親は、あの世からこの世を見て、「明日をも知れない中を、どう生きたか？」という、この世の設定の中で生きる私たちの本性が試されて、記録されていることを知っています。

●明日がどうなるかわからなくても、それでも、正しく生きようとしたか？

●自分の良心に従って生きたか？

これが問われます。

もし良心に従いながら生きて、その結果、最後の死に方が悲惨だったとしても、問題はないのです。あの世で救われ高い評価を受けて、この世の何十倍も自由な世界に行くことになります。

この世のたった八十年間ほどの人生を、辛い環境でも我慢して正しく生きるだけで、死後に、どれほどの無限に解放された世界を手に入れることになるのか。

人は、あの世に居る期間のほうが長いのです。誰もが、あの世で良い世界に安住するためのチャレンジャーとして、この世に来ています。

幼くして亡くなった霊体は成長する

どの家系にも、自分や親族にはいなかったとしても、流産した水子や幼くして亡くなった子どもがいるものです。

親が死にますと、すべての水子は忘れ去られてしまいます。水子の霊体、魂は放置されています。

女性が自分の若い頃にできてしまった水子への依り代供養を、十年、二十年もおこないますと、夢の中で見知らぬ若者が御礼に頭を下げて、笑顔で去って行かれるシーンを見ることがあります。

最初はわからなかったが、ふと、あれは自分が若い頃に流産した水子さんだと、直感でわかる人もいます。

この世で「家系への」正しい先祖供養を受けますと、水子も幼児も、あの世で二十歳まで成長します。そして、その後は家系の霊線を離れて転生したり、元の居た霊界のグループに戻る魂もあります。

思いやりは「魂を育てる」

以上の二つの話から、言いたかったことは、

＊思いやりと思いやりの行為が、「魂を育てる」。

＊他人に思いやりを出す人は、自分の魂も育てている。

ということです。

死んだ故人も生きる人の魂も、思いやりで育ち、成長するのです。

そして、これから、思いやりが深い人は、若返る人が増え出す時代が来ています。美容努力よりも、思いやりの有無が、若さと美容の秘訣になります。

逆に、思いやりのない人は、老け出す時代でもあります。

今の私たちは、そういう時代の波動の中で生きているのです。

大事な心得　先祖供養は無心ですることが大事

私が提唱する先祖供養は、皆さんが考える以上に、その供養行為そのものが重要です。余計な思いは不要とも言えます。

私は毎朝の神棚への参拝や先祖供養の時は、ほとんど目を開けた状態で、たんたんと感謝だけを捧げる行為を実行しています。一瞬は目を閉じるかも知れませんが、目を閉じると何か余計な集中が起こり、要らぬ感応を呼ぶ気がします。

皆さんがお参りの時に、目を閉じて気持ちを込めることや、先祖への思いが大事、と思われるのは正しいことであり、大事なことであるのは間違いありません。感謝の思いならば、分量が多いほど良いです。

しかし、これが時には「自分のため」の願いに、知らないうちにすり替わっていることがあります。願掛けや願いは、供養を台無しにしてしまいます。

ですから、何も考えない、無心のほうがまだ良いのです。

神仏や先祖へは、ただ感謝を捧《ささ》げることが、真にそれらの存在に通じる近道です。それを無心に実行できれば、後は丸ごと結構なことになって行くものです。細かいことを一々《いちいち》考え、願う必要はないのです。


武道の極意でもあるのですが、相手と向かい会った時に、頭の中で「こう来たら、こうしよう」とか「絶対に勝つ！」などと、一々頭の中で考えたり思ったりしている人は負けてしまいます。普段からの反復練習で、無心に出る身体に染み付いた動きで勝敗が決まるものです。


供養や参拝も似たところがあり、普段の神仏への姿勢、普段の日常での先祖霊への思いが大事であり、参拝時は行為を実施するだけの場であるのです。

普段の日常で身に付けた磁気で、神仏の磁気に相対《あいたい》する、向き合う訳です。そこで引き合うのか、拒絶されるのかが大事なのです。

これが、霊的世界における極意です。

この章のまとめ▼この世とあの世の密接なつながり

この章では、死後の世界の様子と、この世での葬儀やお盆などの行事が、あの世の故人にとってどのような意味があるのかを解説しました。

一　人は死後に「バルドォ（中間の状態）」というこの世とあの世が重なる空間にいる四十九日間に、人生を振り返って、自らあの世での行き先を決めます。

二　天国や地獄とは、あの世で似たもの同士が集まる、それぞれの世界の様子です。

三　故人に喜ばれる葬儀とは、故人の善いおこないを思い出してあげることです。お墓の有無に関わらず、日々の自宅での縁者による先祖供養が大切です。

四　お盆には故人の好物を頂き、故人を思い出してあげましょう。

五　供養により、あの世の故人は若返り、幼子は成長します。

あの世では、亡くなった故人の魂はそれぞれの次元に固定されて、自分自身で良い世界へ行けるように向上することが難しいのです。この世の縁者からの供養と感謝の思いが故人を癒し、助けることができます。

迷いのために飢《う》えている縁ある諸霊には、百回の慰めの言葉を掛けるよりも、物質的に捧げる一回の線香が、欲しい物に変化して霊を癒しなだめます。線香には、あの世において実際にとても具体的な影響と効果があるのです。

先祖や縁ある諸霊へ感謝を捧げて、気持ちを向けることが大事です。

第五章

自殺の霊的真実

近年の自殺の原因について

ネットの影響、人生に「リセット」はありません

近年の女子高生や若い男性が、簡単に自殺して行く報道を視ていますと、スマホやネットの存在とネットゲームへの熱中を感じることが多いです。これらの何が自殺と結びつくのか？

- データのリセットの習慣。
- ゲームが上手《うま》くいかなかった時に、何度でも新規にやりなおして、再挑戦ができること。

これを繰り返し「実行」するうちに、

- 自分の人生も魂も、簡単にリセットができる、という錯覚を生む。

このように感じます。

このようなコンピューターやネットが創り出した仮想世界に住むことが、自殺への誘導

となる理由には、死後の正しい霊界の知識が今の人間界にないことも関係します。

これから、コンピューターやネットの世界に「使われる人」「飼われる人間」と、電子機器を使いながらも、大自然の中で生かされていることを忘れずに主体的に生きる人に、社会が分離して行くことを感じます。

自殺は「真似《まね》ごと」だけでも、してはいけない

日本の年間の自殺者数は交通事故による死者数よりもはるかに多く、年間2万人を超えています。自ら命を絶つ人がいかに多いか、大変に痛ましい残念なことです。自殺をされたかたの半分近くの人は、本気で自殺をしたのではなかったと感じます。


ある人は、「自殺の真似《まね》ごとをすれば、心機一転ができるかも知れない」という淡い期待があった。自分の気持ちを整理するために、遺書のようなメモも書いてみた。

面白半分からヒモに首をかけてみた。途中で首が締まるのを止められると思っていた。ところが足元の椅子が倒れてしまい、足が浮いた状態になり、苦しみながら亡くなった。

また、ある人は興味半分で、高いビルの屋上に上がってみた（この時点で同じ場所で自殺した霊の誘導があります）。

最初は死ぬ気はなかったが、地上を見下ろすうちに「まあいいかな」、という思いが湧いてきて、自ら柵を越えて飛び降りてしまった。

落ちて行く瞬間に我に返り、恐ろしいほどの後悔をしたまま亡くなった。


また、ある人は、仕事の新たなスタートを切るために、過去のしがらみと昨日までの自分と決別するために、自殺のマネごとをすることで、自分をリセットしたかった。自分へ向けて、自殺っぽいメモも書いてみた。

低気圧からの超低温の暴風が吹く中で、暖房が良く効いた高層ビルの窓を少し開けて、下を覗《のぞ》くだけのつもりだった。

でも、飛行機の窓が割れると、気圧差で小さな窓から大人が外に吸い出されてしまう、そんな映画のワンシーンのように、あっという間に強風に巻かれて落ちてしまった。

これ以外にも、普通では起こらないことが、様々な因子が重なって起きてしまった。そうした状況を思います。

これらは、特定の個人の事例ではありません。

自殺には本気度が半分だったにもかかわらず、様々な因子と偶然と、その場所の霊の影響と個人的な因縁が重なり、本当に人は簡単に死んでしまうことがある、ということを知っていただき、不幸を防ぐための警告として一般論として書いています。

「自殺は真似ごとだけでも、してはいけない」

これを覚えておいてください。

自殺をすると苦しい状態に固定されます

過去に自殺があった部屋に転居した人の話

昔、ある男性から相談を受けました。知らずに自殺があった部屋を借りたそうです。住み始めて深夜に目が覚めると、部屋の隅から、首を吊った状態でぶら下がった男性が、自分のことを見つめているのが見えたそうです。

あわてた男性は、友人から紹介された霊能者に〇万円を支払って、その部屋で除霊をしてもらったそうです。

ところが、その日からますます物の移動や異音がするなどの奇異な現象が起こり出し、深夜に出る首吊りの霊の顔は怒ったようになったそうです。男性は引っ越し費用もないため、どうしたら良いかと縁があって私に相談されました。

私はアドバイスとして、

＊先祖供養の依り代を部屋に置くこと。

そして、お経や呪文は一切不要であり、

＊自分はお金がなくて、ここに居るしか仕方がないこと。

＊あなた（霊のこと）も大変だろうが、自分には線香を上げることしかできないこと。

を心中で思いながら、

＊「生かして頂いて ありがとう御座います」

と、線香三本に火を点けて、淡々と感謝の気持ちを置いて行くように助言しました。

すると翌日から、まず部屋が静かになり、七日目には深夜に男性の首吊り霊を見なくなったそうです。それでも、そのまま先祖供養と、三本目の線香で男性霊に感謝をしていったそうです。

四十九日ほどが経過した時、深夜にあの男性霊が夢に現れ、お辞儀をして消えて行かれたそうです。その時は、首を吊った状態ではなくなっていたとのことでした。

これは、自殺者の霊が、あの世のしかるべき場所へ行ったことを意味します。自殺者の霊の状況やその後に行く世界は千差万別《せんさばんべつ》であり、ケースバイケースで個人差が大きいです。いずれにしましても、本当の意味で成仏するまでには長い時間がかかります。

見えないだけで、私たちはみな霊の海の中に住んで居るのです。生きる人間も霊なのです。霊に対する正しい姿勢が大切です。

自殺した霊がどのような状態でいるのか、の一つの例として書きました。この相談を受けた当時は、「床供養」の実践は天からまだ降ろされていませんでした。今ならば第六章で後述する「床供養」をすることで、さらなる効果をあげることでしょう。

あの世で周囲の人の恩に気づき、自殺者は深く後悔します

人は死ぬとあの世で、自分がこの世で気づくことができなかった家族の気持ちや、無数の他人のお蔭のすべてを見せられます。その時、その魂は泣き崩れて深く後悔します。本当に自分が無知で身勝手だったことに気づいて打ちのめされます。

赤子の時の自分にミルクを与える母親の姿や周囲の家族の思いや苦労を、あの世に戻ると走馬灯《そうまとう》のように見せられます。家族だけでなく、例えば幼い時に車道に飛び出さないように見ていてくれた、知らない大人もいます。

自殺とは、神さまから頂いた奇跡の結晶である命、そして家族や周囲の人からの配慮があって生かされてきた命を、自《みずか》ら断つことです。大変恩知らずで、もったいない罪なことです。

どういう理由であれ、自殺すると大変辛《つら》い状況になります。今の生きている状況から逃げても、決して楽になることはありません。死ぬ時の辛い状態に固定されてしまいます。

自分の心は死ねない

死んだ人間が一番に驚くことは、「自分の心が死なない」「死にたくても死ねない」ことです。死んだら終わり、ではないのです。

死ねばリセットができる、一からやり直しができる、と想像している人が多いと感じます。これは間違いです。心は絶対に死ぬことができない存在なのです。

絶対に死ねない自分の心が、自分が借りた肉体を自殺させますと、ますます重い霊的な負の借金とハンディを増やすことになります。

正しい霊界の知識を生前に持たなかったばかりに、簡単に自殺をしてしまう人が多いのですが、死後は非常に厳しいことになります。

楽になりたいと思って自殺したはずが、もっと厳しい環境の中で暮らすことになります。

死ぬ時の肉体の痛みが持続する

自殺をしたために、あの世へ往《い》くことができずに、この世に霊体が留まる限りは、肉体が感じる「痛み」や「激痛」を生きていた時と同様に引き継ぎ、霊体で感じます。

ですから、自殺をすれば人生のリセットができる、苦しみや痛みを感じなくて済む、などということはありません。自分が一番逃れたかった心痛や、苦痛、虚無感の中での「固定化」が起こります。逆に肉体をなくした分、痛みをより敏感に霊体は感じだすのです。

自殺霊は命を絶った時の悶絶中《もんぜつちゅう》の苦しみを継続して感じており、七転八倒《しちてんばっとう》していることが多いです。

固定化した自殺時の動作を繰り返す

自殺した人は、自分の意識が生きていた時と変わらずにあるので、まだ生きているのだと勘違いして、すでに死んでいるのに何回も自殺に挑戦します。

あの世には、時間の流れも変化もないので、自殺した魂は、自殺の瞬間を何回もひたすらリピートすることになります。

例えば、ビルから飛び降りて亡くなったのならば、壊れたビデオテープの再生のように、自殺霊はビルから飛び降りる動作を永遠に繰り返します。

これは、自殺の名所で観光客が撮影したビデオの中に、自殺者が飛び降りる姿が録画される現象としても、確認されています。

やがては、まるで夢遊病者のように、ロボットのように感情も意志もない状態で、自殺した時の「動作」までが固定化されます。

こうした地縛霊は、自殺時の動作を繰り返すうちに、自分と似た生きる人間に憑依して、道連れに自殺させることもあります。

あの世には厳しい世界が実体化している

この世とは、真実は幻想なのです。

幻想であるにも関わらず、私たちは「この世だけしかない」というリアルな感覚、意識を抜け出せません。

これと同じように、死後に出現する世界も、今のこの世と同じように出現するのです。あの世は幻想でありながらも、完璧《かんぺき》に実体化しています。因果《いんが》の帳尻を完璧に償《つぐな》わせるように、この世とは違う重力・引力が支配する超現実的な世界なのです。

自殺した霊は、「辛いと思った現実の世界のほうがまだ良かった」「天国だった」と、全員が後悔をしています。でも、もう戻れないのです。

膨大《ぼうだい》な苦渋《くじゅう》の年月の経過を耐えて待つか、縁者からの「正しい」供養を受ける機会が生じるまで、そのままの状態が継続します。

自殺をすると、損をするのは自分と家族

今の学校での「いじめ」は「犯罪」です

学校での「いじめ」により自殺をする子どもが、あとを絶ちません。

今のいじめは、犯罪の領域に入っています。理不尽《りふじん》ないじめは犯罪です。暴力や金銭の恐喝《きょうかつ》があれば、それは小学生でも「いじめ」ではなくて「暴行罪」「恐喝罪」という「犯罪」です。

絶対にしてはいけないことです。そんなことが起こらないようにしなければいけません。

マスコミの「いじめ」という言葉で深刻さが隠されてしまっています。

学校に相談しても暴力が継続する場合は、刑事犯罪ですから警察に行きましょう。

自殺をすると、苦しむのは残された家族

「いじめ」で自殺をすると、誰が得をするのでしょうか？

マスコミと世間はいじめをしていた犯人を非難しますが、それは一時《いっとき》のことです。

ですから、自殺をすればいじめていた加害者に復讐できる、罰を下すことができると思ってはいけません。時間が過ぎれば忘れ去られて、いじめていた加害者はそれから何十年もの人生を、楽しく遊んで生きることができます。

逆に、あなたが自殺をすると、あなたの味方の両親や家族、友人は、あなたのことを助けられなかったことを後悔して、一生辛《つら》い思いを抱《かか》えて毎日を生きることになります。

悩んで苦しんで自殺をしたら、一番大損をするのは自分です。

絶対に自殺をしてはいけません。暴力や恐喝があれば、警察に証拠を持って相談に行きましょう。

いじめの被害者はその苦しい体験を乗り越えて、とにかく生きて、自分なりの幸福をこれからの人生で体験して欲しいです。

自殺とは、自ら決めた挑戦を放棄する大罪

人間は自分の死ぬ時は自分で決める「権利」があると思いがちですが、これは人間の思い上がりだと感じます。人間は、自他の死を決めてはいけないのです。

自殺とは、縁あって借りた肉体ばかりでなく、自分の中に内在する「尊《とうと》いもの」、神さまの分神である「内在神《ないざいしん》」をも殺そうとする大罪です。内在神は死にはしませんが、その宿る人間が自殺をすれば、内在神がこの世で人間に宿って生きるはずだった時間を奪うことになります。

その罪の重さは、自殺した魂の死後の様相を視ても間違いがないです。

また人が生まれる前に自分で設定した人生の苦難への挑戦を、自ら放棄した大罪にもなります。これは霊界への反逆行為となります。

あの世に戻れば、どんなに困難な環境や設定でも、「それでも良いから、挑戦させて欲しい。生まれ出たい」と自分が産土神《うぶすながみ》（分霊が内在神として宿ります）に誓って生まれたことを自分で思い出して後悔します。

「生きてさえいれば」、すべての状況は必ず変化したのです。どんな苦境、苦痛も絶対に

変わっていくのがこの世です。

自殺は子孫にも悪影響が及ぶ

自殺をすると自分の魂が死後に苦しむだけではなく、その罪は子孫・縁者にも悪影響を残すことになります。自分だけの問題では済まないのです。

自殺する時には、死んでから他の家族には迷惑をかけないと「強く」思っていましても、そんな甘いことでは済みません。麻薬患者が禁断症状で苦しむように、霊体のままで非常な苦しみが継続しますから、恥も外聞もなく生きている縁者にすがり憑《つ》くしかないのです。

あの世で自殺霊は、どんな人間でも百パーセント音《ね》を上げています。

このような浮かばれない霊がいますと、同じ家系の霊線を有する生きる縁者にも、その苦渋の波動は無意識下に影響していきます。

自殺者の縁者は、意味不明な不安感を感じて病気になったり、不運な選択をしたり、何事にも中途挫折の繰り返しをしたりすることが多いと感じます。

これは自殺霊だけではありません。浮かばれない存在は忘れられると苦しいので、「助けて欲しい」という救助要請の電波を、生きている人間に発信し続けています。

人は、そのような苦しい電波の影響を知らずに受けているものなのです。

自殺した霊を救うには？

死者に対して「なぜ？」「どうして？」と問わないこと

これから解説することは、自殺だけではなく、すべての他者の死に向き合う時について言える、大切なことです。

元気だった家族や恋人、愛するペットが突然に死にますと、ショックを受けた人が最初に思うことは、

「なぜ死んだのか？」「どうして？」であり、これを繰り返す思考に陥《おちい》ります。

そして次に、「なぜ自分だけが、こんな目に遭うのだろう?」と思い始めます。

それから、「なぜ死んだんだ?」と、「どうして自分だけが、こんな目に遭うのか?」を繰り返し反芻《はんすう》することになります。


病気や事故で突然亡くなった人に対して、また、自殺をした人に対してもですが、「なぜ死んだんだ?」と問えば、亡くなった霊も、「わからない」「何もわからない」と答えているものです。

生きている人と死んだ人が、「なぜ死んだ?」「わからない」を繰り返すだけの問答になります。


そして、亡くなった霊はだんだん無言になって行きます。

「なぜ死んだか?」は、急に死んだ本人こそが一番わからないのは当然です。自殺をした人も、死んでみれば、「どうして自殺をしてしまったのか?」「自分でも本当にわからない」と言って、死後に後悔をしています。

なぜ亡くなったのか、生きる人が調べてもわからない場合は、亡くなった人も同じく何もわかっていないだろうと思って、故人に問わないこと。
故人への思いやりの気持ちを持つことが大切です。
死んだ本人にもわからないことを、生きる側から問い続けることは、故人には酷《こく》なことであり、成仏に影響します。

ですから、人や生き物の死に関しては、
- 死んだという事実だけを受け入れること。辛い気持ちをぶつけないこと。
- 「もし、あの時に自分がこうしていたら」などと後悔を思わないこと。
- 故人に対しても、「なぜ死んだの？」などと、死んだ理由を問わないこと。故人に対して理由を問い続ける思考は、故人には「泣きっ面に蜂」で、責められているようで辛いものだと思って止めることです。

以上のことに注意してください。

それよりも、

・人の死は、人知の及ばない様々な途方もない「重なり」があってこそ起きたのだと思うこと。
・これからずっと供養をして行く決意を思うこと。
これが故人を助けます。


死という事実だけを直視して受け入れ、前向きな生活をすることが、故人への供養にもなります。

故人への思いやりと、自身の人生の前向きなとらえ方として、皆様の参考になれば幸いです。

三本線香の灯《あか》りは救いのオアシスです

他人に金銭で委託する供養などは、故人を経文や呪文などで逆に縛ることになるため、賛成しません。

苦しい状態にいる霊にとっては、家族や縁者からの三本の線香の灯《あか》りとは、本当に砂漠の中で見つける水辺と同じなのです。

従来の供養では、「正しい依《よ》り代《しろ》」がないために、水辺（普通の供養で捧げられる供物《くもつ》）を見せられても、霊はそこに近づいて留《とど》まり、水を飲むことができません。

これに対して、依り代（位牌か短冊）による感謝の先祖供養の線香三本は、自殺した霊にも届きます。

自殺した故人は自責の念に縛られています。自殺した人を癒《いや》すには、生きている縁ある人間が感謝の供養を続けていくことが、故人へのサポートになります。


自殺霊の死後の状況は、全員が同じではありません。基本は先祖供養の三本線香に寄れますが、重罪ですと、四十九日を過ぎますと、床から上には行かれない状況の霊もあります。このような霊は後述する「床供養」（第六章を参照）にしか寄れません。

床供養は、伊勢白山道式の先祖供養が一年以上継続していることが条件です。床供養をしますと、供養台の高さに寄れないすべての縁ある霊を供養することができます。

「感謝の思い」が故人を癒す

自殺者に対しても、日常に感謝の気持ちを送ることは故人を癒《いや》します。「私たちが生きているのは、あなたがいたお蔭だ」と、思ってあげることが大事なのです。この「思いやり」が故人を救います。

これは、自殺者でありましても、「この世の人から感謝される」ということは、あの世では、「その魂に感謝をされるような良い面があったからだ、人徳があったからだ」と評価されるからです。

自殺者の自責の念の波動によって引き起こされる、「親族の自殺の連鎖」という最悪のパターン（型）を繰り返さないためにも、感謝の供養が大切です。

縁者以外の自殺者に対して

芸能人や、自殺したという話を聞いただけで、会ったこともない人に対しては、軽々に三本目の線香で供養せずに、普段の生活の中で成仏を思うことを参考にしてください。

身内でない他人の自殺者の場合は、よほど脳裏に浮かぶ場合だけ、三本目の線香で感謝と成仏を思っても良いです。

とにかく、あまり欲張ってするのはよくありません。霊の世界は甘くはありません。

三本目の線香は、供養が必要な人から先祖霊が采配して届きますので、あまり個別の人を特定しないほうが良いです。

なお、生きている人に対しては、線香供養の時ではなく、普段に感謝想起をします。線香は死霊のためですから、縁起が悪いです。

拒絶でも同情でもなく感謝で向き合うこと

浮かばれない霊に対しても、霊を祓《はら》い、避けようと拒絶する気持ちはよくありません。生きる人間でも、もしも身なりが汚いだけで避けられたり、意味不明な呪文で追い払うような行為をされますと、誰でも怒ることでしょう。

「霊の気持ちも立場もわかるが、感謝をしてあげることしか自分にはできない」ということを霊にわびてあげる、このような態度が大切なのです。霊も生きる人間も、お互い様なのです。霊も肉体がないだけで、生きる人間と気持ちは同じなのです。心は永遠なのです。死ねないのです。

「感謝」ではなくて「同情」をしますと、自殺者に引き込まれて、ご自分が自殺したくなりますので注意が必要です。たんたんと感謝の気持ちと線香を置きます。

自殺者も時間はかかりますが、必ず安心させることができます。

以上のような、霊に向き合う心の「姿勢」を知っているだけでも、迷える霊と自身の運命が変わって行きます。

自殺に関する質問

Q 精神の病からの自殺も罪になりますか？
病のために本人もどうしようもなかったのなら、罪にならないのではないでしょうか？

Ⓐ死ぬと、誰もが正気に戻ります。自分を縛っていた幻想が解けますので大変後悔します。自分自身の後悔の思いが自分を苦しめます。そこに家族からの無念の思いも、刺さります。

閻魔大王《えんまだいおう》から命令されて地獄に行くのではなくて、自分が自分自身を許せないので、自分にふさわしい行き先を決めます。自分から地獄に行くのです。

あの世で目が覚めれば、言い訳をするような魂はゼロです。あの世はウソがつけない世界だからです。

皆さんが思われる以上にあの世は厳格であり、管理されています。重力の法則が貫徹しています。逃れることが不可能な重りが、魂を縛ります。

人類はまだ「磁気」と「重力」について知りません。

故人を助けるには、自身の生活努力と先祖への感謝を普段の中ですることが大事です。これ次第です。先祖への感謝磁気を貯めることが、守護につながります。

縁のある人からの感謝の想いが、自責の念に縛られている故人を救います。

Ⓠ自爆テロなど、多くの命を奪って自殺するとどうなりますか？

自殺だけでも重罪と言われていますが、魂は、死後どのような状況に置かれるのでしょうか？　そのような魂でもいつの日か再び転生の機会は与えられるのでしょうか？

Ⓐ自他の内在神と生命、他の人の人生を奪った罪は重いです。地獄へ行きます。すべての被害者の人生を自分が再体験します。赦《ゆる》されるには、気の遠くなるような永い年月がかかります。

自殺した人が、この世に再び生まれて来ることはありますが、それは成仏できたから、許されたから生まれ変われたわけではありません。

自殺したというカルマの借金を返すために、負の因果のハンディを持って、それを納得した上で生まれて来ています。ですから、さらに過酷な人生になります。

Ⓠ特攻隊員として戦死した場合も自殺になるのでしょうか？

家族や日本の国を守りたいと、片道の燃料を積んで、若くして特攻隊員として亡くなられた方々を思うと気の毒でなりません。

Ⓐ神風特攻隊員が飛び立つ直前の「最後の杯《さかずき》」の様子の実写フィルムが、テレビで放送されていました。どの隊員の顔も深刻な気負ったところがなく、静かに笑っていました。ま

さにサムライだと思います。

兵隊もサムライも、好きこのんで殺人をするわけではありません。時代に強制されて、そのような生き方しか選択が許されなかったのです。国策とその時の状況がさせていますから、自殺にはなりません。

特攻隊員の勇敢な行動を支えたのは、母親や家族を守りたい一心《いっしん》の愛情と、家族への感謝だったのです。

「サムライ」精神の背景にあるものは、自分と他人を生かすために、あえて生死の観点から物事を考えることだと感じます。

内在神は厳正に、すべての環境を見た上で判断します。

悩み、苦しんでいるかたへ

生死の観点から悩みを考えてみましょう

残念なことに、豊かで平和な現代社会では、特攻隊員として亡くなったかたの何十倍もの数の人が毎年自殺しています。

平和で非常に恵まれた戦後を国民が体験しましたので、生活のアタリマエの基準が、過去のどの時代にもないほどの最高水準になってしまったことが、辛さや不安感の原因となる皮肉があると思います。

食べることがやっとの国では、「それの何が問題なの?」「それが悩みである日本人がうらやましい」という反応も聞きます。

恵まれ過ぎるほど、逆に小さなことも不幸に感じて、悩みが比例して増えるとは、古来からの人間の「性《さが》」なのでしょう。先進国ほど自殺が増えている現実が、これを証明しています。

自由のない特殊な事情のある国を除けば、貧乏な国ほど人々は陽気であり、子どもも目が輝いています。

日常の大半の悩みは、「生死の観点から」考えて行くと大した問題ではありません。物事への執着心も消えていきます。そして、日常に隠れている小さな感謝するべきことに気がついて行きます。

どんな悩みも必ず時間が解決していきます。

また、たとえ今、ベッドから動けない重い病気だったとしても、最後の最後まで生きるための努力をすることが大事です。

病気の苦痛は投薬で緩和することは大切です。ただ、安楽死については賛成していません。安楽死をした故人が、あの世で「別に慌てることはなかったのだ」と後悔していることを感じるからです。これはあくまでも、私の個人的な霊的世界観です。

自分に起こることは、すべて、有り難く受け取っていきましょう。

苦しみながらも頑張っている人を、神霊は「幸いなる人」だと慈悲の眼差《まなざ》しで私に伝えます。不幸なことも神の恩寵《おんちょう》と言えます。

心配はいりません。自分ができることを、悔いが残らないようにすれば良いのです。どんなに苦しい状況でも、預かっている内在神を最期まで生かし切ることが大事です。

自殺することが、「生まれる前から決まっていた」などという間違った運命論にだまされてはいけません。

運命とは自分で「命を運ぶ」ことです。生きることは自分の意志に任されています。たとえ病弱でも懸命に生きる努力をすることが大事です。絶対に、自《みずか》ら命を絶ってはいけません。

自殺さえしなければ、とにかく懸命に生き切れば、人生を終えた時に大いなる祝福を受け取ることになります。そして今回の人生の意味を知ることができます。

生きていることは奇跡です

経済的に行き詰まり、「もう死ぬしかない」と思う人がいます。

そのような時には、死ぬ前にまず生活習慣と家計の規模を変えることです。死ぬ気があればどんな努力もできます。

本当に死ぬ気で頑張ったのかどうかは、あなたの中の内在神は知っています。お金で死ぬなどは、せっかく生まれてきたのに大損です。自己破産という方法もあります。慌《あわ》てないことです。借金など、お金の問題で死にたいと思うのは、生きていることの価値がどれだけ大きいのか、その奇跡、有り難さを知らないからです。

普段に大《たい》した困難な状況でなくても、「死にたい」と簡単に漏《も》らす人がいますが、これほど神さまに無礼な発言はありません。

「早く死にたい」などと簡単に言うことは、これは命をつないでくれた先祖への罵倒《ばとう》であり、命を生み出した神さまへの冒涜《ぼうとく》です。恩知らずで身勝手な発言です。先祖と神さまをも全否定する悪魔的な発言と言えます。

与えられた命への敬意をもって、とにかく生きることが大事です。どんなに大変な状況でも必ず変わっていきます。

悩みの原因は他人と比較する心

人間の悩みの大半は、悩みの原因そのものが問題ではなく、無意識に他人との比較をして、「自分はダメだ」と自分をイジメる気持ちが苦しみなのです。

人間は「他人を見ないで」「他人との比較をしなければ」、どんなに幸福になれるのかを知りましょう。

幼児の頃が楽しいのは、他人と比較する自我がないからです。

魔界の大蛇が人間の始祖、アダムとイブに教えたことは、「比較すること」だったのです。神様が比較することを制御している間は、地上に楽園が出現していました。

大蛇が比較することを教えてから、他人よりも勝ることを画策する、自分を優先する自我が人類に大きく成長してしまいました。

今から他人と比べて苦しむことを止めましょう。

人はこうあるべきだ、という世間の常識と比較して、悩んではいないでしょうか?

病気が苦しいのも、周囲の健康な他人と比較して、「健康ならばあんなこともできるのに」

と、今の病気の自分をダメだと見捨ててはいないでしょうか？

他人と比較しなければ、病気なら病気の中でも、人間は楽しむことができるのです。

貧乏でも、その中でも感謝するべきことに人間は気づけるのです。

この世の成功も失敗も、死後には関係ありません。他人を見なければ、今の自分自身を受け入れることが可能となるのです。

他人を見ずに、自分を見つめましょう。

結局は、今の自分と他人のことも大切にして思いやりを持って生きて行けば、すべては大丈夫なのです。

もし、これができれば、本当に奇跡的な内在神からの癒《いや》しが自分自身に起こります。

心を大切にしながら、目の前のことを頑張りましょう。

もうダメだと思った時は、変化をするチャンス

今の仕事が辛くて嫌で「もう死にたい」という思いに取り憑かれたならば、

「これは新しい仕事を始めるチャンスだ、良い機会だ」

と、思って欲しいのです。

本当に今の仕事の悩みで死ぬぐらいならば、新しい仕事を体験したほうがお得です。そんな嫌な仕事のために死ぬのは、本当にアホらしいと気づいて欲しいです。


「もう生きることが嫌になった。死にたい」

このように何となく思うようになった時には、

「何か変だ？」

と思って欲しいのです。

それで死ぬぐらいならば、住む場所を変えて「転地療養」をしてみることも参考にしてください。

独身ならば、寮付きの仕事を探すことも良いでしょう。

私が観るところ、人は住まいからの霊的影響を受けて、「死にたい」と思っていることも多々あります。

これは、自殺の隠れた霊的な真相でもあると感じます。

そういう時は、住まいを変えることで、

「あの時の自分は、いったいどうして自殺を考えたりしたんだろう？」

と、自分自身でも異常だったことに気づける場合もありうると思ってください。


引っ越しができない場合は、家具の配置を変えて、気分転換をするのも良いです。寝る向きを北枕に変えてみるのも一つの方法です。北枕は理想です。

とにかく簡単に死ぬぐらいならば、仕事も住まいも変えてみる体験を試すことを、本当に死を選ぶ前に、参考にして頂ければ幸いです。


「もうダメだ」と思った時は、変化をするチャンスだ。

これを覚えておいてください。

この章のまとめ▼とにかく最後まで、生き切ること

自殺をすると、その時の苦痛が持続する

人生にリセットはありません。死んで終わりどころか、それは永遠の苦痛の「始まり」に過ぎません。自殺をしたら楽になれるどころか、あの世では苦痛がこの世の十倍になります。

自殺をすれば、心も霊体も死んだ時の顔や肉体の状態が反映した形状で固定化されます。首吊り自殺の霊をしたエピソードにある通りです。

どんな形でも、自殺をすれば百パーセント後悔することを、断言します。

とにかく最後まで頑張って生きれば大丈夫です

この世で世間的な成功ができなくても、病院のベッドの上で過ごす毎日でも、自分はダ

メだと思っても大丈夫です。最後まで生き切れば、苦労の多かった人生はあの世では価値のある宝物へと反転します。

すべてに意味があり、大いなる昇華となり、その分の喜びがあの世で待っています。

大いなる慈悲の存在が、すべてを観てくれています。

だから安心して、何があっても大丈夫ですから、最後まで生き切りましょう。

自殺した霊を救うのは縁者からの感謝の供養

家族や知人に、もし自殺者がいれば、

＊家族や縁者による依り代を使用しての、「正しい」供養をすること。

＊感謝の気持ちを故人に送ること。

これにより、凍結された故人の魂を徐々《じょじょ》に溶かし、苦痛から救い出すことが可能です。

供養により故人を助ける人は、いずれは自分自身も助けられます。

第六章

「床供養《ゆかくよう》」と動物への供養について

この世の変化と土地の影響

この世の変化が始まっています

テレビで「心霊映像の特集」というものがありますが、私が観ますと、外国の映像は編集された偽物が多いです。

近年の日本のものは偽物も中にはありますが、過去には撮影されなかったような本物の亡霊や悪霊が、動画でリアルに実写されていることがあります。

その理由は映像技術の進歩だけではなく、この世の霊的な振動数が変化してきているからだと感じます。

今までの振動数の時代でも私の霊眼《れいがん》には視《み》えていましたが、いよいよ誰の目にも見ることができる媒体《ばいたい》に、姿を現し始めています。

私は以前から、「天地自然、草木、石や家も、もの言えぬ最下層の霊たちも、ものを言い始める時節が到来する」と予告していました。神道の大祓詞《おおはらえのことば》に「言問《こと と》ひし磐根樹根立《いわねきねたち》草《くさ》の片葉《かきは》をも語止《ことや》めて」とありますように、太古には石や木がおしゃべりをするように、信号を発信しているのが普通の状態でした。

この状態が霊的振動数の上昇により復活して、今まで人間には見えなかった存在が音を出したり、姿を現したりするようになり、それを人類が再び感知し得る時代が始まっています。

撮影された霊体の様子

映像では、床や地面に横たわる状態の霊体が多いです。

これは、人は大きく悩みながら死亡した場合、その悩みの思い（重い）の量により、重力の影響を大きく受ける霊体へと変化するからです。信じられないでしょうが、霊体が地面の中にめり込んで落ちて行くのです。

心霊写真やビデオでも、地獄に落ちた霊体がカメラに写る時は、地面に張り付く影や、車の下やベッドの下など、とにかくこの世の高さ三十㎝以下の空間に写るのがやっとです。

これは先祖供養の霊位の高さを三十cm以上に、と勧めていることとも関係します。重力により実際に床面から離れることができないので、床を這《は》って移動します。内容的には良くない部類の霊体です。家の中ではベッドの下だけでなく、押し入れなどにもひそんでいますから、ベッドの下や押し入れも掃除は大事です。

撮影された霊体は、その性質により形態が違います。

大まかに分けますと、

●人の形のもの‥ぼんやりした人形《ひとがた》の光のカタマリや、煙のような霊的磁気の集合体（エクトプラズム）で撮影されるもの。この場合、霊体の動きは遅く、表情もないです。悪意はなく、供養を求めています。

●髪の毛のカタマリ‥さまよう年月が経過した霊体ほど、髪の長さが長くなり量も多くなります。髪の毛のカタマリとして撮影されるものは、怨念を持った霊体がとる姿です。ホテルや賃貸の部屋におきまして、風呂場やトイレでいくら掃除しても長い髪が落ちていることに気がつけば、そこに存在している可能性があります。霊体でありながら、実物の髪の毛も落とすという不思議があります。

生前にハゲていた男性でも、死後に怨念が強ければ、髪を持つ霊体になる可能性はあります。霊体のエクトプラズムが黒いカタマリとして、髪の毛のように見えるとも言えます。

●首から上だけのもの：頭部だけがリアルに写るもの。肌の色は青黒く、亡くなった時の様相です。死臭も伴《ともな》って移動します。これは悪霊であり、生きる人間に対して、実際に悪事を働きます。世を呪いながら亡くなった人がとる特徴です。

平将門《たいらのまさかど》もそうでしたが、首から上だけの霊体は霊力があり、要注意です。普通の怨念《おんねん》だけではなれない形態です。怨霊《おんりょう》ですので、ゆかりの首塚に願掛けなどは大変危険です。

逆に、悪意がない霊体は、首がない状態で撮影されることが多いです。

霊体の不思議としまして、首から上の目玉や髪の毛などは、特別な意味を死後に持つ特徴があります。死後数年の霊体の映像では、目に表情があります。しかし、年月を経るごとに霊体は、黒目一色に変化して撮影されます。

そうした映像の違いから、霊体の死後の年数がわかります。

住む土地の影響で家庭崩壊した話

あるご夫婦が新しい造成地の住宅団地に引っ越しをしてから、奥さんの不倫が始まり離婚しました。離婚後に、引っ越しをしようと旦那さんが不動産屋に行ったところ、「この団地では不倫で離婚する家庭が多い」と言われたそうです。夫はその後胃がんになり、引っ越しをする前に亡くなったそうです。

このご夫婦の場合は、造成された土地の精霊の怒りと、造成される前に、不倫が原因で林の中で自殺をした女性の怨霊が影響していたことを感じます。

土地の霊障（霊的な障害）とは、開発業者よりもやはり住む人に一番大きく影響します。もし地域の氏神を家に祭り、先祖とその土地にまつわる霊も含めた縁ある霊を慰めるために、依り代による日々の感謝の供養行為をしていれば、このような顛末《てんまつ》にはならなかったでしょう。

そもそも先祖に常に感謝を捧げ、見えない存在に対しても配慮をする行為をしていれば、このような場所に住むこと自体を、自然に避けることにもなります。

現実の努力と、見えない存在への配慮が大事

一般的に、この世では霊障よりも現実の努力の有無のほうが、幸福を左右する比重は大きいです。ただ、この世は現実の生活努力と見えない存在への配慮という二つがそろって、初めて幸福が継続する世界なのです。

その重要度をパーセンテージの比重で表しますと、現実の生活努力が六十～八十％で、見えない存在への配慮が四十～二十パーセントと言えます。

つまり、この世の幸福には自分の現実生活における「努力」と「選択」が六割以上を占めることを忘れないで欲しいです。

迷える霊からの誘導がありましても、生きる人間こそが内在神を抱《かか》えており、亡霊よりも強いのです。実際の行動は自分の意思により選択、決定することが可能です。

土地の霊からの誘導を受けて離婚となった妻は、夫とは強い絆《きずな》があると過信していたことと、初めての浮気なのでもしもバレても許されるだろうと、軽く考えていたことを後悔していました。

真面目な男性ほど、信頼を裏切られた時には厳しい行動をとります。浮気をしたらどうなるのか、妻が家庭崩壊の現実パターンを想定していれば、防ぐことができました。幸せを継続するには、霊的問題を心配するよりも、現実の努力不足や想定不足の甘い考えがないかを反省して、日頃から正しい選択をするように心がけることが大事です。

床供養（家と土地の供養）について

先祖供養歴一年以上が必須条件です

- 床供養は伊勢白山道式の依り代（「○○家先祖代々之霊位」と書いた短冊か位牌）と線香三本による感謝の先祖供養を、一年以上継続していることが必須条件です。線香を使わない湯気供養は、先祖供養の実績に入りません。
- 先祖供養歴が一年以上あっても、その日の先祖供養をせずに床供養だけをするのはいけません。

伊勢白山道式の先祖供養をしていない人は、床供養はしないでください。床供養をするには、先祖供養の習慣の慣れと、先祖の守護と干渉が必要だからです。

感謝の先祖供養を継続していて、その供養台にも寄れない浮かばれない存在があれば助けてあげたい、と思う人はして良いです。

「床供養」とは、住む土地と家に縁のある見えない霊的存在からの、マイナスの誘導を避けるための方法です。床供養の対象は、亡霊《ぼうれい》や魑魅魍魎《ちみもうりょう》です。供養をおこなう人に縁のある自殺者の霊も、床供養には寄ることができます。

床供養には地域の氏神も寄ります。土地の精霊への感謝にも、床供養はなります。

中古物件や賃貸マンション、新築の住宅でも、住む土地や家になんとなく暗い感じがするとか、人の気配がするなどの違和感を覚えたり、ラップ音などの奇異があったりする場合は、床供養を参考にしてください。

玄関や気になる場所に盛り塩を置きましても、霊を避けるだけです。塩の効果は一時的な祓《はら》いであり、霊の昇華を助けることができません。床供養は、実際に霊障のある家の場合は、かなりの即効性があります。霊障のない家の場合は、目立った変化は感じられないかも知れません。

床供養は大人がするほうが良いです。子どもには不要です。先祖供養は子どももして良いです。

床供養の対象となる霊

映像に実写されている地面や床《ゆか》を這《は》う霊体は、古来「地霊」として地鎮祭《じちんさい》などで慰められてきた対象です。

近代の氏神信仰の弱体化や、間違った集金目当ての宗教による、実際には慰霊の実践力のない供養により、これらの霊が社会にあふれ始めています。

映像などに現れる地面からヒザ下ぐらいの高さに映る霊体は、物凄く執着が強いため、生きる人間に影響を与えます。死斑《しはん》（死後に出る斑点模様）がある死後の遺体の様相で、生きる人々の足首にすがり憑《つ》こうとします。これにより、多くの家庭や個人の運命が変わっています。

床面を離れることができない下層の霊は、高さのある台に置いた「先祖供養の」依り代に寄ることはできません。重力により、実際に霊体が床面に押し付けられています。

先祖供養の依り代とは別に、床を這う霊たちのために「家と土地の霊位」と書いた専用の依り代を床に置くことにより、床を這うことしかできない霊たち（地縛霊や土地に関わる霊的存在など）の餓鬼供養《がきくよう》をすることができます。土地に関わる霊的存在には、この世に生きていた人間だけでなく、動物霊や古代の精霊などもあります。

先祖供養の場合は、安心した先祖霊の采配《さいはい》の下で、その時々の縁ある霊から順番に供養を受けられますが、床供養の場合には、床を這う霊が泥だらけ、斑点だらけの手で依り代に触るように群《むら》がります。

地縛霊となった自殺した故人も床供養により浄化しますと、通常の先祖供養に寄ることができるようになります。霊は床供養による人の情けと線香を受けて、もう十分だと思えた時に、あの世の行くべき場所にそれぞれが持つ因果により引かれて行きます。

霊たちを真から助けて昇華させることができるのは、依り代と線香による供養です。

床供養の方法

（1）「家と土地の霊位」と書いた依り代の短冊を短冊立てで挟んで固定し、「直立させて」お盆か折敷《おしき》（四角い木製のお盆）の上に載せます。お盆は床面に直置きをします。火災予防のために、線香器の下にはお皿を敷き、お盆に載せます。

手を合わせる時は座るのが理想ですが、立ったままでも良いです。その場に応じて臨機応変に判断してください。

（2）線香三本に火を点け、上下に軽く振って炎を消してから線香器に立てます。先祖供養と同様に、奥に二本、手前に一本の三角形に立てます。

基本は自分の住んでいる場所への供養が大切ですが、もし縁がある離れた場所を供養したい場合は、三本目でその場所をイメージして捧げれば良いです。

（3）手を合わせて、「この家と土地に住まわせて頂いて　ありがとう御座います」「この家と土地に関わる霊の皆々様方、線香をお召し上がりください」などと言います。言葉は自分なりにアレンジしてください。言葉はあっさりで良いのです。

床供養では「アマテラスオホミカミ」「生かして頂いて　ありがとう御座います」などの言葉は不要です。これらの言葉は力のある言霊であり祝詞《のりと》ですから、床供養の対象である下層の霊を祓《はら》いかねません。

床供養は、それらの霊をその場から追い払うのが目的ではありません。まずはお腹が空いた霊に食べ物を提供するのが目的です。線香の煙があの世に届いて、霊の欲しがっている水や食べ物に変わります。水やお茶は供えても良いですが、本物の食べ物を供えることは厳禁です。

（4）そのまま放置して、その場を離れます。ただ、床供養の場合は、土地の影響で昇華を嫌がる存在が、線香を倒したりすることがあります。

線香が燃焼中は、定期的に安全を確認することが大事です。

（5）床供養も先祖供養と同じように、依り代と道具一式を常設して置くのが理想です。床供養の短冊を常設にすると、床供養に寄る迷える霊が休憩する場になります。

常設できない場合は、線香が消えた後に一時間ほど経てば、道具一式と依り代をしまって構いません。道具をしまう時は、消火の確認を必ずしてください。

（6）床供養の対象となる床を這う霊は、供養場所まで来るのに時間がかかることもあります。やっとの思いで来ても線香が終わってしまっているということがあります。また、限られた場所に留まっていて、供養場所まで行かれない霊もあります。

そのために、場所もいろいろ変えてするのが良いのです。

●床供養の線香で癒された霊はやがて移動ができるようになり、その場を離れてあの世のそれぞれの行くべき場所へ行きます。

●床供養をすると逆に霊を集めてしまうのではないか、と心配されるかたは、まだそのような心の段階なので、無理にする必要はありません。

床供養の道具について

【短冊】

●先祖供養と同様に、厚みのある無地の短冊を用意します。先祖供養との違いは、名字を入れないことです。名字を入れずに「家と土地の霊位」と書きます。「位」の文字は少し大きく書きます。
新築の家でも「土地の霊位」だけではダメです。「家と土地の霊位」と書きます。
●文字の色は、金色は先祖霊には良いですが下層の霊には眩《まぶ》しいので、黒色マジックや筆ペンなどの黒い文字が良いです。
●床供養の短冊はすぐ穢れますが、同じ一つの短冊を継続して使うほうが寄りやすいです。

【短冊立て】

●短冊立ては木製で床供養専用の物を用意してください。木片に一筋の刻みミゾを入れるだけで自作もできます。これに短冊をしっかり挟んで、お盆か折敷《おしき》の上に載せ、お盆は床面に直置きをします。
●先祖供養に新しい短冊立てを購入し、それまで先祖供養に使用していた短冊立てを床供養専用にするのは問題ないですが、床供養に一度でも使用した短冊立てを、先祖供養に使うことは厳禁です。

【お盆】

●道具を載せるお盆は床供養専用にできれば理想ですが、来客用と兼用でも良いです。木製で無地が理想です。色は自由です。

●生物の形象《けいしょう》を避ければ、多少の模様は大丈夫です。くまモンのお盆などは霊が怖がって寄れませんから不向きです。くまモンには、魔除けの力を感じます。

●折敷《おしき》（白木の四角いお盆）があれば最高です。

【線香】

線香は「普通の長さの線香三本」を三角形（奥に二本、手前に一本）に立てて用います。先祖供養もそうですが、煙が大事です。煙が多いほど不成仏霊には良いので、煙の多い線香を選びましょう。

火災予防のために、線香器の下にはお皿を敷きます。

※床供養の紹介の初期には、線香の長さや形状などに特に決まりはなく、燃焼時間の長い長寸の線香や渦巻き線香でも良いとしてきました。しかし、火災予防の意味からも、一度

にたくさんの線香を束で立てることや、渦巻き線香は勧めないことに変更しました。普通の長さの線香が良いです。たまには長寸でも良いですが、火災には注意をしてください。

※また、「線香一本で始めて、慣れてから三本にするように」と勧めていましたが、その後の読者の様子から判断して、最初から三本ですることに変更しました。

先祖供養と同様に、やはり「三本」の線香に霊的な意味があります。三界（迷う衆生が輪廻転生する欲界・色界・無色界の三つの世界のこと）への供養です。でも、大きな意味では、地獄界・霊界・神界の三つの世界への捧げものでもある意味です。

【線香器（香炉）と灰】

床供養には専用の線香器と灰を用意します。先祖供養の線香器と兼用するのは厳禁です。また、生物の形象の模様のある器は適しません。無地が理想です。色は白系が無難です。

灰の中の線香の燃えカスを掃除する道具も、先祖供養とは別に用意するのが理想ですが、共用するならば、毎回洗浄すること。線香の燃え残りは、割りばしを使って捨てても良いです。

【引越しをする時】

引越しをする場合、床供養の短冊と灰は新居用に新しく用意します。使用中の床供養の短冊と灰は古い家で紙に包んでゴミに廃棄します。

床供養の短冊立て、線香器（香炉）、お盆は、塩水で拭いてから継続して使用します（先祖供養の場合は、短冊・灰を含めた道具一式は、新居でも継続使用して良いです）。

場所について

【掃除をすること】

- 供養をする場所は、まず掃除をして床をきれいにしておきましょう。これは、床供養に寄る霊への敬意と思いやりです。
- 供養をして線香が燃えている間は、電気は点けていても消していても、どちらでも良いです。

【方角は自由】

●先祖供養や神祭りでは、人が西に向いて拝むことは避けるのが理想ですが、床供養では方角を気にする必要はありません。

●最初は鬼門方向（北〜東）で、普段に人がいる場所からは離れた場所に置きます。もしこれで違和感を覚えれば、その次は裏鬼門（西〜南）の方面に置きます。

【屋内の床の上が基本】

●床供養は屋内で床がある場所でおこないます、敷地内でも、駐車場や農地などの屋外は厳禁です。また、基本的に人が土足で歩く場所、玄関の土間やベランダなどは避けます。

●床供養には地面に近い一階が理想ですが、集合住宅の場合は、自分が住んでいる場所が基準になりますので、例えば、マンションの五階に住む人は、自分が住んでいる五階の部屋で床供養をします。

【階段・二階建ての家の場合】

●複数の階がある場合、階段の途中や踊り場では、床供養の道具が邪魔になり、避けて通ろうとすると危ないので止めましょう。各階の部屋の床面が良いです。階段の下に空間がある場合は、そこで床供養をしても良いです。

階段の高さは、床を這う霊には重力に捉えられて上がれません。想像以上に、床に張り付いてしか移動できない地縛霊が多いです。

● 下の階から始めて、その後に上の階を供養しても良いです。

【廊下】

● 廊下や台所などは特に、床供養をするのに向いている場所です。前記の方法とは無関係に、最初からこの場所での床供養も良いです。

● 霊は直進して突き当りまで行きますので、廊下の突き当りも床供養に向いている場所です。廊下で供養をする時は、廊下に面するドアは閉めておいたほうが良いですが、ドアを開けて置いたり、途中で出入りしてもかまいません。

【台所】

● 霊は水場に集まりますので、台所や洗面所、風呂場、トイレなども良いです。

●台所で足が冷える場合は、霊がいる場合が多いです。キッチンの状態は、主婦に反射します。床供養が必要な霊体は、食べ物に興味があるから台所に来るのです。掃除と床供養が大事です。

【風呂場・トイレ】

●風呂場は、霊的な磁気が溜まりやすい場所です。ここが浄化すると、穢れが大きな家ほど重石が取れるように、なぜか気持ちが変化をします。洗い場も浴槽の中も試すと良いです。

●トイレの個室の中での床供養も良いです。トイレは使用する時に邪魔になりますので、床供養が終わって一時間くらいしたら道具は移動させます。または最初から、ドアを開けて前の廊下でしても良いです。

【違和感がある場所・押入れの前など】

●家の中で冷やっと感じる場所で、順番にしていくのも良いです。

●押し入れやタンスの前などで、扉を開けてしても良いです。

【床の間・神棚・先祖供養の場所】

- 床の間《とこま》は、神聖な場所ですから、神祭りには理想です。下層の霊は寄れませんので、床の間の上では床供養は不要ですが、床の間のある部屋での床供養はして良いです。
- 床供養は神祭りとは別の部屋が良いです。神棚のある部屋で床供養をする場合（必要性は低いため、床供養の順序としては最後になります）、神棚からはできれば三m以上離します。
- また、先祖供養の場所からは一m以上離しましょう。

【枕元は避ける】

- 寝ている時に枕元で床供養をしたり、床供養をしていなくても短冊を枕元に常設しておくことは避けましょう。道具を置いておく場所は、別の部屋か廊下などが理想です。ワンルームであっても、できるだけ枕元からは離しましょう。
- 夜に寝る部屋でも、寝ていない時に床供養することは問題ありません。

【一日一回一か所のみが理想】

●床供養は一日に一回が理想です。時間をあければ、一日のうちに二回までは床供養をしても良いですが、同時に複数個所でしてはダメです。一回につき一カ所です。慌てないことが大事です。

【実家や所有する店舗など】

●住んでいる自宅だけでなく、実家や別荘、自分が所有・管理する不動産の事故物件などでもおこなっても良いです。

●店舗や事務所などで人が土足で歩く場所の場合、まずは靴をぬいで上がる場所があれば、その床を優先します。そういう場所がなければ、供養の道具を置くところをよく拭いて、きれいにしましょう。下に敷くお盆は必須になります。

会社については、床供養とは別に「会社供養」という方法を後述します。

場所は数日～七日ごとに移動する

一般的に、土地の地縛霊は部屋ごとにいます。部屋の結界により固定されていて、部屋から移動することができないので、場所を変えておこなう必要があるのです。

供養期間は、まず同じ場所で数日～七日間（連続してできなくても良い）おこない様子見をします。そこから次の場所に移動して数日～七日間、それをそれぞれの場所で何回か繰り返します。

そのあとは任意で不定期におこなえば良いですが、臨機応変に場所を変えながら継続することが理想です。七日のうちに場所を移動しても問題はないです。

床供養の図解

床供養は、供養する人が先祖供養を１年以上継続していることが必須条件です。

先祖供養をしていない人は、床供養をおこなってはいけません。

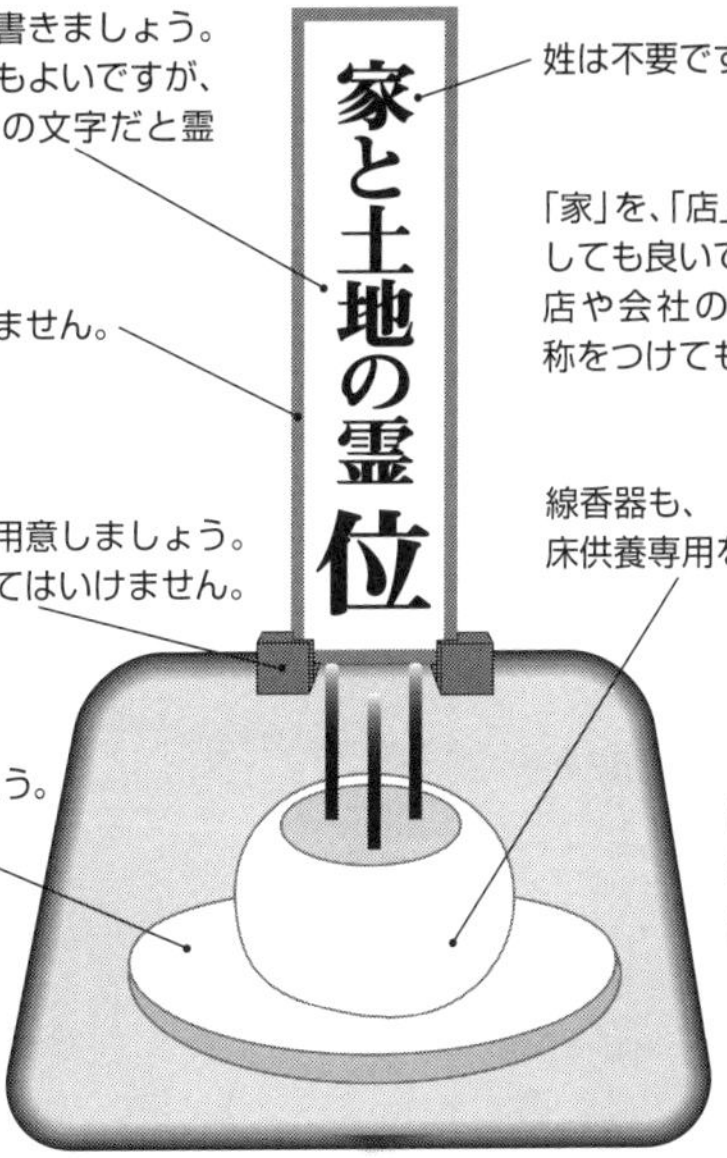
文字は黒色のみで書きましょう。先祖供養では金色もよいですが、床供養では、金色の文字だと霊が寄れません。

短冊の縁取りは金色でも問題ありません。

短冊立ては必ず床供養専用に用意しましょう。先祖供養と兼用してはいけません。

火災防止のために皿は必ず敷きましょう。

「家」を、「店」や「会社」などに変更しても良いです。店や会社の場合は「○○店」と名称をつけても良いです。

線香器も、床供養専用を用意しましょう。

木製のお盆か折敷に載せて、床面に直に置きます。

- 「この家と土地に住まわせて頂いて、ありがとうございます」「この家と土地に関わる霊の皆々様方、線香をお召し上がりください」など自分なりの言葉で唱えて、その場を離れます。
- 「生かして頂いて　ありがとう御座います」や「アマテラスオホミカミ」は、床供養の対象の霊を祓いかねませんので、不要です。
- 床供養は先祖供養とは別の時間が良いです。
- 水やお茶は供えても良いですが、食べ物は厳禁です。

◆火災に注意！ 線香が消えた後に時間差で、線香残が灰の中で再燃焼することがあり、危険です。燃えやすいもので包んだり、燃えやすい場所に保管しないこと。

伊勢−白山 道 http://biog.goo.ne.jp/isehakusandou/

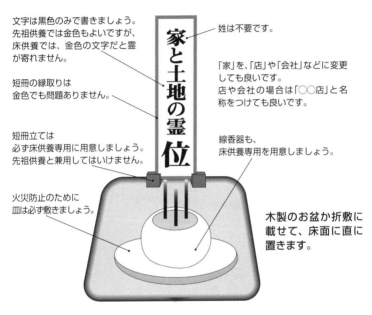

先祖供養とは別の時間が良い

● 先祖供養と同時刻に同じ場所で、床供養をおこなうのは厳禁です。別の部屋でおこなう場合でも、先祖供養の線香が消えてからおこなうのが理想です。
● 先祖供養と同じ時間帯にする場合は、必ず別の部屋で、先祖供養の場所からできるだけ離れた場所で床供養をしましょう。互いの煙が混ざることは厳禁です。

時間帯について

● 床供養では、夜中十二時から午前四時の時間帯でも問題ありませんが、やはり霊的に不安定な時間である夕方（日没前後一時間）は避けるほうが良いです。
● 感謝の先祖供養が五年以上継続している人は、深夜に床供養をして放置しても良いです。火災には注意して、下には不燃性の敷物をすることが大切です。

三本目による遠地への供養について

読者から、「自宅での床供養の時に、三本目で実家を思いながら何日か線香をあげたところ、数日ぶりに実家に行った時に空気が澄んでいるような変化を感じた」という投稿がありました。

床供養は離れている場所へも影響します。あの世の霊界に通じるのですから、この世の離れたところぐらいへは届きます。

ただし、三本目の時に欲張って複数箇所を思いますと、効力が落ちます。三本目で思うのは、一回の床供養につき一ヵ所に留《とど》めるようにしてください。

また、供養が届けば、離れているその場所からの霊的な反射を受けることにもなります。過去の土地柄によっては大きな影響もありますから、軽々にしないことです。

もし自分に違和感がくれば、三本目での離れた場所の供養は止めましょう。無理に供養は不要です。

床供養の基本はあくまでも、自分が現在住んでいる場所への供養が大切です。

先祖供養もそうですが、早く効果を上げたいと期待する気持ちではなく、家や土地に縁のある困っている霊があれば助けてあげたい、という思いやりの気持ちが大事です。

床供養が出来ない場合

床供養とは、無理をして、慌てておこなうことではありません。

床供養をしていなくて、土地や家からのマイナスの霊的影響を受けているとしても、基本的には、普段の先祖供養の三本目の線香で土地の霊へもすべてに対応されていますから無理は不要です。床供養を勧めているのでは決してありません。各人が自己判断の上で、準備を整えておこなってください。

床供養の実践を迷う人は、まだ床供養は不要な状況の人です。床供養が本当に必要な人は、先祖の導きもあって自然と自《みずか》らしたくなります。

以下の理由で、床供養をしたいけれどできない場合、

• 床供養の条件の伊勢白山道式先祖供養が一年に満たない。
• 小さい子どもなどがいて、危ないのでできない。
• 床供養に家族が反対している。

このような場合は、線香を使わないで、心中で家の霊に感謝をして、お茶を置いても良いです。

ただし、その場合も、

＊依り代として「家と土地の霊位」と書いた短冊は必須です。

＊お盆にお茶を三つ三角形の位置にのせて、部屋や廊下などの隅に置きます。

お茶は、三十分から一時間くらい経過したら下げて、飲まないで必ず捨てます。

この方法も、伊勢白山道式の先祖供養をしていることが前提です。

また、先祖供養をしないでするのは良くありません。必ず先祖供養をした後にします。

車での床供養について

中古車を使い始めて、たびたび事故に遭ったり、運転が荒くなるなどの場合には、車の影響を受けている可能性があります。前の持ち主のイライラ磁気が残っているかもしれません。

新車でも、それまでの保管場所や、展示車だった時に様々な人が座っているため、霊的な影響がある場合もあります。

このような場合には、「車内の霊の霊位」または「この車に関わる霊の霊位」などと短冊に書いて、車の床に置いて供養することも参考にしてください。

灰など供養の道具は、家で使っている床供養の物を使って良いです。

依り代の固定と安定が大事です。倒れないように火事に注意して、大きな燃えないお盆の上でしてください。

言葉は、「この車を使わせていただいて、ありがとうございます。線香の煙をお召し上がりください」など、自由で良いです。「生かして頂いて　ありがとう御座います」などの言葉は言わないで、あっさりと感謝を思います。

期間は、気になる間はして、気にならなくなれば止めて、普段に感謝をすれば良いです。

車での床供養も、ヨリシロの先祖供養歴が一年以上の継続が必須条件です。また、先祖供養歴が一年以上あっても、先祖供養をせずに車での床供養だけをするのはいけません。自殺者へ届く供養と、動物供養にもなります。

車内での床供養ができない場合は、自宅での床供養の三本目で、車に感謝をすれば良いです。

新車でも中古車でも、神社でのお祓《はら》いなどは不要です。車内の掃除と、外も磨くことが祓いになります。塩は金属がサビますから、使わないほうが良いです。

車に「これからよろしく」と感謝の念を送り、大切に使いましょう。

会社供養について

会社供養は、従業員が何人かいる会社の経営者のかたがおこなうものです。会社で従業員として働いているかたは、自宅での先祖供養のみで良いです。

会社供養も個人宅の床供養と同じく、伊勢白山道式の先祖供養を一年以上継続していることが供養実践の条件です。

会社には従業員だけではなく、取引先やお客さんなど、多くの関係するかたの想念の磁気が影響しているものです。また、すでに亡くなっている過去の関係者の影響もあります。

その場の磁気を昇華しますので、会社でするのが理想ですが、社員の目が気になるならば自宅でも良いです。

【会社供養の準備】

店舗や事業所で供養する場合は、短冊に「建物と土地の霊位」「店と土地の霊位」など、または、「○○店と土地の霊位」「○○会社に関する霊位」などのように、会社の名称を入れても良いです。短冊の下を挟んで固定して立てます。

高さは先祖供養の短冊より低い位置か、床がお勧めです。先祖供養の短冊と同じ高さでも良いですが、その場合は先祖供養の短冊の台とは別の台にします。

線香器と灰は会社供養専用のものを用意します。

先祖供養と共用は厳禁です。

【会社供養の手順】

一、線香器に、三本の線香を先祖供養と同じように三角に立てます。

二、「会社に関わる霊の方々、どうぞお召し上がりください」と言いながら、線香を一本ずつ三本捧げます。

三、「生かして頂いて　ありがとう御座います」と数回繰り返します。

なお、家で床供養をする方は会社供養をする必要はありません。自宅の床供養の三本目で会社を思えば届きます。

会社供養と床供養の違いは、依り代霊位の名称です。この違いは大きく、寄れる霊の範囲が変わります。会社供養では、会社関係の霊のみに限定されます。

床供養の場合は、範囲が広くなり、会社に縁がある故人だけでなく、その土地に関わる床を這う霊も寄ることができます。

そのため、床供養では「生かして頂いて　ありがとう御座います」の言霊《ことだま》は言いません。

床供養の実践で起きる変化

ラップ音が消える

家の中で、「ピキン」「パシン」「ギシギシ」など、温度差による木造住宅の家鳴りとは別の、霊現象としてのラップ音がする場合があります。

これには、自分がここに苦しい状態でいることを「知って欲しい」「わかって欲しい」という、浮かばれない霊などの思いを感じます。この世に霊の状態で居る間は、霊体は腐っていきますし、臭いはしますし、苦痛が増していくのです。

ラップ音があっても怖がらずに、「わかったよ」と思うことは有効です。そして、「そのままここに居るほど、苦しくなって行くよ。早くあの世に行ってね！」と思って上げることが大切です。

床供養を始めると、ラップ音がウソのように静かになることがあります。霊的な奇異がある場合、床供養の効果は早く現れます。意味のない呪文では救われません。線香を捧げる床供養は、土地の地縛霊に対して食べ物を与え、直接に癒す行為なのです。

住人に起きる変化

過度の飲酒が、土地に居る霊の影響の場合があります。その場合は、床供養により飲酒は軽減します。

床供養を継続して、家が明るくなったと感じるかたは多いです。

また、家族が精神的に安定して来た。子どもがケンカをしなくなり、勉強に集中できるようになった。一人で寝るのを怖がっていた子どもが、一人で寝られるようになった。などの報告もあります。

住む人に影響していた霊的存在が昇華していくと、このような変化は起こります。家内の浄化と比例して変化していくのです。

効果や成果を期待しての供養ではなく、困っている人があれば助けたいという思いが大事です。利己心による「願掛け」や「御蔭ありき」の供養は止めましょう。

霊は昇華する時に水を残すことがある

「同じ箱から出した線香が、先祖供養の時は普通に最後まで燃えるのに、床供養の時は、線香が半分ぐらい燃えたところで、なぜか火が消えてしまう」とか、「先祖供養の灰は乾いているのに、床供養の灰だけ湿ってベトベトになった」という読者がいます。

これは、床供養の対象の霊が、湿っているからです。

短冊に水滴のようなシミがついたり、床供養をしている周囲に水たまりができることもあります。迷う霊が昇華する際に、水を残すことがあるからです。

大事なことは煙です。線香が消えたらまた何度でも着火すれば良いです。湿った灰はそのまま使って良いです。短冊が汚れた時は、そのまま使ってみて、もし気になるようなら交換すれば大丈夫です。

霊が昇華するにつれて、だんだん変わっていきます。

床供養の近くに出来た床の傷

Q床供養の短冊立ての前の床に、有り得ないような妙な曲線の深い傷が付いています。何か霊的な原因によるものでしょうか？

A床供養の反応として良いでしょう。床供養をしていなければ、もがく存在がいて住む人に影響していたということです。昇華です。

Qまさにお言葉どおりの異様な傷でした。苦しむ存在の昇華するお手伝いができて良かったです。それは家や土地に関わる霊だったのでしょうか？　それとも家族に縁のある霊だったのでしょうか？

A土地に関わる霊でした。どこでもあります。

Q床の傷が霊的な現象なのか、そうでないのかを判断する基準はありますか？

Aそれは、普通の人には判断できません。霊が昇華した時には、水で濡れる現象が一番多いです。供養が必要な先祖が多い家では、昇華した翌朝に、短冊の周囲に水たまりができることも起こります。

その床の傷は、実際には家具の傷でもあるでしょう。ただ、それが目立つように、浮かばれない霊が意思表示をするのです。

例えば、柳の木の下に幽霊がいると思ったら、ただの手ぬぐいが下がっていたとします。一瞬でも幽霊に見えたということは、現実の手ぬぐいを利用して浮遊霊が見る人に訴えかけたからで、実際に幽霊がいたということなのです。幽霊がいなくなれば、それは誰が見ても、ただの手ぬぐいにしか見えなくなります。

Q 床供養を台所で始めました。怖い夢をあまり見なくなりました。きれいに片づけて、台所はあまり使わないようにして、床供養だけの場にしたいと思いますが、いかがでしょうか？

A 逆です。あまり気にしないで、台所で大いに料理をしたり、飲食することも供養になります。台所は神聖な場所なので、掃除が大切です。

助けられた霊のお礼

Q床供養をしたあとにとても甘い良い香りがしました。先祖供養の時にはもう少し落ち着いた香木《こうぼく》の香りがします。不思議です。

A助けられた霊は、せめてものお礼に良い香りで意思表示を残すことがあります。言葉や行動でお礼ができない代わりに、良い匂いを残して旅立つのです。

実際にあの世の良い霊界は、良い香りがするものです。神界は、とても高貴な香りに満ちています。魂が良い世界に同調できますと、昇華して逝《い》く魂もその世界の香りをまとうと言えます。

逆に魔界に同調すれば、実際にドブの臭いや腐敗臭がします。ですから、部屋にいて急に腐敗臭がすることがあれば、気を引き締めていることが大切です。そういう腐臭をまとう存在が過ぎ去ると同時に、嫌な臭いも急に部屋から消え去ります。

Q供養で癒《いや》された地縛霊は、「あの世の行くべき場所へ行く」とは、どこへ帰るのでしょうか？　成仏して良い世界に行かれるのでしょうか？

Ⓐ床供養ではお腹を満たすだけなので、苦痛が和らいで、平常心に戻るだけです。直に良い世界へ行くのではなくて、まずはこの世から離れることが可能になります。

そして、厳正に己《おのれ》を振り返って、自分で選んであの世の厳しい場所へ戻ります。

短冊は天国への階段になる

読者から、霊が見える体質の旦那さんが、「床供養を始めたら、それまで家で見えていた霊がピタッといなくなった」と言うので驚いた、という投稿がありました。

しばらくして、旦那さんから、「また、家で霊が見えるんだけど、床供養を止めたのか？」と聞かれた時は、まさに床供養をサボっていた時で、これもまたびっくりしたそうです。

この旦那さんに視えているような床供養による効果と変化は、実際にあることとです。

這《は》うように床にへばり付く霊は、好きこのんで他人の家に居るのではないのです。機会があれば、いつでも救われたいと思いながら、その機会がなかっただけなのです。

しっかりと安定した「依り代霊位」の短冊を用意して、先祖供養には「○○家先祖代々の霊位」、床供養には「家と土地の霊位」という表記があれば、それが天国に登る階段となり、床を這っている不成仏霊も、すぐに天国にまでは行かれなくても、成仏してあの世に行くことが可能になります。

先祖供養と同様に、依り代の短冊は床供養の場合も必須です。

床供養に終わりはありません

Q 毎日場所を変えて床供養をしていますが、床を這う餓鬼霊などが昇華されるのには、最長で何年かかるものでしょうか?

A そのような疑問が出る間は止めれば良いです。供養の心がわかっていないからです。期間を考える＝無理をしている、ということです。「いつになったら昇華するのか?」と思うのは、救いたいという慈悲心がまだ薄いからです。無理は不要です。

まずは先祖供養を継続して、困っている存在を助けたいという思いが自分の中に自然に養われてからすれば良いです。

どこの家でも、誰でも床供養は必要です。どんな土地にも家にも、霊道の流れを受けて、複数の霊が居るものです。周囲の隣人も、影響は受けています。

これを放置するか昇華するかで、個人差がでます。昇華させた家だけ、影響は消えます。

床供養で迷える霊が昇華されたとして、また新たな地縛霊が供養の場に現れることもあります。鬼門に注意するのと同じ理由です。

霊道は生きていますから、鬼門で供養をしても、新規でまた来ます。

先祖供養と同様に、床供養にも終わりはないのです。

動物への供養は床供養が基本で最善

動物への供養は床供養が基本です

先祖供養の継続が一年以上であれば、床供養が動物への一番お勧めの供養方法です。供養台の高さがあるため、先祖供養の三本目よりも床供養のほうが、動物には届きやすいからです。

床供養では、三本のどの線香に動物が寄るかということは考えなくて良いです。床供養の場合は様々な存在も寄るので、線香の順番は関係ないです。

床供養の線香は、三本とも同じ普通の長さのままで、半分に折らなくても届きます。

食肉業や漁業など、仕事で動物の死に関わるかたも、床供養で動物へも感謝をすることが良いです。

動物へは先祖供養とは別の線香器が良い

人間の霊と亡くなった動物を一緒に祭れば、苦しむのは動物です。ペットが苦しむ理由は、この世から解放された死後も、飼い主である絶対的な立場である人間との関係で拘束されることになるからです。

同じ場所での供養では、この関係が継続します。

本来は自然な存在である動物霊には、この縛りがマイナスになります。

先祖供養とは別の場所で、床供養をすることが良いです。人間と動物とは棲《す》み分《わ》けることが、自然で無理がないのです。

「動物供養」として、先祖供養の香炉（線香器）で、先祖供養が終わって一時間以上経ってから、動物のために半分に折った線香一本を立てるという方法は、先祖供養が一年未満で床供養ができない場合だけの「苦肉の策」として紹介しましたが、今はお勧めしません。

やはり先祖と動物とは、供養台も、線香器と灰も共有しないほうが良いからです。動物には床供養が良いです。明るく思い出し、感謝することが大事です。

先祖供養の三本目で感謝は理想ではない

先祖供養の継続が一年未満で床供養ができない場合は、先祖供養の時にその他の霊への三本目を捧げる時に意識して、感謝をすれば良いです。

これは床供養をしている場合は、しなくて良いです。

飼い主のペットへの執着が成仏を妨害しますから、三本目の線香でペットへ感謝を思う場合も、月命日ぐらいにして、一年したら命日だけにするなど、早めに切り上げるほうが良いです。

また、過去帳にペットの名前は書きません。一緒にすると動物が苦しみます。霊的な振動数が違うからです。

事故や農作業での生き物の死について

車の運転中に、猫などを意図せずに死なせてしまうこともあるでしょう。その場合は、思い出すたびに謝罪を思うことです。思い出すうちは、供養が必要だということです。

草刈りや農作業などでカエルやヘビを死なせてしまった場合は、作業が終わってから、畦道《あぜみち》に、半分に折った線香一本を立てることは効果があります。

死んだ生き物への感謝をすれば許されます。感謝の気持ちを送ることが、成仏につながります。

ペットについて

ペットの病気治療は、無理をせず自然のままが良い

ペットを飼う限りは、どんな生き物も最後まで大切に世話をしましょう。動物に対したことは、すべて自分自身に反射しています。動物を飼っても大切にできない状況の時は、飼わない選択も大切です。

動物の寿命は人間より短いものですから、年を取れば病気にもなり、人間がペットを看《み》取《と》ることになります。

怪我などの治療は病院へ連れていきますが、動物の病気治療は自然を優先にします。嫌なことも苦痛も、この世で済ませたほうが良いのです。そのほうが動物の来生にも良いです。入院して無理な検査や治療をするより、動物も慣れた好きな場所で飼い主の元にいるほうが幸せです。

　また、寿命に多少の影響をしたとしましても、自然のままのほうが、肉体を脱ぐ時に苦痛が少ないです。

　治る見込みがない時も、苦痛を長引かせたくないと安楽死させるよりは、自然にまかせるのが良いです。因縁の最後の昇華の機会となります。

　これは、飼い主の判断が大事です。自己責任で自己判断しましょう。

ペットの寿命が人間より短いのはなぜ？

　大切なペットが死ぬと、人は家族を失ったように悲しみます。神さまは、どうして動物の寿命を人間よりも短くしたのでしょうか？

　その理由は、人が「命には限りがあること」を、日々の生活の中ですぐに忘れてしまうからです。動物たちは、その早い死をもって、人間に命の大切さと有限性を教えてくれています。

　人間は自分が必ず死ぬ存在であることを忘れていますと、他人を苦しめる犯罪も平気でしてしまいます。もし、自分が明日死んでしまうと分かっていたなら、誰も最後の一日である今日には、悪いことをしないでしょう。

このような短い命のペットたちの供養には、やはり床供養が最善です。

飼い主の執着があの世のペットを苦しめる

読者が見た夢の中で、亡くなったペットが恐山《おそれざん》のような所で鎖につながれ、動けなくて涙を流していたそうです。尖った小石が足の裏にたくさん付いて、かわいそうだったそうです。

そのペットを拘束していた鎖は、飼い主の悲しみが形になったものです。飼い主が悲しみ過ぎたために、ペットは縛られて向こうに行けないのです。

いつまでも亡くなったペットに執着して悲しむよりは、「忘れてあげること」が供養になります。

動物は過去に執着はしないで、すぐに天国に行くことができます。動物は、死後は飼い主を忘れます。動物への供養は、生きる人側の執着を解くために意味があり、有効だとも言えます。

床供養以外の参考の供養方法

家で飼っていたペットの供養も、他の動物と同じく床供養が最善です。以下の方法は床供養をしていればしなくて良いですが、参考までにのせておきます。

死んだペットがいつもいた場所の床の上に、先祖供養とは別の線香器を置いて、半分に折った線香一本で供養をおこなっても良いです。短冊は不要です。動物が外にいた場合は、地面の上に線香器を置くか、直接地面に線香をさしても良いです。

線香の長さを半分に折って短くする理由は、人間とは届く霊界が違うためです。

死んでから一週間のみ毎日して、その次は一週間に一度だけ死んだ曜日に一ヵ月間します。その後は年に一度ぐらいで、早めに切り上げたほうが良いです。あとは、普段に思い出したときに感謝をすれば良いです。

執着や悲しみではなく、「今までの楽しい思い出をありがとう」と明るく送る気持ちで、感謝の思いで忘れないことが、動物の魂へのあの世での援助になります。

床供養をする人は、床供養が動物供養にもなりますので、この半分の線香の供養方法はしなくて良いです。

先祖供養はペットの成仏のためにも大事

ペットが成仏するためにも、先祖供養が大事です。ペットの成仏を援助し助けるのは先祖です。ペットは家に縁ある霊だからです。

高位の先祖が動物を導き連れて行きますから、先祖への感謝を普段の中ですることが大事です。これ次第です。先祖への感謝磁気を貯めることが、守護につながります。

ペットの写真、埋葬場所について

写真は常設しない。先祖供養の場所に置かないこと

人間の場合の故人の写真と同じように、ペットの写真も「常設しない」ほうが良いです。写真や映像を保存しても問題はないですが、常設すると執着させて、ペットが成仏する

ことを妨害します。命日など記念日だけに、先祖供養とは別の場所に出して飾っても良いです。

先祖供養の台に亡くなったペットの遺骨や写真、ペットのためのお水を置いたりしてはいけません。先祖にとっても、ペットにとっても、霊的な磁気が違うために良くありません。

このことは、写真を常設している家族や他人には言わないで良いです。縁あってこの本を読んだ人が知るだけで良いです。他人の信仰には不干渉です。縁が無ければ気分を害して仲が悪くなるだけからです。

ペットを次の転生の旅に、快《こころよ》く送り出すことが大切です。

自宅敷地内に埋葬はダメ

動物は飼い主の執着で引き止めない限り、自然と神様の元に帰ります。人間の場合と同様、ペットの遺骨を、家内で手元に置くことは厳禁です。

また、遺骨を自宅敷地内に埋葬しますと、家族の健康と運気を下げるだけでなく、ペットが天国へ帰るのを引き留めて成仏の妨げとなります。この世にいる限り、動物には死ぬ時の痛みや苦しみが継続します。

本当は自然の野山に返すのが良いですが、法の規制がありますので、地域の自治体に相談するか、予算があれば動物霊園に納めても良いです。

人も動物も、本質は霊ですから心配しないことです。動物は悩まずに「正しい本能」で行動していますので、ある意味カンナガラです。愛情をもって供養しますと、すぐに通じて必ず癒されます。

人間と一緒のお墓は厳禁

動物と人間は霊的な次元が違いますので、ペットを人間と同じお墓に入れることは、ペットにも人にもマイナスです。

ペットは人間のお墓の敷地内に埋葬するだけでも、人間とは霊的な波動が違い過ぎて苦しむことになります。

あの世は厳格な住み分けがある世界です。この世だけが一緒にいられる世界です。動物と人間が死後にも同居する「型」を、この世に残してはダメです。

もし無理に動物を一緒のお墓にしますと、人間側の子孫にも悪影響があります。

戦国時代には、敵の武将の墓に殺した犬の骨を呪詛《じゅそ》として密《ひそ》かに埋めました。人間の墓に動物の骨を埋めると起きることは、

- 家運衰退、運気低下
- 子孫減少、絶滅
- 金運消失、財産霧散

などの型になります。

動物はカンナガラで天国に行けますので、お墓はそれぞれに無くても良いのです。動物霊園の合同墓でも良いです。

動物の供養についての質問

先祖供養の三本目は次善の方法

Q動物の供養は床供養が理想とのことですが、ペットの写真や遺骨も先祖供養の場所に置いてはいけないのに、なぜ先祖供養の三本目でペットへの感謝を思って供養をしても良いのでしょうか?

A遺骨や写真を先祖供養の場に置いてはいけない理由は、写真や遺骨がこの世の物質の三次元のものだからです。

供養はこの世の三次元ではなくて、あの世の霊の次元です。物質の三次元の同じ場所での混同ほどの悪影響はしないからです。

厳密には、先祖供養と動物への供養は分けるべきです。線香器と灰も別のものが良いです。先祖供養の三本目で動物へ感謝をすることは、床供養ができない場合の苦肉の策です。

動物への供養は、普段に思い出した時に、先祖と動物への感謝をしていけば大丈夫です。
この場合も「先祖のため」の感謝の三本供養を継続することが大事です。

長期間はせず、執着しないことが大事

Q ペットも人間と同じではないかと思い、欠かさず供養をしようと思っていました。なぜ早く忘れてあげたほうが、動物には供養になるのでしょうか？

A 飼い主の執着が成仏の妨害になります。飼い主が悲しみますと、人間の心は相手を縛る力が強いので、純粋な動物を引き止めてしまいます。

人間が執着しますと、その思いの重力でペットは旅立ちができません。人間も含めて霊は、成仏できずにこの世にいる限り、死ぬ時の苦痛が継続します。それは可哀想なことです。動物を縛る鎖を、感謝で断ち切ります。

動物は転生のサイクルが早いので、死んだ悲しい思い出は忘れてあげることが、供養になります。いつまでも悲しまないで、明るい気持ちで感謝することが大事です。

動物のバルドォと成仏について

Q 人間には四十九日間のバルドォがあるそうですが、動物もバルドォがあるのでしょうか？

A 動物の場合は、死後十日から二十日間ほどで死後の行き先が決まります。動物は自我が薄いので、人間よりも執着せずにあっさりと昇華し成仏します。

ただ、過保護により美食に慣れた動物の場合は、時間がかかる場合もあります。それでも、亡くなってしばらくして、飼い主の悲しみがウソのように薄れた場合は、動物が成仏できたということです。

思い出しても悲しくないのは、相手（動物）も同じように安らかな心境だということです。昇華すれば、悲しみはありません。

動物への供養は、感情を移入しないことが特に大事です。淡々と感謝だけを捧げる供養をしてあげましょう。ペットは、新たな魂の旅に出ただけです。

床供養以外で場所を浄化する方法

何でも霊的な影響のせいにしないこと

仕事や健康、恋愛などが上手くいかないと、自分の住まいの霊的な影響だ、と心配をする人が多いです。しかし、どこでも霊的な問題はあるものです。

自分でできる努力をせずに、何でも住まいなどの責任にして逃げていないでしょうか？住む場所を変えても、自分の生活努力が不足だと、何も変わりません。

もし土地や家の霊的影響があったとしても、基本的には普段おこなっている先祖への感謝の線香供養の三本目で対応されていますので、無理に「床供養」をすることは不要です。生活努力と、先祖への感謝を普段の生活の中ですることが大事です。これ次第です。先祖への感謝磁気を貯めることが、守護につながります。

掃除は霊的な祓《はら》いになる

どんな場所でも、自分で浄化することが可能です。最初は清浄な場所が、人の因果により穢《けが》れたならば、元に戻すことも可能なのです。そのためには、日々の掃除が大切です。

映画『ゴーストバスターズ』には、幽霊の霊体が掃除機に吸われる場面がありますが、霊的な実態とあながち無関係とは言えません。掃除機はゴーストバスターと言えます。掃除は一時的な除霊になります。

床に横たわる霊体に対しては、部屋の床面の掃除は霊的に非常に有効な祓《はら》いになります。ホコリは要注意です。低い波動の霊体は、ホコリを好んで依り代にします。

押し入れの中も、たまには掃除をしましょう。会社でも、自分の机と周囲の掃除は大切です。運気にも影響します。

床面は、材質を見て拭き掃除も大切です。自己責任ですが、薄い海塩水で拭き、それから水拭きも良いでしょう。カーペット類は、ホコリやダニの巣窟《そうくつ》である認識が大切です。

定期的な洗浄が大切です。ホコリがあると浮遊霊が寄りますが、逆に、悪霊がいる場所にはホコリが生まれます。

先祖への感謝と、生かされていることへの感謝

土地や家の霊的存在からの影響があったとしても、生きる人間のほうが死霊よりも強いので心配はいりませんが、精神への影響には注意しましょう。死霊の影響があったとしても、

＊先祖への感謝を普段の中ですることが大事です。また、自分が今、生かされていることへの感謝をしていくことで、その場を浄化していくことができます。

＊伊勢白山道式の依り代を用意した先祖供養の実践は、その場の嫌な霊的磁気を消し去ります。

以上のようなことも、生活努力のうちです。人間は生きている限り、誰もが変わっていくことが可能です。

あきらめずに、楽しみながらこの世を生きましょう。

この章のまとめ▼床供養と動物への供養の注意点

一　床供養の意味とその条件

＊供養は、伊勢白山道式先祖供養を一年以上継続していることが条件です。また、先祖供養をしないで、床供養だけをしてはいけません。

＊床供養は床を這う霊を癒し、住む場所からの悪い影響を減らします。自殺者への供養と動物への供養にもなります。

＊床供養の三本目で遠地を供養することが可能ですが、一度に一か所が良いです。

二　動物への供養について

＊動物への供養は、床供養が最善です。床供養ができない場合は、先祖供養の三本目で土地の霊や動物の霊にも感謝を捧げると良いです。

＊あの世では先祖霊が助けますので、先祖供養は動物のためにも大事です。

＊仕事で動物の死と関わるかたにも、動物への感謝と供養は必要です。
＊死んだペットを家の敷地に埋めたり、人間のお墓に入れたり、遺骨を家内に置くことは厳禁です。動物も苦しみ、人間にもマイナスです。
＊人間が悲しみ執着することが、動物を苦しめます。動物は早く成仏します。愛するペットを、次の転生の旅に快く送り出しましょう。

三　自分で場所を浄化する方法

＊住む場所の掃除をすること。ホコリは悪霊の依り代になります。
＊家事や仕事をまじめに努力すること。
＊先祖への感謝と、生かされていることへの感謝をすること。
これらが先祖供養や床供養ができなくても場所を浄化して、自分の未来を変えていくことになります。

第七章

伊勢白山道式

先祖供養の神髄

先祖供養とは先祖霊を太陽へ還《かえ》すこと

人は死後に太陽か月に行く

人は死後に、太陽に行く魂と、月に行く魂に分かれます。

月には神仏や月に向かって願掛けをするような、欲深い人間を集める役目があるのです。願掛けとは、努力をしないで良い結果を得ようとするずるい根性そのものです。他の人よりも自分が得をしたいという、我良《われよ》しの人間の証拠です。

逆に、他の人を思いやる、豊かな心の人生を終えた人は、太陽に行くことができます。

今まで月にお願いをしてきた人も、これから太陽のように周囲の人へ与える生き方をしていけば、今からでも太陽に行くことができるので大丈夫です。

先祖霊や縁ある霊のために供養をするような思いやりのある人間は、良い世界へ行かれます。

悪人は月へ行く

西洋では悪人は月に行くという寓話《ぐうわ》がありますが、これは本当のことです。月には悪人が行く世界、地獄があります。

実は、月だけでなく、地球の地下にも地獄があります。地獄では太陽は見えません。

悪人は悪い磁気で霊体が重いため、死後に引力で引っ張られて、地下へ沈んで行きます。普通は自《みず》から反省して、行き先を選びますが、地獄への強制連行もあります。日本では、二体の鬼が引く「火の車」がお迎えに来ます。海外では、悪魔が迎えに来ます。見える姿は、個人で違います。あの世はイメージの世界だからです。

悪人はまず地球内部の地獄に行き、そこから月へ行きます。地球内部は月に通じているという、次元の歪《ゆが》みが存在します。

重罪人は罪の重さの違いにより、地下には行かずに月に直行します。歴史上の極悪人は百パーセント月に連行されています。

地球内部には伝説の地下世界「シャンバラ」と地獄の両方が在《あ》ります。シャンバラとは、インドの伝説が西洋にも伝わったもので、地下深奥にある神の国とされています。

地上文明の何回もの衰亡の影響を受けずに、発展を継続している世界で、日本にもシャンバラへの入り口が数カ所あります。

太陽へ還れない先祖の御霊

多くの家系に、今でも月に捕捉《ほそく》されている先祖霊がおられます。太陽へ還《かえ》れない理由は、魂が生前に持った物質欲・執着の思いが重りとなり、月の重力に捕らえられてしまうからです。

霊体の正体は磁気です。執着により霊体の振動数が粗い魂ほど質量＝重量があり、月の引力の影響を受けて捕らえられます。

月の重力に捕捉された魂はやり直すために、前回とは反対の立場の人生を選んで地球への転生を繰り返します。月の重力に捕捉される、縛られるという記憶を、無意識下でなんとなく持つ人は多いと思います。

執着がない魂ほど重力から解放されて、上方に自由に移動します。つまり、月の重力の影響は、死後も執着具合に応じて発生します。

素直な魂は、月の重力から解放されて、太陽の影響下に入ります。これが人類の死後の重要なコースの流れに存在します。

日本人は古来、太陽を崇拝して来ました。これは、「正しい方向に意識が向く」には重要なことなのです。

正しい先祖供養とは、先祖霊を命の元である太陽＝アミターバ（無限の光を持つもの）＝阿弥陀如来《あみだにょらい》、すなわち天照太御神《あまてらすおほみかみ》へと還す行為なのです。

三本線香の秘密

一から三を生む、宇宙の秘密

そもそも、この宇宙の始まりは、一つの根源の存在から、最初に三つの働きが生み出されました。この三つの働きの法則は、宇宙の星々から私たちの生活に至るまで、すべての根底に働いています。

宗教にも、神の働きとして、世界中の宗教教義の基本や、秘儀に散見されます。ヒンドゥー教の三神一体《さんしんいったい》（トリムルティ）、キリスト教における三位一体《さんみいったい》の思想。大神神社《おおみわじんじゃ》の三輪信仰などがあります。

日本神話では、三貴神（月読神、天照太御神、スサノオ神）を最も高貴で重要な神様としています。

一から三を産む、ここに神、宇宙、この世の秘密があります。

六芒星＝ダビデの星

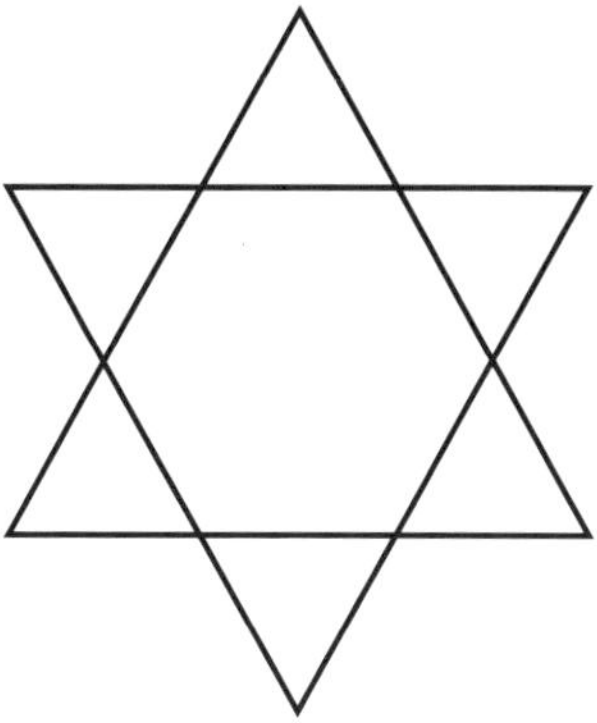

仏教では、迷う人々が輪廻転生《りんねてんしょう》をする世界を、三界《さんかい》と言います。欲界（地獄、この世）、色界（霊界）、無色界（高貴な世界）の三つの世界のことです。

空海さんが起こした密教の真言宗や、最澄さんの天台宗では、三本の線香を正三角形の位置に立てます。

これには、三つの大切なものに線香を捧げるという説と、三界、三種類の世界を同時に供養することで、初めてこの世に作用するという世界観が見られます。たしかに、一つの世界だけを供養しても、物事は動かないのです。

火のついた三本の線香は、この世の執着・邪霊・穢《けが》れを焼き尽くし、諸霊諸神を癒《いや》し、自己の再生と復活をこの世で実現する型と成ることでしょう。
この型を起動させる合図の言葉は、「生かして頂いて　ありがとう御座います」です。

三本の線香を自分から見て、尖《とが》った部分がこちらにある三角形に置きますと、短冊から見ると逆の三角形に見えます。この二つの異なる次元の視点の三角形が重なり融合しますと、六芒星《ろくぼうせい》になります（前ページ参照）。

六芒星とはダビデの星といわれ、ユダヤ民族を象徴する印とされます。日本では籠目紋《かごめもん》とも呼ばれますが、古来、伊勢神宮の伊雑宮《いざわのみや》の神紋でもあります。とても大きな意味のある形です。

この型の実行は、癒し・再生・復活を生み出す素因を作り、蓄積することになります。

太古の白山の石柱とのつながり

石川県、福井県、岐阜県の三県にまたがる、日本三霊山の一つである白山には、太古に人類の信仰の原型があったと感得します。

白山山頂には、太古に溶岩が冷え固まってできた石柱《せきちゅう》が三本、三角形の位置に立てられ、それらの石柱を神霊の依り代として数十万年もの間、祭祀がおこなわれていました。

伊勢白山道式先祖供養で、三本の線香を三角形に立てる意味は、そもそも、この白山に祭られていた三本の石柱の型に則《のっと》っています。

三つが基本という意味では、遺伝子ＤＮＡは今の医学では二本としていますが、霊的な三本目の遺伝子があると捉《とら》えることが正しいのです。

三本線香による感謝の先祖供養は、遺伝子を再生しクク直します。霊的な「三本目の遺伝子」が起動すると、人類は超免疫を獲得して若返り、寿命が延び出すかも知れません。

白山の石柱について詳しく知りたいかたは、『伊勢白山道事典　第３巻』をお読みください。

「生かして頂いて　ありがとう御座います」の秘密

これからの時代の最強の祝詞

二〇〇七年五月に「伊勢―白山　道」ブログを開設して、最初に掲載した記事は、「最強の祝詞《のりと》」というタイトルで、「生かして頂いて　ありがとう御座います」を紹介した記事です。

伊勢白山道式の先祖供養の時と、神祭りの際に唱える「生かして頂いて　ありがとう御座います」が、これからの時代の最強の祝詞になります。

やはり呪文にも賞味期限があり、時代時代で効力の強弱があります。言霊《ことだま》は生き物ですから、時代が変われば変わるのです。

この「生かして頂いて　ありがとう御座います」を日常で想起すると、想起する人間に変化が起こります。霊的進化を促進させます。

家の事情で線香による先祖供養ができない場合でも、日常のふとした時に数回この言葉を唱えて、感謝想起を続ければ良いのです。

お経は釈尊の死後に出来たもの

お経は、どれもお釈迦《しゃか》さまが作ったものではありません。釈尊の死後数百年後に、言い伝えられた釈尊の言葉を集めたものを、いくつもの言語への翻訳を経て中国で漢字の表記に整え、その漢字表記を日本語読みにしたものです。

もし釈尊が日本のお経を知ったなら、その無意味な音の羅列《られつ》に驚かれるでしょう。

現代の日本仏教がおこなう葬儀の作法も、お釈迦さまは知りません。現代の仏教は、お金がかかり過ぎて、不要な行為が多すぎます。

仏教の一番の拠《よ》りどころは、釈尊の存在です。ところが今の仏教は、釈尊が「知らない」お経や葬儀の作法を頼りにして、死者を弔《とむら》ってきたのです。

これでは本当の意味で死者を安心させ、送ることはできません。

これからは今ある伝統仏教も、できれば肝心な死者への「感謝」を表す表現を取り入れて、死者を弔う活動をされることを願います。地域の住民から自主的に寄付をされるような、寺社側の良心に基づく活動が期待されます。

先祖霊にもわかり、安心させる言葉が良い

亡くなった人も生きている時と同じで、お経の意味はわかりません。自分に向けられているので、「俺は死んだのかな?」と思う程度です。

故人にもわかる普通の話し言葉で、故人への感謝を表現するのが一番良いのです。「般若心経《はんにゃしんぎょう》」などの今まであるお経がマイナスである理由は、先祖を安心させるどころか、霊を痛めつけたり、封じ込めたりする要素もあることです。呪詛《じゅそ》のために、般若心経が多用されて来た歴史があることを知ってください(般若心経については『伊勢白山道事典 第3巻』を参照)。

もう一つ、今あるお経を勧めない霊的な理由があります。

今まで、どのような時に、どのような気持ちでその呪文やお経は唱えられてきたのでしょうか?

そのお経を唱えることにより、今までにお経に染《し》みついた悲しみや恨み、祈願の思いなどが再生されてしまいます。

このようなマイナスの磁気が発生する古いものよりも、伊勢白山道で勧める「生かして頂いて　ありがとう御座います」のような感謝の言葉は、悪い磁気は発生しないので、先祖にすら意味不明のお経よりも、さらに良いのです。

感謝の対象は変化していく

すでに亡くなっている先祖に、「生かして」というのはおかしいのではないか、と思うかたがおられるかも知れません。

「生かして」という理由は、先祖霊も肉体がないだけで、霊体は今も生きているからです。

人間はこの世に生きている間は肉体と霊体が重なっていますが、死ぬと霊体だけになります。亡くなったばかりの霊体は、生前の肉体に似た姿です。成仏できない霊は、残留霊体としてこの世に留《とど》まっています。

供養はまだ成仏していない霊の成仏のためだけでなく、すでに成仏している先祖霊に対しても、先祖が生きて命をつないできてくれたことへの感謝と、いつも子孫を見守ってくれていることへの感謝を捧げる意味もあります。

ですから、供養をする時には、あまり個人を特定しないで、先祖霊全体を対象として感謝するのが良いのです。

自分の家系の先祖をさかのぼっていきますと、大変な数になります。先祖霊への感謝供養は、自分の先祖の家系を入口として、供養が届く先祖霊の範囲は広く深くなっていき、やがては人類全体を供養することにつながるのです。

また、感謝の先祖供養を継続していきますと、何も考えずに、たんたんと供養ができるようになります。「生かして頂いて　ありがとう御座います」の言葉も、誰に向かっての感謝なのか、誰が生かされていることへの感謝なのか、思いが変わっていくことでしょう。

先祖に対して感謝を捧げる気持ちから、今まで自分に関わった方々、今生かされている環境、食べ物や水や太陽や地球へと、感謝の思いが湧いてくることでしょう。行き着く先は森羅万象すべてのものが生まれた元である、根源神にまでたどり着きます。

こうして、供養が進みますと本人は気がつかなくても、諸仏諸神への感応が自然に始まります。

九文字と十文字の言霊

「生かして頂いて　ありがとう御座います」という言葉には、特別の意味と力があります。神界・霊界・冥界《めいかい》のすべてに通じる神霊から、降ろされた言霊です。

神霊には縁のある数字があります。

「いかしていただいて」の九文字は、九の数に縁がある国常立太神《くにとこたちおおかみ》の数です。地球を取り巻く死後の世界を含めて、生き物の生死を左右する神さまです。これは、名前の文字数ではなくて、国常立太神に縁のある神霊波動の数です。九次元の意味でもあります。

「ありがとうございます」の十文字は、天照太御神《あまてらすおほみかみ》、すなわちすべての命の元であり、産み育てる母性の太陽神の数字です。天照太御神の場合には、ご神名の文字音数と縁のある神霊波動の数とが十音、十次元で一致しています（『伊勢白山道事典　第3巻を参照』）。

「生かして頂いて　ありがとう御座います」とは、九文字と十文字からなる特別な言霊であり、伊勢白山道式の供養の行為を霊的にサポートしているのは、この陰陽の二神です（神霊について詳しく知りたいかたは、『伊勢白山道事典　第3巻』を参照してください）。

国常立太神と天照太御神の二神を結ぶ

この伊勢神宮外宮で降ろされた言霊《ことだま》の中には、国常立太神《くにとこたちおおかみ》と天照太御神《あまてらすおほみかみ》の二神の神気がありえます。

これからの太陽神界の時代に、一番強く作用する言霊です。

人間は地球霊である国常立太神の上で生まれ、太陽神である天照太御神に育てられたのです。直立して歩行する人間には、天と地の間にまっすぐに直立して、天地をつなぐ神柱《かみばしら》としての役目があります。

天＝天照太御神（陽気、暖かい心）

地＝国常立太神（陰気、厳格な心）

この相反《あいはん》する二つが混ざり合って初めて宇宙が回るのです。この陰陽太極図《いんようたいきょくず》の接点に存在するのが人間です。この二神を「つなぎ止める大役をしている」のが人間なのです。

この言霊を唱えることで、天と地、太陽と地球、天照太御神と国常立太神に感謝を捧げ、

陰陽太極図

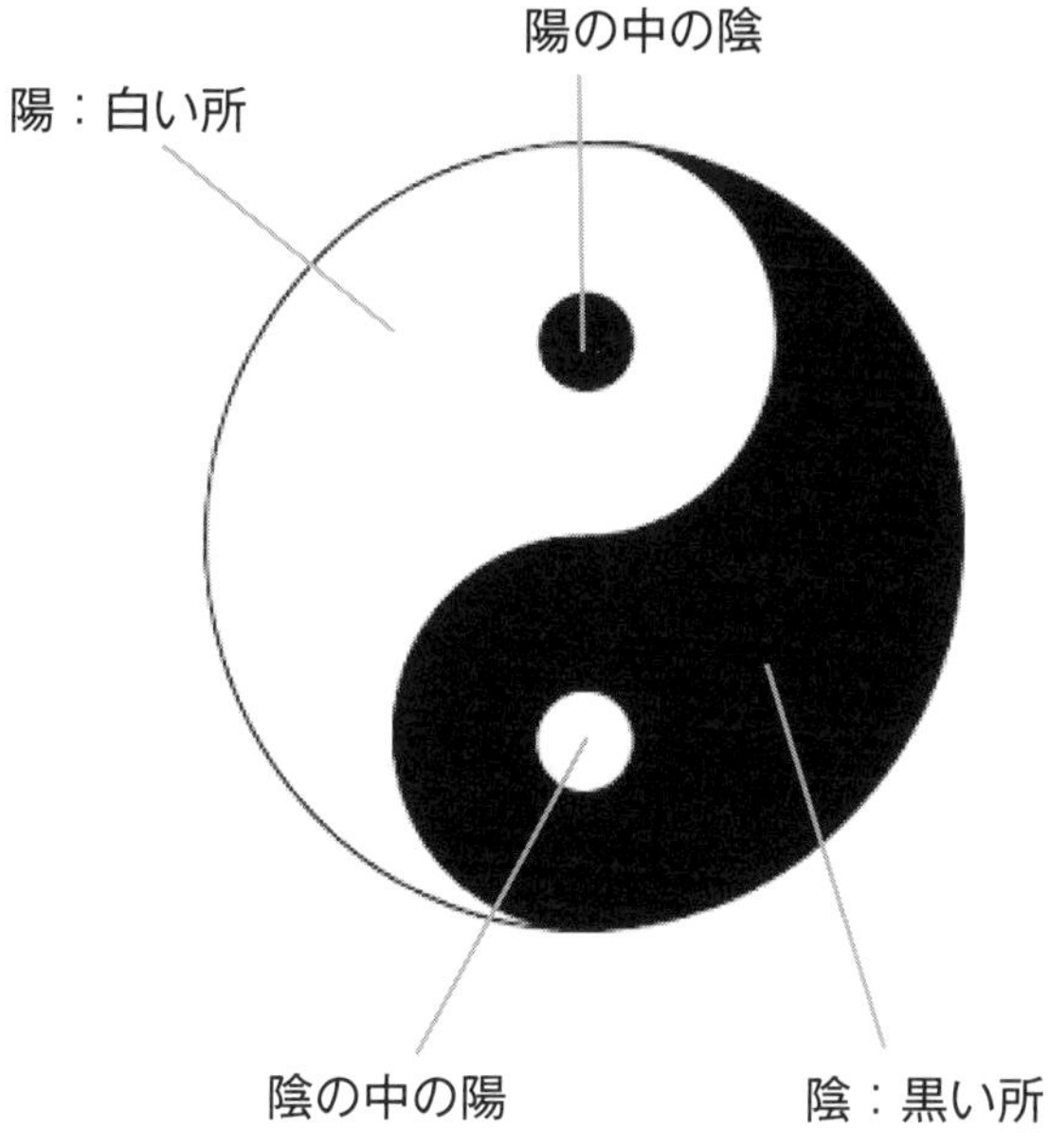

二神を結ぶことになります。

人間が生かされている感謝を忘れ、「自分で生きている」と錯覚し始めると、二神をつなぐ鎹（カスガイ）の役目ができなくなり、二神のバランスが崩れ、大祓祝詞にある「根の国底の国」から黒色の地龍《じりゅう》が浮上してきます。根の国とは、この世の大地、地下深奥のことで、底の国とは、あの世の黄泉《よみ》の国《くに》の意味です。

「地龍」とは、マントルと電磁波の流れを霊的に感得して表現しています。地球霊である国常立太神の眷属神《けんぞくしん》（神さまのお使いをする霊的存在）です。地龍が地下深奥のマントルから浮上してきますと、地上に地震や火山の噴火を起こすと感じます。

地層の平面での道筋などには関係なく、今の地層科学では解明されていない、まったく未知の動きをする可能性があります。

人間がこの「生かして頂いて　ありがとう御座います」という言霊で、生かされていることへの感謝をすることが、大地を鎮《しず》めることになります。

「アマテラスオホミカミ」を偶数回唱えることの意味

「アマテラスオホミカミ」の言霊としての意味

「アマテラスオホミカミ」とは、古事記にもある天照太御神のご神名ですが、言語や宗教を超えた言霊の「音」でもあり、このご神名自体が、力を発揮する言霊なのです。

天照太御神は、神道だけではなく宗教の枠《わく》をも超えた、すべての生き物の親、私たちの命が来た元です。与えるだけの存在であり、それは空にある太陽そのものです。

「ア」は宇宙の始まり、「マ」は母性、「ラ」は太陽神を表します。現在の六千年間ほどの、太陽が主役である地球の文明を表します。「ス」は根源神を表します。

「天照太御神（アマテラスオホミカミ）」の文字は「大」御神ではなく「太」御神と書くのが正しいです。また、発音は「オオミカミ」ではなく、「オホミカミ」と「ホ」と発声します。

「オ」の音は「大きい」という意味がありますが、「ホ」は女性のホト、女性性器を意味し、「産み出す力」や「包容力」を意味します。「アマテラスオホミカミ」と書くだけでなく、発音も「アマテラスオホミカミ」が良いのです。

「アマテラスオホミカミ」の十音の波動は、神界で今も鳴り響いている音です。万物を産み出し、再生する音です。

人間の身体もこの十音の波動の転写により、母体の中に生まれるのです。

「アマテラスオホミカミ　アマテラスオホミカミ」と二回繰り返して唱えますと、二十音になり、さらに特別な意味のある言霊となります。

古来秘密とされる太祝詞《ふとのりと》について

大祓詞《おおはらえのことば》こそは、神界から降りた唯一の祝詞《のりと》だと感じます。その中で最も重要な部分が、「天《あま》つ祝詞《のりと》の太祝詞《ふとのりとごと》を宣《の》れ」とあります「太祝詞（ふとのりと）」です。

大祓詞には、「太祝詞」がすべての罪穢《つみけが》れを祓い清めるとされています。

この「太祝詞」は古来秘密とされ、多くの古神道家が探し求めた祝詞です。

私は十文字のアマテラスオホミカミを二回続けて唱えると二十文字になり、これこそが、二十＝フト＝太祝詞であると感応します。この祝詞には大きな力があります。

朝の太陽に向かって太祝詞（アマテラスオホミカミ偶数回）を捧げることも良いです。外国のかたも朝日を浴びながら、ゆっくり声に出して唱えるか、心の中で繰り返すだけでも効果があります。森羅万象のすべてが生かされていることへの感謝の気持ちが、自然に湧いて来るようになります。

また、「アマテラスオホミカミ　アマテラスオホミカミ」と先祖霊が安心することを意識しながら唱えることは、先祖霊が太陽へ向かうことを助けることにもなります。

正しい先祖供養とは、先祖霊を命が来た元＝太陽へ還すことです。これが本当の成仏ですから、先祖供養をする時に太陽神に感謝することは、自然なことです。

アマテラスオホミカミという言葉に違和感があるかたは、唱えなくても良いですが、この言霊を先祖に向かって捧げることは、先祖霊と神様を合わせて祭ることにもなり、大きな効果があります。

今までこの言霊を取り入れないで先祖供養をされてきた多くのかたも、この言霊を取り入れて供養するとその違いがわかることでしょう。

神祭りについて

神祭りを始める心構え

神祭りと言いましても、特別な難しいことはありません。神職や誰か特別な先生に頼む必要もありません。

自分で近くの神社でお札を頂いてきて自宅の神棚に祭り、榊と水を供えれば良いのです。ただし、神さまをお祭りしたら、何かご利益《りやく》がありそうだからと期待してお祭りしても、何も良いことはありません。

人は、神棚と神札を祭ることよりも、まず先に、自分に寄る迷える先祖霊、縁のある方を、慈悲の心・思いやりの心・感謝の心で供養することが大切です。

感謝の先祖供養を実践して、生かされていることへ感謝の気持ちが深まり、家でも神さまをお祭りして感謝をしたいと思えるようになってからでも良いです。

もちろん、感謝のみを捧げる先祖供養と神祭りが「良いことだ」、と素直に思えるならば、最初から先祖供養と神祭りの両方をしても良いです。

神棚とお札について

【神棚は「三社祭」で「扉」が必須です】

神棚は三社祭りで、四六二ページのイラストにありますように、三つの系統に祭るのが理想です。一社の神棚を三つ並べても良いです。

神棚の扉は常時閉めておきます。中の密室空間に意味があります。ここに神気が溜まります。三社に正しく祭ると、神気が渦を巻きます。

【右側のお札】

向かって右側には近くの氏神神社《うじがみじんじゃ》のお札を祭ります。

産土神社《うぶすなじんじゃ》（生まれた時の土地の神社）よりも、今住んでいる土地の氏神神社が大事です。

氏神札は地域を巡回する氏神さまの依り代となります。

氏神神社の選び方、決め方としましては、

＊なんとなく良いなと思う神社。

＊掃除がされている神社。

＊自宅からの距離が近い神社を優先すること。

以上の基準で選びます。

自分で参拝して、好きな感じがする神社を祭ります。好きか嫌いか、これが想像以上に大事な神意を意味します。

無人でお札が手に入らない場合は、地域の一宮《いちのみや》神社を氏神として祭ります。

パワースポットなどと宣伝されて、多くの人が願掛けに行くような神社は、良い神社とは言えません。住んでいる地域の好きな神社を自分で選んで、自身が参拝することにより自身の氏神としていくのです。

氏神神社のお札を町内会などから頂いた場合は、自分でそのお札を神社に持参して参拝すれば、神社と霊線がつながりますので、それから神棚に祭れば良いです。

【中央のお札】

中央には、神宮大麻札《じんぐうたいまふだ》を祭ります。神宮大麻札とは、伊勢神宮内宮の天照皇大神宮札のことです。これは全国の地元の神社で求めることができます。

伊勢神宮に直接参拝する機会があれば、内宮で頂いてそれを祭ります。もし、志摩磯部にある伊勢神宮別宮の伊雑宮《いざわのみや》にも参拝できれば、そのお札を内宮のお札の手前に重ねて祭ります。

【左側のお札】

左側には崇敬《すうけい》神社（好きな神社）の御札を祭ります。理想は伊勢神宮外宮《げくう》のお札です。崇敬神社として、白山の麓にある白山神社（平泉寺白山神社、白山ヒメ神社、白山中居神社）などのどれか一つのお札を祭ることも良いです。外宮と白山神社のお札は重ねても良いです。関東のかたは、岡本天明に日月神示（ひつきしんじ・ひつくしんじ）が降ろされた千葉県台方の麻賀多《まかた》神社の境内にある天之日津久神社《あまのひつくじんじゃ》のお札を祭ることも良いです。

または、地域の一宮神社のお札も良いです。真ん中と向かって右側にお札があれば、左側の神棚の中は何もない空間でも良いです。

【お札の交換時期について】

お札は毎年新しくします。一回家に置いたものを神社へお返しすることは、霊的な垢出しになり良いことです。

右側の氏神神社のお札や左側の崇敬神社のお札は、年末から新年の節分前をめどに毎年交換しましょう。中央の神宮大麻札も、氏神神社で頂いた神宮大麻札の場合は、氏神神社のお札と共に、毎年新しくしましょう。

伊勢神宮に直接参拝して頂いた場合は、伊勢神宮が遠方の場合、二年ぐらいまではそのままお祭りしていて良いです。

自分で足を運んで頂いた神社の神札以外の、お寺などの方位除けや祈祷札、御守りなどは磁気が違いますので、他の場所に置くか、もう持っていなくても良いと思えば、神社の古札入れにお返ししても良いです。

神棚を置く位置について

神棚は鬼門（北東）を背にして置き、人が北東に向かって拝むことが理想です。西向きは避けます。床の間があれば理想です。その場合は西向きに拝むことになっても問題ありません。

神棚は、空中におく壁掛け式のものはお勧めしません。高いところは毎日の水換えにも危険です。手が届く安定した台にのせて、正座して参拝すると良いです。

神祭りと先祖供養を同じ部屋でする場合は、神棚のほうが先祖供養より高い位置に置きます。一メートルから一・五メートルの高さが良いです。

先祖供養の台は、神棚の下の少し手前に置くことができますと理想です。先祖霊が早く浄化することになります（二〇三ページの図を参照）。

参拝の順番は、まず神棚（神札）への参拝をしてから、先祖供養をします。これは、基本の順序です。

参拝の準備　榊の水と捧げる水の交換

お札の種類よりも大事なことは、両側に置く榊《さかき》と真ん中に捧げる水の毎日の交換です。

神霊から観ますと、他次元では捧げた榊は林に、水玉《みずたま》の水は琵琶湖ほどの大きさに巨大化

神棚は三社祭りが理想です

×

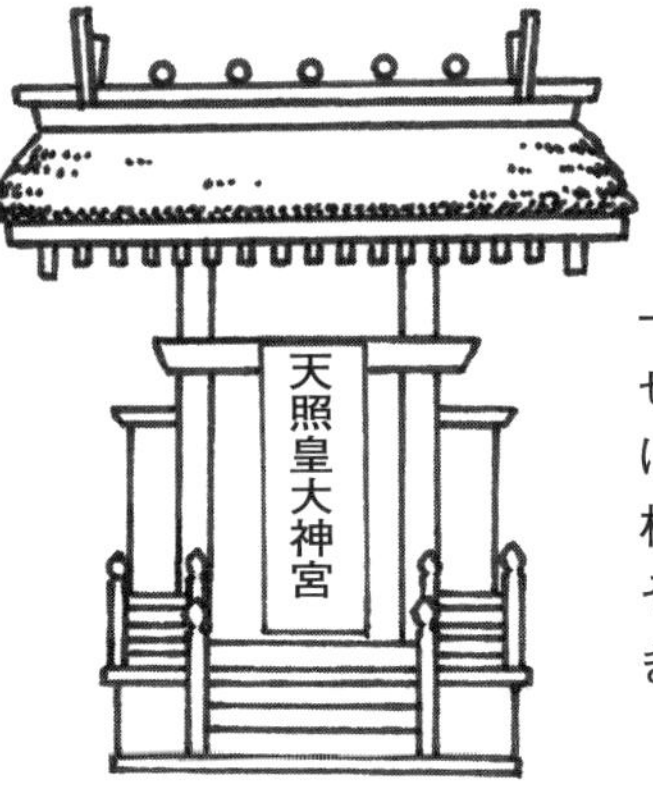

一社はお勧めしません。「三の法則」により、三種類の神札を正しく祭ってこそ、神棚の機能が起きるからです。

○

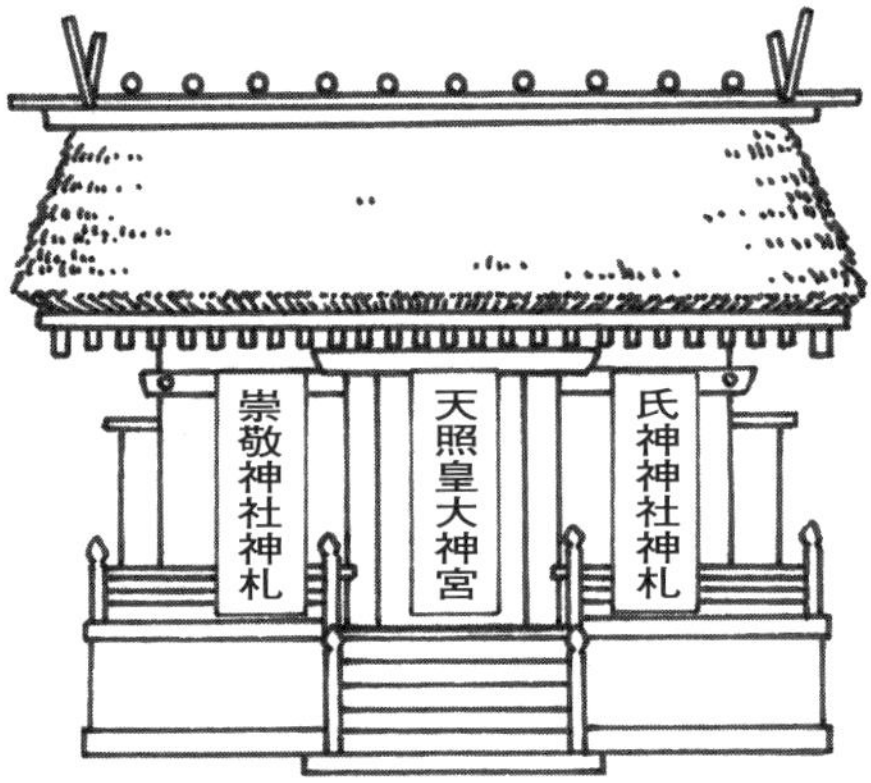

屋根が水平な三社の神棚がお勧めです。中の空間が広いので、大きめの神札も入ります。御札は神棚の中に入れて、扉は常時閉めておきます。
天照皇大神宮(てんしょうこうたいじんぐう)とは神宮大麻(じんぐうたいま)＝天照太御神(あまてらすおほみかみ)の御札のことです。

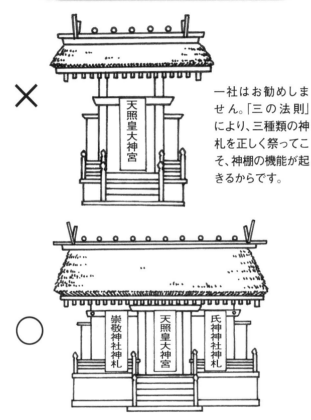

一社の神棚で三社に祭る方法

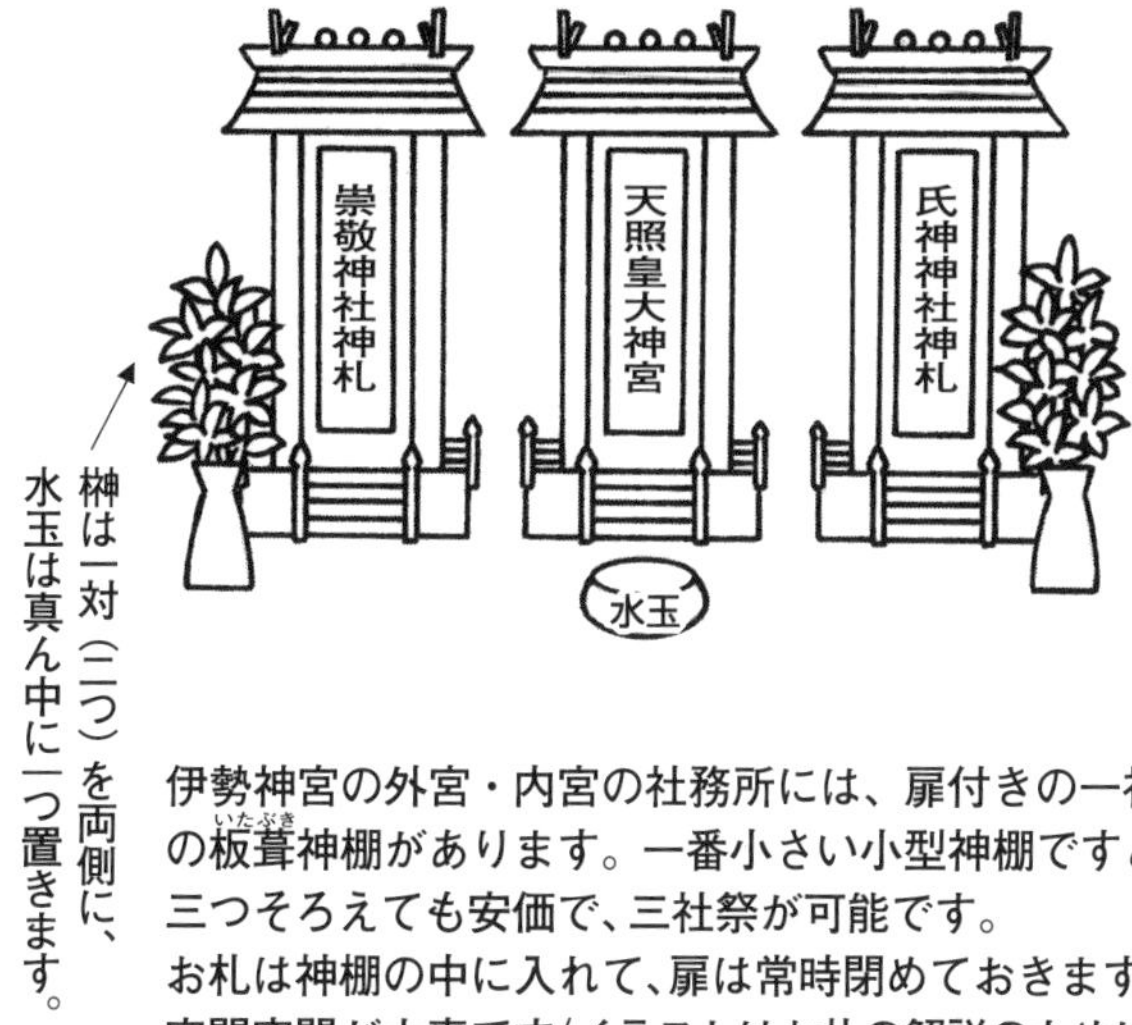

伊勢神宮の外宮・内宮の社務所には、扉付きの一社の板葺《いたぶき》神棚があります。一番小さい小型神棚ですと、三つそろえても安価で、三社祭が可能です。
お札は神棚の中に入れて、扉は常時閉めておきます。
密閉空間が大事です（イラストはお札の解説のために、文字を書いてあります）。
榊と水玉が必須です。鏡は不要です。

する法則があります。
水玉とは、神具店で売っている神棚に捧げる水を入れる丸い形の器のことです。
水玉の球体は地球でもあります。たっぷりと大きいほうが良いです。
神棚に供えられた水の分子を使って祓い清めの気が発散されます。
鏡やロウソクは必要ありません。榊と水があれば、塩やお米、お酒もなくて良いです。

＊掃除をしてから、榊の水を換えます。枯れた榊の葉はちぎって捨てます。榊の葉が片方だけ枯れても、左右の榊は混ぜないほうが良いです。葉の量が減った時には、左右両方を同時に交換します。榊は参拝のあとも供えたままにします。
＊容器で捧げた水を交換します。供える水は、水玉《みずたま》の場合もフタはしなくて良いです。鏡の意味もあるからです。参拝した時に、参拝者の内在神と神棚に依られた神霊が、水面に反映する感じがします。
＊水は毎日新しく交換しますが、先祖供養とは違い、朝交換した水は翌日朝まで置いたままで良いです。供えた水は飲まないで、流して捨てます。
＊塩とお酒は、供えるのは自由ですが、供える場合は古くなるので、週一回の交換は必要

です。

季節や天候と部屋の湿度により、また未浄化の霊がいる場所では、塩は湿気《しけ》ることがありますが、あまり気にしなくて良いです。

これらの作業を、心を込めておこないます。この「気持ちと行為」を神霊に捧げることになります。

もしも守護を願う気持ちや、面倒だなどと思いながら水交換をしますと、その思いが水や榊に宿ります。それでは嫌な気持ちと同調する存在しか寄れません。精神的な余裕がないと、逆の作用を招く結果になりがちです。

伊勢白山道では、先祖供養を強く勧めますが、神祭りは勧めないのはこのためです。

基本の参拝の方法　二拝二拍手一拝

①以上の準備をしてから、神前に向かって正座し、しばし目を閉じて、気持ちを鎮《しず》め、まず二拝（二回深くお辞儀）をします。

②二回拍手をしてから、手を合わせたまま「生かして頂いて　ありがとう御座います」を数回唱えます。

③自宅の神棚の参拝では、この後にフトノリトである「アマテラスオホミカミ　アマテラスオホミカミ　アマテラスオホミカミ」を繰り返し発声します（神社では「アマテラスオホミカミ」は唱えません）。

④もう一度「生かして頂いて　ありがとう御座います」と唱えます。

⑤最後に丁寧に一拝（一回深くお辞儀）をして終えます。

神さまの名前などは言わないで良いです。願いごとなどは言わないで、感謝の気持ちだけで参拝することが大事です。

氏神《うじがみ》神社《じんじゃ》について

氏神神社への参拝は大切

先祖供養は、家での供養が一番重要です。自宅での供養ができていれば、お墓参りは遠方であまりできなくても、命日やお盆、お彼岸などだけでも問題ありません。

神祭りについては、自宅で神祭りを始めても、月に一度は地域の氏神神社《うじがみじんじゃ》に参拝しましょう。これは意味のある、大切なことです。氏神さまとは地域に住む人を見守っている存在だからです。

伊勢白山道では、現在住んでいる地域の神社を「氏神神社」として重視します。この本の最初でも触れましたが、神社でも、お願いではなくて感謝のみを捧げましょう。

外の神社では、どこの神社でも、二拝二拍手一拝《にはいにはくしゅいっぱい》を参考にしてください。

二拝（二回お辞儀）二拍手（二回拍手）のあとに手を合わせて、「生かして頂いて　ありがとう御座います」とだけを唱えて、終わりに一拝（一回お辞儀）をすれば良いです。最後のお辞儀は大事です。「アマテラスオホミカミ偶数回」は自宅のみが良いです。

神社の御祭神のご神名などを唱える必要はありません。神社の御祭神の名前は重要ではないのです。人間が勝手につけた名称が多いからです。

神社の意味と参拝方法について詳しく知りたいかたは、『伊勢白山道事典　第3巻』をお読みください。

感謝の参拝は地球霊を癒し、天災を鎮める

日本では至る所に神社があります。祭られている御祭神の名前に関わらず、神社には地域の精霊が依《よ》ります。

すべての氏神神社は、地球への感謝の窓口となります。

「生かして頂いて　ありがとう御座います」の言葉は、地球の内在神である「地球霊」を慰めて、多くの天災を鎮《しず》める言葉です。

四五二ページで解説しましたが、地震や火山の噴火に関係をする地龍（マントルと電磁

波の流れの霊的な様相）を鎮める力があります。これは、地震がまったくなくなるとか、逆に、地震があった地域は感謝が足りなかったからだという意味ではありません。

太古も大きな地震も火山の噴火もありました。それでも、それらを神さまと共に体験して、いつも神さまへは感謝を捧げていました。

「地震が鎮まりますように」とお願いをするのではなくて、生かされている感謝だけを捧げましょう。

そして、感謝の参拝と共に、どこにいても具体的な防災対策をすることが大切です。

「天災は忘れた頃にやって来る」

という言葉は、真実です。災害の可能性を忘れずに事前に注意していれば、無難《ぶなん》、つまり難を無くす結果になります。

伊勢白山道式供養は神霊と先祖霊を合わせ祭る秘儀《ひぎ》

仏教伝来以前の太古の考え方の復活

仏教が伝来する以前の太古には、人が死ぬということは、大自然に帰ることを意味しました。大自然すなわち神さまの一部になったと考えました。

神道の原型は、恵みをもたらす大自然＝神さまへ「感謝をすること」だけでした。ですから、死者へも感謝の気持ちを捧げていました。太陽の動きに合わせて、お彼岸やお盆などの特定の時期や季節に、合同で感謝の磁気を先祖霊へ捧げたのです。

日本神道が死者の葬儀を仏教に譲り渡して、神さまと死者を切り離してから、日本人は縄文時代以前からの正しい霊性をなくしていきました。

今こそ神さまと死者を分けて考えずに、感謝の一念を捧げる行為を復活させることが大切です。

太陽神と先祖霊を合わせて祭る秘儀

伊勢白山道式の供養の方法は、命の親である根源存在に近い天照太御神《あまてらすおほみかみ》と先祖霊を合わせて祭る「型」になります。

これは現実界において、強力な実践効果を呼びます。

伊勢神宮では、皇室の祖先である天照太御神を祭祀しています。伊勢白山道式先祖供養で、「アマテラスオホミカミ」を唱えることは、皇室の先祖霊を太陽神に還す秘儀《ひぎ》と同じ型になります。

皇室は二千数百年も前から、天照太御神と皇室の先祖霊を合わせて祭る型を実践して、伊勢の神気を独占していた時代がありました。皇室はこの型の実践が大きな力があることを知っていたために、他家が真似をして、同じ型の祭祀《さいし》、先祖祭りをおこなうことを禁じたとも言えます。

長い歴史の中で、誰も天皇の絶対的な霊的バリアーを侵すことはできませんでした。数千年もの間、一つの家系を絶対的に継続できた秘密が、そこにあります。

現在の伊勢神宮から意識的に消された、先祖霊への崇拝儀式を復活再生させて、命の元である天照太御神へ至る秘儀が、伊勢白山道式先祖供養の根底にはあります。

これからの新しい時代に、太陽神と先祖霊を合わせ祭る意義を世界中に知らせることは、「伊勢白山道」の使命の一つです。

先祖供養に終わりはありません

「先祖供養はいつまで続けたら良いのですか?」と尋ねるかたがいます。先祖供養に終わりはありません。生涯続けることが大事です。

「幽界が消滅すると、これまでと同じ方法の先祖供養は必要なくなる」と言う人がいるそうです。そういう人の縁で、そういう言葉に惹《ひ》かれて先祖供養を止める人は、止めれば良いです。

幽界が消滅しても、遺伝子のつながりの意味で、また神界との関係で、自分を昇華するためにも先祖供養は大事です。

自身の名乗る名字の霊位を用いて、身近な先祖霊を入口に感謝を捧げていきますと、だんだんと供養する人の心が広がり、感謝が届く先祖の範囲も広く深くなっていきます。決して自分の先祖のみでは終わりません。

家系の先祖霊を供養することから始まって、やがてはすべての人類を癒《いや》すことになり、究極は人類の始祖にまでたどり着きます。

つまり、先祖の先を限界まで追跡しますと、その先は神さまに至ることを忘れてはいけません。

私は、地球の救われない、苦しんでいる霊すべてを癒したいと思っています。

すべての人類の先祖霊を癒すことができた時、この地上に天国が転写されるでしょう。

先祖供養を継続するとカンナガラになります

伊勢白山道で先祖供養を重視するのは、心の奥に隠れてしまっている内在神を前面に出すためでもあります。見えない先祖霊への感謝の供養を続けていきますと、思いやりの気持ちを自分自身の中に大きく育てることができます。

これが進んで行きますと、知らずに諸仏諸神との感応が始まります。

人間も先祖霊も神々のすべても、すべては根源神一つから分かれて生まれたものですから、それはいつしか根源神に通じていきます。

神さまの加護を得たいと神社や自宅で神祭りをしても、自身に関わる迷える先祖霊をそのままにしていては、神霊と通じることはできません。

先祖霊を無視したまま、何かを期待して神さまだけを求めても、神さまはそのような思いやりのない人には寄りません。

感謝の供養を続けて、自分に関わる迷える諸霊が安心するにつれて、心の奥に隠れていた内在神（良心）が徐々に発露してきます。自身の前面にやっと出てくることができるのです。

そうなりますと、人は神霊の依り代となります。生きて歩き回る依り代です。これが「惟神（カンナガラ：神と共にある状態）」の人です。

日本の国土にこのようなカンナガラの人間がたくさんいますと、その人たちが思うことは現実界に転写されます。

世界を助けることができます。

すでに、地球という舞台が新しい時代の変化に向かって、大きく動き出しましたから、とにかく早く日本から感謝の発信をしなければいけません。

この章のまとめ▼太陽神と先祖霊を合わせて祭る秘儀

伊勢白山道式先祖供養では、三本の線香と唱える言葉に、神霊との縁を意識することが大切です。

一　人は死後に太陽に行く人と月に行く人に分かれます。
伊勢白山道式先祖供養は、先祖霊と神霊への感謝を同時に捧げて、先祖霊を太陽へ還すことができる供養方法です。

二　線香を三本、三角形に立てる型の元は、太古の白山山頂の三本の石柱の神祭りにあります。

三　唱える言葉について

＊「生かして頂いて　ありがとう御座います」とは、地球と太陽、国常立太神と天照太御神を結ぶ最強の祝詞です。

＊「アマテラスオホミカミ　アマテラスオホミカミ」は、神道の大祓詞の中にある、古来秘密とされる太祝詞《ふとのりと》です。すべての罪穢《つみけが》れを祓《はら》い、先祖霊を癒《いや》します。

四　氏神神社《うじがみじんじゃ》への参拝は地球霊を癒します。自宅で神祭りをして、その下で先祖供養をすることは理想です。

五　先祖供養に終わりはありません。一つの家系から、やがてはすべての人類を癒すことにつながります。供養を継続する人はカンナガラになり、このような人が増えることは、世界を助けることにつながります。

第八章

結び：この世に生きる人々の希望のために

人生とは、思い通りにならないのが正しい姿です

本書の冒頭で、幸せになるために占いや霊能、祈願に頼ることの危険性について解説しました。

そもそも人生とは、思い通りにならないことが、正しい姿なのです。

私たちはこの世で不自由を経験して、それが改善した時の喜びを知るために生まれてきているのです。

先を知ることができない不安の中で生きることを試すために、生まれてきています。

その苦労や不安の大きさは、個人が昇華するべき因果に応じて決められています。

自分に与えられたせっかくの機会から逃げて、自分自身の努力ではなく、もしも他人である霊能者や祈願などの外の力に頼って改善したならば、それはさらに大きな因果を作ることになります。

人生のハンディが大きくても大丈夫です。他人と比較して悲しむことはありません。

それでも、その中を明るく生きることができるか？　を、本当の自分が試しに来ています。結果よりも大事なことは、その「努力の過程」なのです。

不安が大きいほど、心配な時代であればあるほど、それでもその中を明るく生きて見せましょう。

先祖霊と自分の心に住む良心（内在神）に、誰もが見守られています。自分の良心（内在神）は、完璧な人間を観たいのではありません。良心に背《そむ》く間違いも人はするものです。ただし、間違いがあれば必ず反省して、上書き修正をすることが重要なのです。失敗しても何とか改善しようと努力する自分、困難の中でも生きようとする自分、何事にも感謝ができる自分を観たいのです。

どんな中でも、淡々と感謝をしながら生きることが大事です。自分なりに、明るく生きましょう。

先祖供養は、他人に頼む外注はダメです

先祖供養は遺伝子のケアです。自分がつながる家系の遺伝子を調整できるのは、今生きている自分だけなのです。

その先祖供養を、お金を払って他人の有料霊能先生に頼んでも、先祖には届きません。

それは自己満足に過ぎません。

自分自身で供養をする行為が大切です。あの世に届くのは、自分が話す言葉での感謝の思いだけです。

他者のために、という慈悲心が大切です

この世はどこでも霊の海です。誰もが見えないだけで、私たちは霊の海の中に住んでいるのです。どこにいても霊を避けることは不可能です。怖がることではないのです。

浮かばれない霊に対して怖がり、心配して、祓《はら》う気持ちの人は、供養はしなくて良いです。霊を避けるよりも、もし困る先祖や縁ある霊が居れば、供養してあげたいという「情け心」を持てる人は幸いです。自分に利益がなくても、供養をしたい、楽になってほしいという気持ちが大切です。

幽霊がいれば幽霊を気の毒に思い、「三本目の線香を食べてね」と思える人には、その慈悲心を受けて、幽霊もやがてはその人の守護霊になります。

ただし、「自分から」無縁霊を求めるような行為をしてはダメです。それは、実は自分

に欲心があるからする行為です。

愛する人の死と向き合う時

死後の世界の様相と、本当にあの世に届く供養の方法を解説してきましたが、たとえ供養が故人に届くと聞いても、親しい人との死別は辛いものです。

自分の愛する家族や友人、大切なペットとの別れを経験した時、悲しみと喪失感の中で私たちはどう生きれば良いのでしょうか?

大切な人が若くして亡くなれば、悲しみは強いものです。長寿をまっとうして亡くなった家族の場合も、長く共に過ごしただけにその喪失感は大きいです。

人の死とは、非常に厳正で、公平な判断から、色々な「タイミング」と「ハプニング」を経てもたらされます。若くして死んだからダメ。長寿だから善人。こういうことはまったく言えませんし、関係がないのが死です。

感じますことは、

- 人は今も故人と共に生きる、生きている。

●死とは肉体が見えないだけのこと。
●以前と何も、故人と自分との関係は変わっていない。継続中である。
このように思うことを参考にしてください。すぐには信じられないかも知れません。

でも、これは霊的な真実です。

私がコンタクトを取りますと、あの世の故人たちが、

「生きている家族に伝えて欲しい」と一番に言う内容は、

「思い出してくれれば、いつも側《そば》に居るのに」ということです。


自殺をしないで良心に沿った生活をして生き切れば、死後には誰もが安心の世界に行くことがすでに約束されています。

そのような安心の世界に行った故人は、あの世から家族を見ることもできますし、家族の心中もわかるので、意外にも死別を悲しんではいないのです。

実はあの世の故人たちのほうがすでに笑顔であり、悲しみの中で生きる家族を心配して見ているかも知れません。いつまでも深く悲しんで執着をしているのは、生きている人の側なのです。

遺族の悲しみが強すぎると、死者のあの世での成仏を妨げてしまいます。

ですから、故人に心配をさせないことが悲しむ以上に大切であり、供養になります。家族が強く生きる生活を故人に見せることが、故人を安心させ、故人をこの世から離れて安らかな成仏の世界に行きやすくします。故人のためにも明るく生きましょう。

亡くなられた故人は、あの世の安心の世界に行くことができれば、病気で苦しんで亡くなったとしましても、肉体の苦しみは消えてなくなります。この世で最後まで精一杯生き切れば、死後に行く世界は自由度がより高い、明るい世界になります。

遺族が死者を忘れずに、悲しみよりも感謝の気持ちを故人に対して持つことが、故人を癒し、故人のあの世での環境をさらに良いものにしていきます。

伊勢白山道式の感謝を捧げる先祖供養の実践は、故人に一番よく届き、故人の魂を癒すことができる供養の方法です。

お金もかからない、誰に頼まなくてもできる方法です。実践してみますと、深い安心の気持ちになり、自分自身でその効果がわかることでしょう。

あの世と過去生、転生について

アカシック・レコードと閻魔帳《えんまちょう》

元始からのすべての過去の出来事、想念、感情が記録されている世界記憶、「アカシック・レコード」という概念があります。

日本では、個人の人生の過去のすべての出来事と想念の磁気の記録は、冥界の閻魔《えんま》さまが管理している「閻魔帳」がそれにあたります。一切の狂いがない完璧なものです。そこには、個人の善徳貯金の有無も魂の転生履歴も記録されています。

私は、読者の質問へ返答する際に、このような相談者の過去生の記録も観ています。ただ過去生の情報は、質問者が知ってもマイナスが起きない場合以外は知らせません。

死後は個性が消え、転生すると再び影響を受ける

あの世では、人がこの世で過ごした時の個性はだんだんと消えていきます。人種や性別、言語も魂の浄化と共に消えます。

しかし、この世に再度、転生《てんせい》（生まれ変わること）しますと、地球という舞台に蓄積されている「過去生の自分が残した霊的磁気」、すなわち癖《くせ》を再吸収することになると感じます。

赤子が生まれてこの世の空気を吸うごとに、空気の中に含まれている過去生の自分が残した霊的磁気を吸い込み、自分の魂が持つ本来の個性が現れるような感じです。しかし、これは過去の自分からの影響に過ぎません。

過去生より今の思いと行動が大事

人生において、過去生からの影響と今の自分の行動、努力の比率は、「過去１：今９」ぐらいの影響と感じます。

しかし、占術や有料先生に依存しますと、この比率が人によっては、おおよそ「過去6：今4」の割合に逆転しているのを感じます。過去に縛られて、過去と同じようなパターンに拘束される人生を歩むことになります。自分自身で「今」を生きることができなくなるのは、残念なことです。

過去生の悪い磁気の影響があったとしましても、新たな良い磁気で相殺《そうさい》していくことができます。この新たな思いも、地球の空気（磁場）に残っていくのです。

あくまでも今の自分の心が、「新たに」空間に刻んでいく思いが大切です。

あの世や過去生を知ることができない理由

あの世や転生について明らかになっていない理由の一つは、あの世の存在をあやふやなままにしておくことが、生きる人間の本性をあぶり出すために必要だからです。

死んで終わりだと思えば、どんな悪事でも平気で働く人もいることでしょう。たとえ死んで終わりだったとしても、それでも正しい行動、思いやりのある行動をとれるかどうかを試されています。

もう一つの理由は、この世しかないと思い込み、一度限りの人生を必死に生きて成長するためです。困難にあった時に真剣に悩むという刺激が、人間の心に進化を起こさせるのに効果があるからです。

自分の過去生を知ろうとするよりも、今の生活を頑張りましょう。良心に恥じない生活、選択をして、今置かれている環境の中で精一杯の努力をすれば良いのです。

未来は白紙です。

縁ある読者への開示

あの世の存在を神さまが秘密にしているなら、私がブログや本で明かすことは、神さまの意図に反することになるのではないか、してはいけないカンニングにあたるのではないか、と心配されるかたがおられます。

私の「伊勢白山道」としての任務の設定の中に、「正しく神さまを求める者には、開示をして良い」という条件付きの許可があるので、縁ある人々だけに開示しています。

こうして伊勢白山道の本を読むかたは、すでに伊勢白山道との縁があるということです。あの世について知った上で、今を一生懸命に生きる参考にしていただければ幸いです。

国も人も運気で決まります

国際情勢の大きな変化の時代に

この平和な日本も、世界的な国家間の紛争に巻き込まれ始めています。侵略の危機すら、他人事ではなく自分のこととして考えなければならないのが現状です。

どういう状況の中にあっても、それでも正しく生きること、希望を捨てないことが大事です。どの時代の先祖たちも体験したことを、今の私たちも体験しているだけなのです。

戦乱が絶えない人類でも今まで継続したのは、天が見ているからです。

だから、大丈夫です。

天の幸運には、兵器もかないません。

今この最中《さいちゅう》を、懸命に生きて見ましょう。

明るく悩み、思いは軽くすること

海外では、核兵器の使用の可能性を深刻に受け止めています。

私の中では、

- 日本へのミサイルの懸念。
- 大地震と津波、火山の災難。

を常に注意しています。

もしもミサイルなどの情報があれば、地下鉄やビルの地下に避難すること。大地震に対しては、津波を想定して普段から避難できる高い建物を確認しておくこと。火山の近くに住む人は、万が一の大噴火に備えて、避難方法を真剣に考えておくこと。

私は、このように事前に心配して備えることで、これが無難に消えるイメージを心掛けています。

多くの人間は「暗く」心配しているものです。これでは先も暗いままです。そうではなくて「明るく」心配して、その心配事、懸念への対処もすることで、人生も前向きに進んで行くことを思います。

「心配するな。何とかなる」

この思いで、日々を締めくくります。この繰り返しが心の量子力学を発動します。

量子力学とは、多数が一つの現象を意識することで、分子や原子、それを構成する電子などの微粒子の動きが変わり、検査結果のデータも変わる物理現象のことです。

ただ、懸念点を知らずに、「何とかなる」だけではダメなのです。懸念点を知らないことが一番に危ないのです。

多くの人が懸念点を事前に知ることで、心の量子力学が働いて、最悪は起こりません。予想は必ず外れてくれます。状況を変えるために、あえて懸念点を書いています。

日本に関する海外からの数々の不吉な予言がありますが、すべて外れまくっています。私の中では、日本に何が有ったとしても、最後はハッピーエンドになると思っています。

良い運気を創るために大切なこと

すべては、運気で決まります。運勢・運気・幸運というものは、自分の努力で創るものなのです。これを知らない、勘違いしている人が多いです。待っていれば「来る」ものではありません。

事前に決まっている運命などはありません。すべては今の運気で決まって行くのです。その結果が、運命と呼ばれるだけです。運気とは自分の思い方と行動で変えることが可能です。

一人ひとりの今の生活努力がその国全体の運気を創っています。だから、完全に公平であり、これは宇宙の法則でもあるのです。

これから気の毒な運気の国もあります。今のそれぞれの国の人々の生活態度が、その国の運気を創って行きます。気の毒な国を助けるためにも、日本が平和であることがまず大切です。

良い運気を創るためには、

＊道徳観を高める努力をすること。自分だけ良ければ良いと考えないで、家族や他人のためになることを考え、実践すること。

＊地域の精霊（大自然）への感謝をすること。地域の神社へ、生かされていることへの感謝の参拝をすること。

＊先祖へ普段の生活の中で感謝をすること。先祖供養による遺伝子の浄化とククリ直しをすること。

以上の三つが大切です。

日本人が先祖供養（遺伝子のケア）と、大地の精霊（氏神）を大切にするほどに、色々な発展（科学や文化のノーベル賞級の発展や、経済、国力の隆盛）も起こりえます。

ただし、紛争にも大地震や異常気象に対しても、危険性を理解し油断せずに備えた上で、安心していることも大切です。

天が味方をするには「道徳心」と「感謝の心」を持つ人々が多いことが条件に感じます。

周囲が、たとえ短気で怒る人だらけになったとしても、自分だけは「それでも生かされていることに感謝をすること」を参考にしてください。

何があっても笑顔でいましょう

さらには、笑顔でいれば、悪魔は退散して行きます。

「感謝の気持ち」と「微笑み」が、良い運気には最強だと知っておいてください。自分なりに頑張って、平和に生きたいものです。

大正時代までの日本人は、笑顔が非常に多かったそうです。

外国人の当時の日本への感想録にも、「日本人ほど、よく笑う人々を見たことがない」というものが散見されます。

そう言えば、伊勢のお多《た》福《ふく》様《さま》も笑っています。翁《おきな》の御《お》面《めん》も含めまして、神様を表現する御面には笑顔が多いです。

実は神さまという存在は、喜びの気のカタマリなのです。

人間が良い笑顔を出すには、

＊情緒が安定していること。

＊自律神経のバランスが安定していること。

＊高い精神性があること。

これらの何拍子も揃わないと、静かな笑顔は出せないものです。
この世では辛いことが多いですが、それでも昔の日本人は笑顔があったわけです。
今に生きる私たちも、笑顔でいたいものです。
何があっても、どこまで行っても、とことん笑顔でいましょう。
先祖も神さまも見ています。

あとがき

二〇一〇年に最初に出版された『伊勢白山道Q＆A事典』、二〇一六年から二〇一七年にかけて全三巻構成で出版された『伊勢白山道問答集』に続き、今回二度目の大幅な加筆と、供養方法の改善点、新しい供養方法を反映した『伊勢白山道事典　第1巻』を上梓《じょうし》いたしました。

もう長い読者では、伊勢白山道式の依《よ》り代《しろ》を使用した供養を始めて十五年を超える方々が多数もおられます。その多くの方々に、「正しい先祖供養を始めてから人生が良いほうに変わった」と言って頂けたことが、望外の喜びとなり、私を生かす原動力となっています。

今生に私が生まれた目的の「約束」の一つを果たしたとも感じ、安堵しています。

ブログを始めて今年五月で丸十六年が過ぎました。多くの読者が依り代での供養をしながら生活する様子を、日々のコメントから感じる波動により、私なりに察して参考にしています。

そして、長く先祖供養が続く読者たちを視ていて感じますことは、

・先祖供養が継続する御方は、本当の自分をも供養している。

ということです。

先祖供養というものは、もう亡くなって反応がない方々に対しておこなう行為です。先祖供養をしても、別に誰からも御礼も言われません。むしろ御礼どころか、線香を嫌がる家族に気を使って、先祖供養をしている環境の人もおられます。

どうして、そこまでして先祖供養をおこない、これが継続までするのでしょうか？

それは、読者が持つ「思いやりの心」であり、先祖を放ってはおけない、苦しむ先祖がいれば可哀想だと思う「慈悲心」を読者が持つからこそ、先祖供養が継続す

るのです。そういう御方は、生きる観音様でもあるのが、霊的な御姿です。

先祖供養が継続する御方は、先祖を供養すると共に、本当の自分をも供養して育てていると私は感じます。先祖を供養することが、自分をより良く育てることになると心から感じます。

どんな人も、表面の自分という者は、あれこれと心配し、病気にもなり、思い通りにならない中を生きています。そういう中であっても、先祖を供養したいと思えるその心が、高貴なる本当の自分なのです。

先祖供養の行為は、自分の中に存在する高貴な自分を育てます。その高貴なる自分が大きくなるほど、自分の思いが天に通じやすくもなります。

この本を読んで頂くことで、先祖に通じる本当の供養を体験して頂ければと思います。

この供養方法は、一切のムダな行為も費用をも省き、供養者の遺伝子と関係する先祖霊から順番にさかのぼり供養する、霊的仕組みが込められています。私が伊勢神宮の外宮《げくう》を参拝した後に、啓示として受け取った方法です。

神様に通じる前に、まず可哀想な先祖霊から助けたいと思える気持ちの有無を、神様は黙って観ています。先祖霊を放置したまま、神様ばかりを求める者を本当の正神は避けます。

・先祖を助けようとする者は、自分も助けられる。

これが皆様の参考になれば幸いです。

ただし、先祖供養に無理は不要です。先祖供養ができるのも、個人が持つ縁です。先祖供養をする・しないも、それぞれの人生であり問題はないです。

この本が、皆様の人生の参考になれば、心から嬉しく思います。

二〇二三年初夏　霊的な時代に入り始めたことを感じつつ記す

伊勢白山道

索引

あ

アトランティス大陸　321

アマテラスオホミカミ　164、193、232、235、385、397、453～455、466、468、471、477

生かして頂いてありがとう御座います　40、151、162～163、193、232～235、265、385、402、405、442、444、448～449、452、466、468、477

遺骨　306、308、423、426、433

遺体　285、297～298、305、382

遺伝子　6、37～38、45、74、140、146、180、182、252、254、256、443、472、481、494、500

位牌　161、166～167、169、173～179、184、234、269、304、308、355、380

氏神　50、69、172、253、378、381～382、457～458、460、467～468、477、494

宇宙人　6、103、134

占い　4、54～55、57～64、66、82、101～102、134、182、480

閻魔帳　486

お経　153、300～301、341、445～447

お盆　121、208、226、241、309、312～315、318～320、323、332、467、470

おみくじ　65～67

索引

か

開運グッズ　75、79、134

会社供養　403〜405

過去生　38、82〜83、486〜489

過去帳　174、176〜178、417

願掛け　4、49、109、113〜114、116〜117、330、337、407、436、458

神祭り　196、201〜203、232、267、391、394、444、456〜457、461、465、467、474、476〜477

祈願　49、109、111〜119、129、134、148、199、447、480

鬼門　68〜70、198、202、391、414、460

供養台　161、195〜197、201〜203、239、241〜242、355、381、416

幸運　48、75、95、100、110、114、122〜126、303、490、493

交換条件　59、85、87、101、114、116、129、261

さ

賽ノ河原《さいのかわら》　289

三途《さんず》の川　287〜288、311

地獄　58〜60、130、152、229、241、281、284〜286、290、292、312〜313、319、332、359〜360、375、389、437、441

索引

自殺　39、112、282、287、335〜371、378、381、383、403、432、484

写真　109〜110、298〜299、326、375、422〜423、426

守護霊　61、261〜262、482

数珠　299

神秘体験　107〜108

姓名判断　62

背中の霊穴　103〜106

先祖供養の方法　4、141、160〜251、270

線香　5, 64、68、95、110、140、147、152〜153, 156、161〜167、171、180、185、187、192、199、201、204〜218、220〜222、224〜225、227、229〜231、233〜239、241〜242、244、247、256、258、266、269、280、304、306、309〜310、315〜318、323、333、341、354〜358、380、383〜386、388〜390、397〜402、404〜405、407〜408、415〜417、421、426、429、440〜443、445、476、482、499

線香器　161〜162、192、204〜206、231、304、315、384、388〜390、397、404〜405、415〜416、421、426

葬儀　296〜297、299、304、332、445、470

索引

た
太陽　6、44〜45、78、85、111、130、132、144、189、214、232、238、289〜290、310〜311、320、436〜439、448〜449、450、453、455、470〜472、476〜477
あの世の太陽　238、289〜290
七夕　120〜121
短冊　121、161、164、166〜175、177〜180、184〜193、196〜202、206、215〜216、221〜222、231〜232、234〜235、243、269〜270、302、307〜308、355、380、384〜387、390、394、397、401〜402、404、408〜409、412〜413、421、442
チャネリング　102
月　6、64、129、319、436〜439、476
天国　284、286〜287、332、346、412〜413、420、423、425、473
動物供養　403、416、421

な
内在神　31、38、40〜43、50、67, 92、104、119〜120、131〜132、143、145〜146、217、252、254、270〜271、277、280、282〜283、294、300、349、360〜361、364〜365、367、379、464、468、473〜474、481

索引

祝詞　119、235、444、452、454〜455、466、477

(は) **墓**　179、183、229、305〜311、316〜317、332、424〜425、433、467

白山　44〜46、320、442〜443、459、476

バルドォ　99, 279〜280、284、332、428

パワーストーン　75〜76、78

パワースポット　109〜111、134、458

ハンドパワー　86〜87

ヒーラー　6、84〜87、89, 97〜100、104〜106、144、182、229、256

彼岸　225〜226、229、238〜239、282〜283、288〜289、303、309〜311、319、467、470

引き寄せの法則　122〜129

風水　68

夫婦別姓　181〜182、186〜187

仏像　75、79〜81、145、199〜200

ペット　216、298、351、415〜416、418〜428、433、483

方位　68、198、460

法事　296〜297、301、323

索引

ま

水子　163、177、217〜219、262、328

ムー大陸　319〜321

や

厄年　71〜74

幽界消滅　130〜131、472

床供養　172、189〜192、197、217、231、241〜242、342、355、373〜433

湯気供養　234〜236、317、380

ら

霊線　6, 65、72、86、88、104〜105, 140〜147, 151, 160, 177、179、181〜183、206、211、215、218〜220、245、250〜256、258〜259, 262〜263、268、276、280、287、302、328、350、458

霊能者　75、82〜101、104〜106、134、173, 261、340、480

恋愛　111〜112、183〜184、429

著者紹介…………………………………………………………………………………

伊勢白山道（いせ　はくさんどう）

2007年５月「伊勢白山道」ブログを開設、2008年３月から本の出版を始め、その斬新な内容と霊的知識、実践性において日本だけでなく世界に衝撃を与え続けている。多忙な仕事のかたわら、毎日かかさず悩める人々にインターネットを介して無償で対応している。自分が生かされていることへの感謝を始めた読者の人生に起きる良い変化が、強い支持につながり、数多くある精神世界サイトの中で、ブログランキングの圧倒的第１位を、長年にわたり継続中である。

著書に、伊勢白山道名義で『内在神への道』（ナチュラルスピリット刊）、『あなたにも「幸せの神様」がついている』『生かしていただいて　ありがとうございます』（主婦と生活社刊）、『内在神と共に』『森羅万象　第１巻～第10巻』（経済界刊）、『伊勢白山道問答集　第１巻～第３巻』（全３巻）『宇宙万象　第１巻～第４巻』『自分を大切に育てましょう』『今、仕事で苦しい人へ　仕事の絶望感から、立ち直る方法』『柔訳　釈尊の教え　原始仏典「スッタニパータ」　第１巻・第２巻』『伊勢白山道写真集　神々の聖地　白山篇』『伊勢白山道写真集　太陽と神々の聖域　伊勢篇』『与えれば、与えられる』『自分の心を守りましょう』（電波社刊）。『宇宙万象　第５巻・第６巻』『「生と死後」の真実 Life & Death』『いま悩む人への「禅語」』『柔訳　釈尊の教え　第３巻』（弊社刊）。

谷川太一名義で『柔訳　老子の言葉』『柔訳　老子の言葉写真集　上下巻』（経済界刊）、『柔訳　釈尊の言葉　原始仏典「ダンマパダ」第１巻～第３巻』（全３巻）（電波社刊）がある。

著者のブログ：https://blog.goo.ne.jp/isehakusandou

伊勢白山道事典　第1巻
自分で出来る感謝の先祖供養 編

2023年7月10日　初版第1刷発行

著者　伊勢白山道

編集人
兼発行人　渡部 周

発行所　株式会社 観世音
〒145-0065
東京都大田区東雪谷3-2-2-1F
TEL/FAX　03-6421-9010
https://kanzenon.jp

印刷・製本　株式会社 光邦

乱丁・落丁本は、小社へ直接お送りください。
郵送料小社負担にてお取り替えいたします。

定価はカバーに表示してあります。

ISBN978-4-910475-07-3